거의 모든 일상의 역사

너무 당연해서 잊고 지낸 것들에 대한 경의

전파과학사는 독자 여러분의 책에 관한 아이디어와 원고를 기다리고 있습니다. 디아스포라는 전파과학사의 임프린트로 종교(기독교), 경제·경영서, 일반 문학 등 다양한 장르의 국내 도서와 해외 번역서를 준비하고 있습니다. 출간을 희망하는 원고의 개요와 투고 취지, 연락처 등을 아래 이메일로 보내 주세요.

거의 모든 일상의 역사

너무 당연해서 잊고 지낸 것들에 대한 경의

—

초판 1쇄 2026년 04월 07일

—

지 은 이 박태호
발 행 인 손동민
편   집 함소연
디 자 인 강민영

—

펴낸 곳 전파과학사
출판등록 제25100 – 2014 – 000013호
주   소 서울시 서대문구 증가로18, 204호
전   화 02-333-8877(8855)
팩   스 02-334-8092
이 메 일 chonpa2@hanmail.net
공식 블로그 https://blog.naver.com/siencia

ISBN 979-11-94832-51-5 (03900)

거의 모든
일상의 역사

박태호 지음

A BRIEF HISTORY OF NEARLY EVERYTHING IN DAILY LIFE

전파과학사

우리의 일상을 움직이는
보이지 않는 존재를 만나는 시간

'역사'라고 하면 보통은 특정 문명이나 제국의 흥망, 또는 전쟁이나 영웅의 서사처럼 뭔가 거대한 이야기가 먼저 떠오른다. 많은 저명한 역사가들이 이런 위대한 이야기들을 역사로 기록했다. 더 나아가 문명이나 제국이라는 범주에 머무르지 않고, 시간과 공간의 한계를 넘어 우주의 138억 년에 이르는 역사, 즉 '빅 히스토리(Big History)'를 다룬 탁월한 저술들도 다양하게 등장했다. 많은 사람들이 이런 거대한 서사에 매료되고, 나 역시 이런 책들의 열렬한 독자이다.

그런데 이런 명저들을 읽을수록, 위대한 역사 이야기에 가려져 상대적으로 덜 관심을 받는, 우리 주변의 소소한 일상의 역사들이 궁금해졌다. 그래서 마치 추수가 끝난 넓은 들판에 추수꾼들이 흘리고 간 이삭을 줍듯, 거장들이 흘리고 간 우리 일상생활에 없어서는 안 될 소소하지만 소중한 물건들의 이야기를 주워 담고 싶어졌다. 이집트와 로마 같은 위대한 역사 이야기는 확실히 흥미롭고 교훈을 주지만, 사실 오늘을 살아가는 나에게 당장 중요한 것은 일상의 이야기이기 때문이다.

이 글은 묵묵히 우리 곁에 머무르며 일상생활을 가능하게 하고, 더 나아가 현대 문명을 지탱하고 있는 매우 중요한 물건들, 다시 말해 요정 지니나 우렁각시처럼 보이지 않게 역할을 해 온 존재들에 관한 이야기이다. 오늘 하루 나에게 정말 소중했던 것들은 상쾌한 하루를 열어 준 칫솔과 치약, 면도기, 수십 층 높이의 아파트에서 불과 30초 만에 주차장까지 내려다 준 엘리베이터와 그것을 가능하게 한 전기, 그리고 회사로 데려다 준 자동차와 나 대신 신발 밑창이 닳도록 묵묵히 달려 준 타이어 같은 것들이다. 아, 사무실에서 온종일 내 손을 떠나지 않았던 필기구까지. 우리의 일상생활을 전적으로 의존하고 있지만, 마치 물과 공기처럼 고마움은 고사하고 그 존재를 인식도 하지 않은 채 지내다가, 사라지면 비로소 고마움을 느끼는 것들이다. 나는 주변에서 말 없이 우리를 돕는 이런 모든 물건들에 감사와 경의를 표하기 위해 이 글을 썼다.

이 책은 많은 분들의 격려와 도움으로 출판되었다. 먼저 내 원고를 책으로 만들어 보자고 용기를 주신 전파과학사 대표께 감사드린다. 무질서한 산문에 불과했던 이 원고를 여러 번 다듬어 번듯한 책으로 만들어 준 출판사 편집부에도 감사드린다. 이 책이 독자들께 사랑을 받는다면 이는 온전히 편집부 여러분의 노고 덕분이다. 끝으로 이 책을 쓰기 위해 1년 가까이 주말마다 방에 틀어박혀 있을 때, 크게 구박하지 않고 응원하며 첫 독자로서 지지와 비평을 아끼지 않았던 아내 스텔라에게 고마움을 표하고 싶다.

박태호

Part 1

문화생활 · 식생활 · 잡화

필기구
책
달력
영화
향신료
술
포크와 나이프
통조림
자물쇠

1

생각이 물질이 되는 순간
필기구

지금까지 여러 번 이사를 하면서도 끝내 버리지 못한 물건이 하나 있다. 초등학교 시절의 일기장이다. 지금 보면 글씨도 내용도 유치하기 짝이 없지만, 다음 날 선생님께 검사받을 일기를 조금이라도 잘 쓰고 싶어 연필로 한 글자, 한 글자 꼭꼭 눌러 쓰던 어린 나 자신이 새삼 기특하게 느껴진다.

헤밍웨이는 "연필 두 자루 정도는 닳아 없어져야 하루 일을 충분히 한 것 같다"는 말을 남겼다. 어린 시절의 나도, 어쩌면 하루를 연필 두 자루의 노력으로 채우려던 야무진 꼬마였나 보다. 선생님께 잘 보이려고 정성껏 글씨를 쓰던 어린 소년, 헤밍웨이 같은 대문호, 그리고 노트에 뭔가 끄적이기를 좋아하는 세상의 모든 이들에게, 연필은 단지 글씨를 쓰는 도구기 아니라 자신이 살아 있음을 증명하는 도구였다. 그런 의미에서 나는, 인간을 '슬기로운 사람(호모 사피엔스)', '손재주 있는 사람(호모 하빌리스)', '놀이하는 사람(호모 루덴스)'보다는, '글씨 쓰는 사람(기록하는 사람)', 즉 '호모 스크립투스(Homo Scriptus)[1]라 부르기를 좋아한다.

기록을 넘어 생각과 예술을 잇다

호모 스크립투스가 남긴 최초의 글씨는 사실상 '그림'이었다. 선사 시대 동굴 벽화는 사냥의 성공과 신앙심을 표현하는 수단이었으나, 동시에 사고와 기억을 남기려는 인간의 본능을 보여 준다. 시간이 흐르면서 인류는 점토판에 새기거나 파피루스에 적는 등, 기록을 위한 다양한 재료와 도구를 만들어 냈다. 고대 메소포타미아에서는 갈대 펜을 잘라 쐐기 문자를 새겼고, 이집트의 서기관은 갈대를 다듬은 펜에 먹을 묻혀 파피루스에 기록했다.

그리스·로마 시대에는 금속 촉으로 밀랍 판을 긁어 글을 쓰는 '스타일러스(stylus)'가 필기 도구로 사용되었다. 오늘날 '스타일러스 펜'이 디지털 기기용으로 다시 등장한 것은 흥미로운 역사적 순환이다. 이런 원시적 필기구들은 기록의 목적만을 수행했지만, 동양에서는 곧 예술과 철학의 영역으로 확장되었다.

중국에서는 진나라 시대의 장수인 몽염(蒙恬)이 붓을 발명했다고 전해진다. 대나무 관 속에 토끼, 염소, 늑대 등의 털을 심어서 만든 붓은, 먹과 종이, 벼루와 함께 사서(四書)와 시문을 낳은 문명의 기둥이 되었다. 붓의 발명은 단순한 필기구의 탄생이 아니라 '사유의 형식'을 바꾼 일대 사건이었다. 또한, 붓의 유연한 선은 동양 회화의 표현 기법과 서

---

1 '인간'을 의미하는 여러 학술 용어 중 'Homo scriptus'는 비교적 최근에 쓰기 시작한 용어이다. 이 용어는 2001년 영국의 인문학자이자 저술가인 네이선 어글로(Nathan Uglow)가 그의 책에서 사용한 후, 차차 대중·언론에서 쓰이기 시작했다.

예의 미학을 함께 발전시켰다.

우리나라에서는 삼국 시대부터 붓과 먹이 사용되었고, 고려 시대에는 서예가 예술의 정점에 올랐다. 조선 시대에는 붓이 학문과 정신 수양의 상징으로 여겨져, 선비들이 붓 한 자루도 소중히 다뤘다. 붓은 '글을 쓴다'는 행위 자체를 고결한 정신 활동으로 격상시켰다.

연필 제조업자 헨리 데이비드 소로

16세기에 영국에서 고순도의 흑연이 발견됐는데, 1565년 독일계 스위스 박물학자인 콘라드 폰 게스너(Conrad von Gesner, 1516~1565)가 흑연 조각을 나무에 끼워 필기구로 쓰기 시작하면서, 인류는 완전히 새로운 필기 도구를 얻게 되었다. 초기의 연필은 흑연 덩어리를 실로 감싸거나 나무로 대충 둘러싼 형태였다. 그러나 1795년, 프랑스의 화학자 니콜라 자크 콩테(Nicolas-Jacques Conté)가 흑연과 점토를 섞어 굽는 제조법을 개발하면서 필기구 산업은 한층 정교해졌다. 흑연과 점토의 비율에 따라 경도(H, B)가 달라지는 현대 연필의 체계가 이때 만들어졌다.

1761년 설립된 독일 필기구의 명가 파버 카스텔(Faber Castell)은 19세기에 연필 대량 생산 체계를 확립하고, 세계 최초의 육각형 연필을 선보였다. 시험을 치르다가 답을 찍기 위해 연필을 굴려 본 적 있는 사람이라면, 육각형 연필을 만든 파버 카스텔사에 마음으로나마 감사를 전하도록 하자.

우리에게는 『월든』으로 잘 알려진 미국의 철학자이자 시인, 수필가, 그리고 진정한 자연인이었던 헨리 데이비드 소로(Henry D. Thoreau,

1817~1862)는 그 많은 직업에 더해 연필 제조업자이기도 했다. 연필은 교실과 작업실, 전쟁터까지 파고들며 '생각을 즉시 기록하는 도구'로 자리 잡았다.

샤프펜슬, 편리함을 향한 끊임없는 진화

연필은 훌륭했지만, 깎아야 하는 번거로움이 있었다. 이를 해결하기 위해 19세기 초 '기계식 연필'이 등장했다. 나사나 스프링을 이용해 흑연 심을 밀어내는 구조였으나, 심이 자주 부러지고, 가격이 비싸 대중화되지는 못했다. 진정한 의미의 샤프펜슬은 1915년 일본 샤프전자의 창업자인 하야카와 도쿠지(早川德次)가 만든 '에버레디 샤프펜슬(Ever-Ready Sharp Pencil)'이었다. 금속제 몸체와 교체 가능한 심 구조를 갖춘 이 제품은 정밀가공 기술의 발전과 함께 세계 시장을 휩쓸었다. 오늘날의 샤프펜슬은 엔지니어, 디자이너, 학생 등 누구에게나 익숙한 '정밀한 사유의 도구'가 되었다.

만년필, 잉크를 품은 지성의 상징

붓과 펜촉은 잉크를 찍어 써야 했기에 늘 번거로웠다. 19세기 초, 잉크를 내부에 저장해 자동으로 공급하는 아이디어가 세상에 나왔다. 1827년 루마니아의 발명가 페트라체 포에나루(Petrache Poenaru)가 만년필(정확히 말하자면, '연속 잉크 공급 펜') 특허를 냈지만, 당시 기술적 한계로 실용성은 낮았다. 이후 미국의 워터맨(Lewis Edson Waterman)이 1884년 모세관 현상을 이용해 잉크 흐름을 조절하는 펜을 발명하면서 진정한 만년필 시대가 열렸다. 워

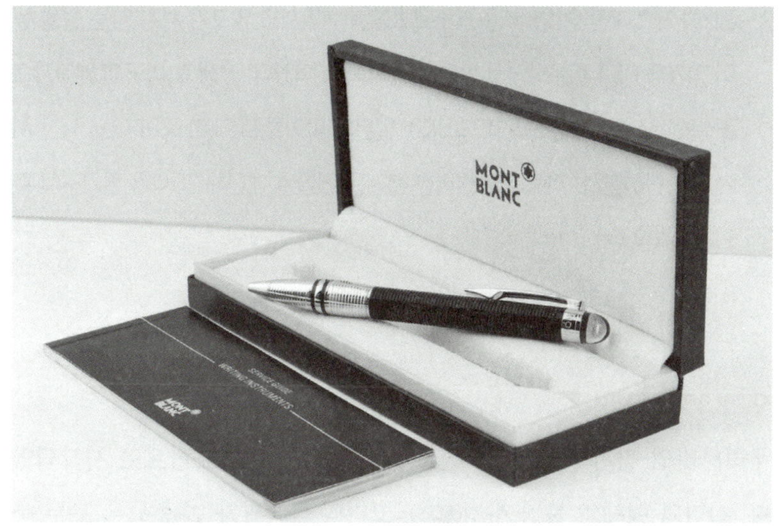

달 착륙 50주년을 기념해 몽블랑이 출시한 스타워커(Starwalker) 필기구 컬렉션.

터맨의 펜은 잉크가 새지 않았고, 글씨도 일정했다. 이후 파카(Parker), 셰퍼 (Sheaffer), 몽블랑(Montblanc), 펠리칸(Pelikan) 등 명품 브랜드가 등장하면서 만년필은 신분과 품격의 상징으로 자리 잡았다. 한 자루의 펜이 지식인의 정체성을 나타내는 시대가 된 것이다.

볼펜, 점 하나가 만든 세계적 혁명

20세기 초 헝가리의 언론인 라슬로 비로(László Bíró)는 신문 인쇄용 잉크가 잘 번지지 않는 점에 주목했다. 그는 점도가 높은 잉크를 작은 강철 구슬 끝에서 굴려 쓰는 구조를 고안했고, 1938년 '비로 펜(Biro Pen)' 특허를 획득했다.

제2차 세계대전 중 영국 공군이 고고도 비행에서도 잉크가 새지 않는 점을 높이 평가해 대량 주문하면서 볼펜은 전 세계로 퍼졌다. 전쟁 후 미국의 에버샤프(Eversharp)와 프랑스의 비크(BIC), 일본의 파이롯트(Pilot) 등이 대량 생산 체계를 확립하면서, 저렴하고 편리한 볼펜은 연필을 대신해 20세기 필기구의 주인공이 되었다.

우리나라 + 필기구

우리나라의 필기 문화는 삼국 시대부터 붓과 먹의 조합으로 시작되었다. 신라와 백제의 불경 사경(寫經), 고려의 금속활자 인쇄 등은 모두 붓의 정교한 필체 덕분이었다. 조선 시대에는 붓과 먹이 학문과 도덕의 상징으로 자리 잡아 선비 문화의 중심에 있었다.

근대에 일본을 통해 연필과 펜이 들어왔으며, 1910년대 조선인 기업가들이 연필 조립을 시도했다. 해방 이후 외국제 만년필이 유행했고, 1960년대에는 국산 볼펜 산업이 본격화되었다. 1971년 등장한 모나미 '153 볼펜'은 국민 필기구가 되었고, 이후 국산 문구 산업은 급성장했다. 오늘날 우리나라는 정밀가공 샤프, 프리미엄 펜, 친환경 잉크 기술로 세계 필기구 시장에서 중요한 위치를 차지하고 있다.

1883년, 워터맨이 뉴욕에서 중요한 보험 계약을 작성하던 중 잉크가 새는 바

람에 보험 계약을 놓친 후, '잉크가 새지 않는 펜'을 발명한 이야기는 유명하다. 또한, 라슬로 비로 역시 신문기자 시절, 잉크 번짐 때문에 기사를 망친 경험이 계기가 되어 볼펜을 발명했다. 동양에서도 붓에 얽힌 전설이 많다. 명필 왕희지는 연못의 물이 검게 변하도록 글을 썼다고 전해지며, 조선의 김정희는 붓끝을 스스로 다듬으며 예술혼을 불태웠다. 필기구는 단순한 도구가 아니라 인간의 열정과 창조성의 산물이었다.

한편, 우리나라의 1960~1970년대에는 어린 아이들이 글씨를 좀 더 진하게 쓰려고 연필심을 혀에 대고 침을 바르면 어른들이 깜짝 놀라며 '납독이 오른다'고 혼쭐을 내곤 했다. 사실, 연필심으로 쓰이는 흑연과 납은 아무런 관계가 없다. 일설에 의하면 1564년 영국 보로데일 지방의 나무뿌리에서 다량의 흑연이 발견되었는데, 그 지방 사람들이 그것을 '검은 납(black lead)'으로 오해했고, 그 후 나무 막대에 그 '검은 납' 심을 끼워 만든 필기구가 탄생했을 때도 사람들은 여전히 그것을 'lead pencil(연필[鉛筆])'[2]이라고 불렀다는 것이다. '鉛'과 'lead' 모두 '납'이라는 뜻이다.

필기구의 발전은 단순히 기록 기술의 향상이 아니라, 인류 문명의 성장 그 자체였다. 붓은 예술과 철학을 낳았고, 연필은 학문과 교육을 대중화했으며, 만년필과 볼펜은 커뮤니케이션을 일상화했다. 필기구는 문자의 전파를 가능하게 했고, 지식의 축적을 가속화했다. 나아가 산업 기술 정밀화, 화학공업 발전, 재료 공학 정교화에 기여했다. 볼펜의 금속 구슬, 만년필의 잉크 흐름 제

---

2   이어령, 『젊음의 탄생』, 마로니에북스.

어 기술은 오늘날 반도체나 미세 가공 기술과도 연결된다.

디지털 시대에 손글씨는 줄어들고 있지만, 손끝의 감촉으로 생각을 구체화하는 행위는 여전히 인간의 사고를 가장 직접적으로 자극한다. 필기구는 '생각이 물질이 되는 순간'을 가능케 한, 모든 호모 스크립투스들의 가장 오래된 친구이자 가장 정교한 도구이다.

인류의 정신을 담은 그릇
책

견디기 힘든 여름 더위가 물러가면 찾아오는 반가운 가을. 가을은 여행, 운동, 연애 등 무엇을 하더라도 다 좋은 계절이지만, 무엇보다 단연코 '독서의 계절'이다. 요즘에는 자주 쓰지 않는 표현이지만, 예전에는 해마다 가을이 되면 '가을은 천고마비(天高馬肥), 등화가친(燈火可親)의 계절'이라는 문구가 신문이나 방송에 자주 등장하곤 했다. 이 얼마나 품위 있게 독서를 권장하는 말인가? 서양에서도 수많은 명언들이 앞다투어 독서의 유익함과 즐거움을 표현하고 있다.

"약으로써 병을 고치듯이 독서로써 마음을 다스린다."_카이사르

"책은 가장 조용하면서도 가장 충실한 친구이다."_체스터필드 경

"한 권의 좋은 책을 읽는 것은 수많은 훌륭한 사람들과 대화를 나누는 것과 같다."_데카르트

책은 단순히 종이와 잉크로 이루어진 물건이 아니다. 그것은 인간의 기억, 사유, 감정, 상상력, 그리고 시대정신이 응축된 결정체이다. 우리

는 책을 통해 보지 못한 세상을 보고, 만나지 못한 사람과 대화하며, 죽은 자의 목소리까지 듣는다. 오래전 옛날에는 집 한 채 가격과 맞먹었던 이런 소중한 책들을, 오늘날에는 한 끼 외식 비용보다도 저렴한 가격에 살 수 있게 되었다는 것은 정말 놀랍고 감사할 일이다. 책은 글로 쓰였기에, 책의 역사는 곧 문명의 역사이다.

구전에서 문자로, 기억을 넘어 기록으로

언어를 가진 존재인 인류는 오랫동안 입에서 입으로 역사를 전했다. 다만 기억은 늘 불안정했고, 세대가 바뀌면 지식은 쉽게 사라졌다. 그러나 약 5천 년 전, 메소포타미아의 수메르인들이 점토판에 쐐기문자(설형문자[楔形文字], cuneiform)를 새기며, 인류는 '영속적인 기억'을 얻게 되었다. 점토판은 단순한 회계장부에서 출발했지만, 점차 신화와 법전, 문학으로 발전했다.

이집트에서는 '파피루스(papyrus)'라는, 풀 줄기의 섬유로 만든 얇은 종이가 만들어져 두루마리 형태로 사용되었다. 파피루스는 훗날 영어 단어 'paper'의 어원이 되었고, 사람들은 파피루스 두루마리를 '볼륨(volume, 권[券])'이라 불렀다. 알렉산드리아 도서관에는 이런 볼륨이 수십만 권 보관되었으며, 그곳은 곧 세계 지식의 중심이었다.

현재까지 세계에서 가장 오래된 파피루스 문서로 평가받는 것은 기원전 2500년경 작성된 '메레르의 일지(Diary of Merer)'다. 이 일지는 기자(Giza) 피라미드 건설 현장의 실제 운송 기록을 담은 것으로, 2013년 홍해 연안의 와디 알자르프(Wadi al-Jarf) 항구 유적에서 발견되었다. 작성자는 200여 명의 인부를 감독했던 현장 감독관 '메레르(Merer)'라는 인물로, 일지에는 "피라미드 건설용 돌은 멀리 아스완(Aswan)과 홍해 연안 지역에서 채석되었으며, 우기(雨期) 동안 나일강을 따라 보트를 이용해 기자로 운반되었다"라고 적혀 있다.

로마 제국 말기에는 파피루스보다 내구성이 뛰어난, 양의 가죽으로 만든 양피지(羊皮紙)가 사용되었다. 둘둘 말린 두루마리를 펴는 대신 한 장씩 엮는 코덱스(codex, 책의 형태로 묶어 만든 고문서 필사본) 형식이 등장하면서 책의 형태가 근본적으로 바뀌게 된 것이다. 이제 사람들은 필요한 부분을 펼쳐서 읽을 수 있었고, 책은 사상과 종교의 저장소로서 역할을 넓혀 갔다.

베네치아의 인쇄공, 책의 대중화를 선도하다

종이의 발명은 책의 보급을 혁신적으로 앞당겼다. 후한(後漢)의 채륜(蔡倫)이 서기 105년에 삼, 아마 등 식물 섬유를 분리해 얇게 거른 뒤 종이를 만들어 황제에게 바쳤는데, 이 최초의 종이는 훗날 그의 작호를 따 '채후지(蔡侯紙)'라고 불렸다. 원래 환관으로서 황실에 들어갔던 채륜은 그 공로로 제후에 책봉되었다. 그가 발명한 종이는 가볍고 저렴해 이전의 죽간(竹簡)을 빠르게 대체하며 대중화되었고, 잉크를 잘 머금어 보존성도 뛰어났다. 게다가 비단보다 싸고, 돌이나 금속보다 다루기 쉬워 문명 전파의 매개체로서 이상적이었다.

이슬람 세계를 거쳐 유럽으로 전파된 종이는 인쇄술과 결합해 폭발적인 독서 문화를 낳았다. 15세기 후반 베네치아의 인쇄업자 알두스 마누티우스(Aldus Manutius)는 손에 쥘 수 있는 소형 판형과 이탤릭체를 도입함으로써 책을 휴대 가능한 작은 물건으로 바꾸어 놓았다. 이탤릭체는 좁은 공간에 더 많은 글자를 넣을 수 있어 책의 소형화에 일조했다. 이후 18~19세기 산업혁명으로 증기 인쇄기, 제지 기계 등이 등장하며 책의 대량 생산이 가능해졌다. 신문, 잡지, 소설, 교과서가 쏟아지며 지식의 접근성은 폭발적으로 높아졌고 문맹률이 급감하며 '읽는 사회'가 탄생했다. 이 시기 도서관이 공공시설로 등장했고, 책은 더 이상 사치품이 아닌 일상의 필수품이 되었다.

책 한 권 대여비는 은식기 또는 땅문서

중세 유럽의 수도원은 지식의 요새였다. 수도사들은 아침부터 저녁까지 조용한 필사실(筆寫室)에 앉아, 촛불 아래서 성경과 고전 문헌을 손으로 베껴 썼다. 책은 단순한 기록물이 아니라 신앙의 대상이었고, 그 한 장 한 장은 기도와 인내의 결과였다. 그만큼 제작비도 막대했는데, 책 한 권을 만들기 위해서는 양피지 수백 장이 필요했다. 양 한 마리에서 얻을 수 있는 양피지는 한두 장에 불과했으므로, 적당한 두께의 성경 한 권을 완성하려면 양 250~300마리분의 가죽이 필요했다. 13세기 기준으로 양 한 마리의 값이 노동자 일주일 치 임금이었다는 점을 감안하면, 책 한 권은 노동자의 수년 치 연봉과 맞먹는 값비싼 사치품이었다. 그러므로 당시 대학생이나 수도사가 개인적으로 책을 소유하는 것은 거의 불가능한 일이었다. 파리 대학(University of Paris)의 기록에 따르면, 13세기 중반 라틴어 성경 한 권 가격은 말 한 필, 또는 작은 집 한 채와 맞먹었다. 영국의 옥스퍼드에서도 책 한 권을 빌리려면 "보증금으로 은식기나 땅문서를 맡겨야" 했다. 책은 문자 그대로 '사슬로 묶인 보물'이었다. 실제로 중세 도서관에서는 책의 도난을 막기 위해 쇠사슬로 책장을 고정해 두었고, 이를 '사슬에 묶인 도서관(chained library)'이라 불렀다.

이처럼 책이 귀하던 시대, 필사본은 지식과 권력의 상징이었다. 수도원과 왕실, 대학만이 책을 보유했고, 성직자들은 지식을 독점하며 통제했다. 이 폐쇄적 구조를 뒤집은 인물이 바로 15세기 독일의 장인 요하네스 구텐베르크(Johannes Gutenberg)였다. 그는 금속활자 인쇄기를 고안해 책을 손으로 베껴 쓰는 노동에서 해방시켰다. 1455년에 완성된 그의 『42행 성경』은 동일한 판본을 수십 권씩 찍어 낼 수 있음을 보여 주었다. 구텐베르크의 인쇄된 성경 한 권은 여전히 값비싼 편이었지만, 필사본 성경의 약 1/5 가격으로 구입할 수 있었다. 책의 복제 속도는 100배 이상 빨라졌고, 지식은 특권층의 울타리 밖으로 흘러나오기 시작했다.

인쇄술의 등장은 단순히 기술혁신이 아니라, 문명사적 전환이었다. 루터의 종교개혁은 인쇄된 소책자 덕분에 순식간에 독일 전역으로 확산되었고, 갈릴레오와 코페르니쿠스의 저작과 같은, 당시로서는 '불온서적'이 교황청의 검열을 피해 은밀히 복제되어 유럽의 과학자들에게 전해졌다. 인쇄된 책은 사람들의 사고방식을 바꾸었고, 지식의 '독점'을 '공유'로 바꾼 최초의 도구가 되었다.

한편, 같은 시기 동양에서는 이미 인쇄 기술이 훨씬 앞서 있었다. 중국은 9세기 당나라 때 목판(木版) 인쇄를 사용했으며, 송나라에 이르러서는 점토와 청동 활자까지 실용화했다. 고려는 13세기 초 목판 인쇄의 정점이라 할 수 있는 『팔만대장경』을 완성했고, 1377년에는 청주 흥덕사에서 금속활자로 『직지』[3]를 인쇄했다. 이는 1450년대에 인쇄된 구텐베르크의 금속활자본 성경보다 70년 이상 앞선 것으로, 세계 인쇄 문화사의 중요한 이정표로 남았다.

디지털 시대의 책

20세기 중반 이후 오프셋 인쇄, 복사기, 컴퓨터 조판 기술이 등장하면서 책의 생산 속도는 상상을 초월할 정도로 빨라졌다. 그리고 1990년대, 인터넷과 함께 전자책(e-book) 시대가 열리면서 휴대용 단말기 하나에 수천 권의 책을 저장하고, 즉시 검색도 할 수 있게 되었다. 하지만 디지털이 아무리 편리해도, 종이책의 존재는 여전히 특별하다. 책장을 넘기는 손의 감각, 종이의 질감, 잉크의 향은 단순한 정보 소비를 넘어 인간의 내면과 만나는 의식의 과정이다. 많은 독자들이 '전자책은 편리하지만, 종이책에는 영혼이 있다'고 말하는 이유다. 편리함을 위해 전자책이 개발되었지만, 정작 고급 전자책일수록 오히려 종이책을 읽는 듯한 느낌을 주기 위해 기술 개발에 열을 올리는 것은 재미있는 현상이다.

3　'직지심체요절(直指心體要節)'의 정확한 이름은 『백운화상초록불조직지심체요절(白雲和尙抄錄佛祖直指心體要節)』로, '백운이라는 고승(화상)이 간추린(초록), 부처님(불조)의 깨달음(직지심체)을 요약한 책(요절)'이라는 뜻이다.

우리나라 + 책

우리나라 책의 역사는 삼국 시대 불교 경전의 유입과 함께 시작되었다. 고구려와 백제는 중국에서 전래된 불경을 받아들였고, 신라에서는 학문과 경전 연구가 활발했다. 통일신라의『무구정광대다라니경』(751년)은 현존하는 세계 최고(最古)의 목판 인쇄물로, 우리 인쇄문화의 시원(始原)을 가늠할 수 있게 해 준다.

고려는 불교 국가로서 대장경 간행에 힘썼으며,『팔만대장경』은 기술과 신앙이 결합된 걸작이었다. 1377년에 간행된『직지심체요절』은 금속활자 인쇄의 정점을 보여 준다. 조선 시대에는 세종대왕의 훈민정음 창제가 지식 보급의 혁명적 전환점이 되었고, 활판 인쇄를 통해『농사직설』,『삼강행실도』,『훈민정음해례본』등이 잇따라 간행되었다. 한글 소설과 언문 책의 등장은 독서 문화를 민중의 손으로 확장한 중요한 성취였다.

문자와 책의 역사에서 가장 오래된 문자 기록은 기원전 약 3400~3000년경 메소포타미아 남부 우루크(Uruk) 지역에서 수메르인들이 말린 점토판에 뾰족한 갈대 펜으로 남긴 것으로 그 내용은 이렇다. "보리 29,086자루, 37개월. 쿠심."

아! 인류 최초의 기록인 만큼, 그 내용이 아름다운 문학이나 신비로운 철학, 또는 적어도 왕이 자신의 치적을 자화자찬하는 내용이었을 것이라는 기대와 달리, 그것은 단지 일종의 '회계 장부'에 불과했다. 그리고 '쿠심'은 구약 성서의 아담보다도 먼저 문서에 기록된, 인류 최초의 이름이 되었다. 그 후에 발견된 문자 기록도, '염소 3마리, 신전 창고로 반입' 또는 '맥주 배급용 보리, 노동자 7인에게 분배'와 같이, 매우 실용적이고, 주로 물건의 거래 · 세금 · 노동력 관리를 위한 것이었다.

일단 먹고 사는 문제에 관한 첫 기록을 남긴 후, 약 500년이 지나면서 수메르 문자는 점점 복잡해져, 사람 이름, 지명, 동사, 문장 구조까지 표현할 수 있게 되었다. 이 시기 대표적인 문헌이 바로 『길가메시 서사시』이다. 이 작품은 인간의 죽음, 우정, 불멸에 대한 철학적 주제를 다루며, '인류 최초의 문학 작품'으로 평가된다.

한편 쿠심의 문서처럼, 수천 년 전 점토판에 기록된 쐐기문자를 근대에 와서 인류가 사전(辭典)도 없이 해석해 낸 것은 정말 놀라운 일이다. 그것은 18세기부터 시작된 근대 고고학과 20세기 초까지 이루어진 비교문헌학의 협업의 결과이다. 즉, 18세기 후반부터 유럽 열강의 중동 지역 탐사와 발굴이 본격화되면서 수천 점의 점토판과 석비, 기념비가 발견되었는데, 초기 연구자들에게 쐐기문자는 당연히 '읽을 수 없는 문자'로 여겨졌으나, 반복되는 기호 패턴을 통계적으로 분석하고, 이를 신화, 법전 등과 대조하는 과정 등을 거쳐 의미를 확정하기에 이르렀다. 사막의 열기를 이겨내고 미답(未踏)의 땅을 밟으며, 갖은 위험을 무릅쓰고 수천 년간 베일에 싸여 있던 위대한 문명을 드러낸 고고학자들에게 경의를 표한다.

문자 체계와 기록 방법, 그리고 인쇄술의 발달과 더불어 책의 역사는 숱한 일화로 가득 채워져 있다. 구텐베르크는 인쇄기 자금을 빌린 투자자에게 빚

기원전 3400~3000년경 우루크 지역의 수메르인들이 남긴 보리 배급(곡물 분배)과 관련된 행정 기록 점토판.

을 갚지 못해 결국 인쇄기를 빼앗겼으며, 사람들은 그가 너무 빠르게 책을 만들어 내자 '악마가 도운 기술자'라며 두려워했다. 1536년, 영국의 종교인 틴데일(William Tyndale)은 성경을 영어로 번역했다는 이유로 화형을 당했지만, 그가 번역한 책은 훗날 영국 국교회의 공식 성경이 되었다. 프랑스의 빅토르 위고(Victor Hugo)는 『레 미제라블』 원고를 도난당하자 기억에 의지해 책을 통째로 다시 썼다고 전해진다. 책은 종종 불태워졌고, 금지되었으나, 불길 속에서도 사상의 불씨를 지켜 냈다. 인간이 불태운 것은 종이였지만, 책 속의 사상은 결코 사라지지 않았다.

책은 인류 문명의 핵심 도구이자 정신의 DNA이다. 지식의 축적, 사상의 전파, 감정의 교류 모두 책을 매개로 이루어졌다. 책은 권력의 억압을 넘어 진리를 보존하고, 민주주의의 토양이 되었으며, 과학과 철학, 예술의 발전을 이끌었다. 책을 통해 인간은 시간과 공간을 초월해 대화한다. 고대의 철학자와 현대의 독자가 한 문장을 매개로 만난다. 오늘날 인공지능과 디지털 미디어가 넘쳐나도, 책은 여전히 사유의 중심이다. 한 권의 책은 한 사람의 인생을 바꾸고, 많은 책은 문명을 이루어 낸다.

종이에 옮겨 적은 하늘의 질서
달력

'단오 선물은 부채, 동지 선물은 책력(冊曆)'이란 옛말이 있다. '책력'은 지금의 달력처럼 일 년 동안의 월일, 절기 등을 적어 놓은 책이다. 전통 사회에서 달력은 농사지을 시기를 알려 주는 매우 중요한 정보원이었기 때문에, 조선 시대까지만 해도 달력은 임금님이 하사하시는 귀중품이었고, 달력을 사사로이 위조하거나 변경하는 것은 사형에 이를 정도로 중한 범죄였다. 조선 초기에는 그런 달력을 매년 약 1만 부씩 중앙 및 지방 관아와 종친들에게 배포했고, 조선 후기에는 그 양이 30만 부까지 크게 늘었다고 한다.

내가 직장 생활을 막 시작했던 30여 년 전에는 매년 12월이면 회사 로고가 들어간 내년도 달력을 대량으로 인쇄해 부서별로 고객들에게 발송하기 위해 거의 모든 부서원이 늦은 밤까지 포장 작업에 매달리곤 했다. 늦은 밤, 배송용 달력 포장 작업을 마치고, 눈 내리는 퇴근길에 선배들과 포장마차에서 어묵 국물에 술 한잔 기울였던 추억은 지금도 잊을 수가 없다. 요즘은 달력이 스마트폰 속에 있으니, 달력을 선물하는 풍습은 점차 줄어들고, 벽에 거는 달력의 판매량도 점점 감소하는 추세지만, 예나 지금이나 종이로 된 달력이든 스마트폰 달력이든, 우리는 달력 없이는 하루도 생활할 수 없다.

달력의 역사를 보면, 달력은 크게 3가지 형태 즉, 태음력(太陰曆, lunar calendar), 태양력(太陽曆, solar calendar), 그리고 태음태양력(太陰太陽曆, lunisolar calendar)으로 발전해 왔다. 세상에 가장 먼저 등장한 달력의 형태는 태음력이었다. 모든 달력은 변화하는 자연 현상에 기초하는데, 주기적으로 반복되는 자연 현상 중 밤낮의 바뀜(日) 말고, 가장 빈번하게 일어나는 것이 바로 달의 차고 기움(月)이었기 때문이다. 계절의 변화나 별자리의 변화(年)는 그다음이다. 태음력은 이렇게 달의 주기를 기준으로 만든 달력으로, 한 달을 약 29.5일[4], 1년을 12개월 354일로 구성했으며, 고대 메소포타미아 일부 지역과 이슬람력에서 사용되었다.

태양력은 지구가 태양을 한 바퀴 도는 주기(약 365.24일)를 기준으로 하며, 고대 이집트, 마야, 로마 등에서 사용되었다. 한편, 태음태양력은 달의 주기와 태양의 주기를 조합한 것으로, 우리나라의 전통 달력과 유대력, 그리고 태음력 이후에 등장한 중국력 등이 이에 해당한다. 우리나라에서 전통적으로 '음력'이라고 불러온 달력은 순수 태음력이 아니라, 윤달을 통해 계절을 조정하는 태음태양력이다.

---

4   실제로는 한 달에 29.5일을 배치할 수 없으니, 각 달에 30일과 29일을 번갈아 가며 배치했다.

신석기 유적에 남겨진 흥미로운 기록

달력이 세상에 등장하기 훨씬 전에, 인류는 하늘과 주변 자연을 관찰하면서부터 '시간의 흐름'을 인식하기 시작했다. 밤마다 모양을 바꾸는 달, 해마다 되풀이되는 계절의 순환은 사람들에게 보이지 않는 하늘의 질서를 느끼게 했다. 나아가, 사냥과 농사, 제사의 시기를 정하기 위해서는 이 질서를 읽고, 그것을 어떤 형태로든 기록해야만 했다. 2013년, 스코틀랜드 북동부 애버딘셔(Aberdeenshire) 지역의 기원전 8000년경 신석기[5] 유적에서, 달의 위상을 표시한 것으로 추정되는 흔적들이 발견되었는데, 학자들은 이를 세계에서 가장 오래된 천문학적 달력, 특히 '세계 최초의 달 기반 달력(lunar calendar)'으로 평가하고 있다.

한편, 달력이라는 뜻의 영어 단어 'Calendar'는 라틴어 '칼렌다리움(Calendarium)'에서 유래했는데, 칼렌다리움은 '회계 장부', 또는 '흥미로운 기록'을 뜻하는 말로, 신석기 유적에 남겨진 표식, 즉 흥미로운 기록이 인류 최초의 달력이었던 셈이다.

이집트의 태양력, 1년 365일의 발견

이집트에서 태양력을 체계적으로 사용하기 시작한 시기는 자료마다 다

---

[5] 우리나라 고고학에서는 석기 시대를 보통 구석기 시대(약 70만 년 전~기원전 약 1만 년경)와 신석기 시대(기원전 약 1만 년경~기원전 약 1500년경)로 구분하고 있으나, 영국을 비롯한 유럽 고고학에서는 구석기 시대와 신석기 시대 사이에 중석기(기원전 약 9000년~기원전 약 4000년)를 넣기도 한다. 따라서 기원전 8000년경은 유럽 고고학에서는 중석기 시대로 구분된다.

소 차이가 있으나, 대체로 기원전 2700~2500년경으로 추정된다. 고대 이집트인들은 나일강 범람을 예측하기 위해 지속적으로 하늘을 관찰했으며, 매년 여름 시리우스(Sirius) 별이 다시 떠오를 때 범람이 시작된다는 것을 알아내고, 그 주기를 기준으로 1년을 365일로 정한 달력을 만들었다. 이것이 바로 인류가 남긴 최초의 체계적인 달력, 즉 태양력이다. 그들은 1년을 12개월로 나누었는데, 각 달은 일관되게 30일로 구성되었다. 30일×12개월=360일, 여기에 '신성한 날'인 5일을 더해 총 365일을 맞췄다. 한참 후에야 나온 로마의 달력보다 훨씬 간결하고 깔끔했다. 이 추가된 5일은 신들의 탄생을 기념하는 날로, 일상적인 달력의 밖에 존재하는 '시간의 틈'이었다. 즉, 이집트인들은 이미 '월(月)'의 개념을 가졌고, 그것을 계절과 별자리의 순환에 맞추어 태양의 리듬으로 고정시켰던 것이다.

다만, 당시에는 '주(週)'의 개념은 도입되지 않았다. 대신, 한 달 30일을 3등분해 10일씩 나누고, 이를 기본 단위로 행정, 제사, 노동의 순환을 정했다. 예를 들어, 신전의 사제들은 열흘마다 교대 근무를 했고, 농민들도 열흘 단위로 세금을 내거나 일을 배정받았다. 이런 제도는 사회적 리듬이 7일이 아니라 10일로 움직였다는 뜻이다. 어떤 학자들은 이집트의 열흘 주기(旬)가 중국의 상순·중순·하순(上旬·中旬·下旬) 개념에도 영향을 준 것으로 본다. 즉, 한 달 30일을 10일씩 세 구간으로 나누는 사고방식은 고대 여러 문명에서 공통적으로 나타났다. '주' 개념은 나중에 바빌로니아에서 처음 체계화되었는데, 바빌로니아인들은 하늘의 일곱 행성(육안으로 보이는 천체)을 신격화하고, 각 천체에 하루를 배정

했다. 이후 유대교의 안식일(Shabbat) 전통과 결합하면서, 7일 주기는
종교적 리듬으로 자리 잡았다.

하늘의 얼굴, 달을 따랐던 바빌로니아·중국·마야의 달력

한편 기원전 2000년경, 메소포타미아 문명의 바빌로니아와 중국, 그
리고 그 후에 등장한 마야 문명에서는 태양보다 달에 더 주목했다. 달
이 한 번 차고 기우는 주기는 약 29.5일, 이 변화는 육안으로도 비교적
관찰하기 쉬워, 가장 자연스럽고 직관적인 달력의 기본 단위가 되었다.
즉, 한 달을 29.5일로 잡고, 여기에 계절의 순환과 대략적으로 맞추기
위해 1년을 열두 달로 구성했다.

달이 12번 차고 기우는 데 걸리는 시간은 약 354일로, 태양 기준의
한 해(365일)와 약 11일의 차이가 나지만, 이 354일이 실제로 한 해 동안
의 기후 변화와 거의 일치했기 때문에 대부분의 문명이 열두 달 체계, 즉
태음력을 채택했다. 만약 10개월만 썼다면 겨울과 여름의 경계가 매년
뒤바뀌어 농사 시기를 맞출 수 없었을 것이다.

그러나 1년이 354일인 태음력은 시간이 지날수록 계절이 점점 어
긋나는 문제가 생겼다. 그래서 바빌로니아에서는 약 3년에 한 번씩, 중

6 이를 '19년 7윤법'이라고 하는데, 매 19년간의 태음력에 7번의 윤달을 삽입하면 태양력의 계절
순환 주기와 거의 일치한다는 사실은 고대 그리스의 천문학자 메톤(Metōn of Athens, 기원전
5세기경)이 기원전 432년경에 발견해 아테네의 달력 개혁에 적용했고, 이 주기를 '메톤 주기'라
고 한다. 오늘날 우리나라에서는 태음태양력(간단히 '음력')의 어느 해에 윤달을 넣을지를 한국
천문연구원이 정밀한 천문 계산으로 결정하고, 보통 1년 전이나 수년 전에 미리 공표한다.

국에서는 매 19년 동안 7번의 윤달을 넣어 태양의 주기와 맞췄다.[6] 이 방식이 바로 태음태양력이며, 바빌로니아에서는 기원전 5세기 무렵에 비교적 체계적인 태음태양력이 확립되었고, 중국에서는 주(周, 기원전 1046~기원전 256년) 왕조 시기부터 윤달을 두는 달력 운용이 이루어졌다. 즉, 태음태양력은 태음력의 한계를 보완한 인류의 첫 '시간 보정 시스템'이라 할 수 있다.

율리우스 카이사르와 '날짜의 질서'

로마의 달력은 한동안 혼란스러웠다. 전설상의 로마 건국자인 로물루스(Romulus)가 처음 만들었다고 알려진 로물루스력(曆)에는 1년이 10개월, 304일뿐이었고, 농경 활동이 거의 없는 겨울 두 달은 아예 달력에 없었다. 이후 로물루스의 뒤를 이은 고대 로마 왕국의 왕 누마 폼필리우스(Numa Pompilius)는 12개월제를 도입했지만, 이른바 '누마력'에서는 짝수 일수, 특히 30일을 불길하게 여기는 미신적 관념과 제사의 시기를 중시하는 관행이 반영되어, 각 달의 날수가 31일, 29일, 28일 등 불규칙했다.

이에 기원전 45년 율리우스 카이사르(Julius Caesar)는 천문학자 소시게네스(Sosigenes)의 조언으로 '율리우스력(Julian Calendar)'을 도입했다. 그는 1년을 365.25일로 계산하고, 4년에 한 번 윤년(366일)을 두었다. 이 개혁을 통해 12개월제가 안정적으로 정착되었으며, 오늘날까지 이어지는 월별 구조의 기본 틀이 확립되었다.

January (1월): 문(門)과 시작의 신 야누스(Janus)에서 유래

February (2월): 정화·속죄 의식을 뜻하는 라틴어 Februa에서 유래

March (3월): 전쟁의 신 마르스(Mars)에서 유래

April (4월): '열다'를 뜻하는 라틴어 Aperire에서 유래

May (5월): 봄의 여신 마이아(Maia)에서 유래

June (6월): 결혼의 여신 주노(Juno)에서 유래

July (7월): 율리우스 카이사르의 이름[7]에서 유래

August (8월): 황제 아우구스투스(Augustus)의 이름에서 유래

September~December (9~12월): 각각 라틴어 septem(7), octo(8), novem(9), decem(10)에서 유래(이는 로마가 한때 3월을 새해의 첫 달로 삼았고, 1년을 10개월로 보았던 흔적이다)

또한 율리우스력에서는 한 해를 365일로 구성하되, 대부분의 달을 30일 또는 31일로 배분하고, 2월에는 29일(윤년에는 30일)을 두었다. 율리우스력은 여기에 4년에 한 번 윤년을 두는 방식으로 평균 1년의 길이를 365.25일로 맞추었다.

후대에는 아우구스투스 황제가 자신의 이름을 딴 8월이 율리우스의

---

7   율리우스 카이사르에 의해 율리우스력이 완성된 당시에는 지금의 7월과 8월의 이름은 각각 Quintilis(다섯 번째 달), Sextilis(여섯 번째 달)로 불렸다. 과거에는 3월이 첫 달이었으므로 7, 8월은 각각 다섯 번째, 여섯 번째 달이었다. 이후 율리우스 사후에 그의 업적을 기리기 위해 Quintilis는 Julius(7월)로 개명되었고, Sextilis는 그의 후계자인 아우구스투스 황제의 이름을 따 August(8월)가 되었다.

7월보다 짧은 것을 못마땅하게 여겨 31일로 늘렸고, 그 과정에서 달력 전체의 균형을 맞추기 위해 다른 달의 날수가 조정되었다는 이야기가 전해진다. 그러나 실제로는 율리우스력 제정 당시부터 7월과 8월은 모두 31일이었을 가능성이 크다.

다만 분명한 사실은, 고대 로마에서는 오랫동안 3월을 한 해의 시작으로 여겼고, 그에 따라 2월이 해의 마지막 달로 취급되었다는 점이다. 이 때문에 달력의 총 일수가 맞지 않을 경우, 전통적으로 2월의 날수를 줄이거나 늘려 조정했다. 그 결과 2월은 28일(윤년에는 29일)로 고정되었고, 이 구조가 오늘날까지 이어졌다. 즉 오늘날 우리가 사용하는 달의 길이는 자연법칙의 직접적인 반영이라기보다는, 로마 사회의 관습, 종교적 전통, 행정적 필요가 축적된 결과라고 할 수 있다.

시간의 오차를 바로잡은 그레고리력

율리우스력의 365.25일은 실제 태양년(365.2422일)보다 약 11분 길었다. 이 미세한 오차는 시간이 흐르면서 누적되어, 약 128년마다 하루씩 달력과 계절이 어긋나는 결과를 낳았다. 교황 그레고리우스 13세(Gregorius XIII)는 이를 바로잡기 위해 1582년에 그레고리력(Gregorian Calendar)을 도입했다. 그레

---

8 기본적으로 4의 배수인 해를 윤년(366일)으로 삼되, 100의 배수인 해는 윤년에서 제외하고, 다만 400의 배수인 해는 예외적으로 윤년으로 정한다. 이 방식에 따르면 2000년, 2004년 등은 윤년이고, 1900년, 2100년, 2200년 등은 윤년이 아니다.

고리력은 400년 동안 3번의 윤년을 생략하는 방식으로[8] 달력의 흐름을 계절의 변화와 거의 완벽하게 일치시키는 데 성공했다. 오늘날 전 세계에서 사용하는 달력이 바로 이 체계를 따른다.

천체의 신들이 만든 일주일

'하루'와 '월'은 각각 밤낮의 바뀜과 달의 모양 변화에 따르는 자연적인 주기이지만, '7일'의 개념은 자연적인 주기와 관계없이 바빌로니아의 점성술과 종교적 전통에서 비롯된 인위적인 시간 구분이었다. 즉, 고대인들은 하늘을 움직이는 일곱 천체-태양, 달, 화성, 수성, 목성, 금성, 토성-를 각각 신성시하고 하루의 수호신으로 정했다. 이것이 유대교의 안식일 제도와 결합해 7일 주기가 되었다.

각 요일의 영어 이름은 이 천체 신들과 게르만 신화가 합쳐진 결과다. 즉, 로마 제국이 유럽 전역에 로마 문화를 퍼뜨릴 때, 요일은 이미 라틴어에서 행성과 로마 신의 이름으로 정해져 있었다. 그런데 북유럽의 게르만 민족까지 로마의 문화가 유입되자 게르만족들은 로마의 신 이름을 게르만 민족의 신 이름으로 대체했고, 현대 영어는 게르만어에 기반을 두고 있으므로 오늘날의 영어식 요일 이름이 만들어진 것이다.

한편, 한자권에서는 오행 사싱을 적용해 月, 火, 水, 木, 金, 土, 日의 7요일 체계를 만들었다. 이는 달과 태양, 그리고 다섯 행성에 각각 상응하는 개념을 요일에 부여한 것으로, 월요일(月曜日)은 달의 날, 일요일(日曜日)은 태양의 날을 뜻한다. 서로 다른 문화권이 각자의 철학과 신앙으로 하늘의 움직임을 해석해 시간의 질서로 옮긴 결과라 할 수 있다.

라틴어식 요일 이름	의미	로마 신 (행성)	게르만 신	영어식 요일 이름
dies Solis	태양의 날	솔 (Sol, 태양신)	Sunnōn(태양)	Sunday
dies Lunae	달의 날	루나(Luna, 달의 여신)	Mēnōt/ Mōna(달)	Monday
dies Martis	전쟁의 신 마르스의 날	마르스 (Mars)	티우(Tiw/Týr)	Tuesday
dies Mercurii	지혜·전령의 신 메르쿠리우스의 날	메르쿠리우스 (Mercury)	워든(Woden/ Odin)	Wednesday
dies Jovis	번개·왕권의 신 유피테르의 날	유피테르 (Jupiter)	토르(Thor)	Thursday
dies Veneris	사랑·미의 여신 베누스의 날	베누스 (Venus)	프리그(Frigg/ Freya)	Friday
dies Saturni	농업·시간의 신 사투르누스의 날	사투르누스 (Saturn)	로마 신 이름 유지	Saturday

영어식 요일 이름의 기원

우리나라 + 달력

우리나라는 삼국 시대부터 중국의 태음태양력을 받아들여 사용했다. 고구려에서는 '삼가력'을, 신라에서는 '원가력'을, 고려에서는 '대통력'을 사용한 기록이 전해진다. 조선 시대에는 국가 차원에서 역법과 천문 관측을 체계적으로 관리하기 위해 서운관과 관상감을 두고, 달력 제작과 일식·월식 예측 등 천문 업무를 전담하게 했다.

세종대왕은 중국의 태음태양력을 한반도 위도에 맞게 소폭 조정한

'칠정산(七政算)'을 편찬해 독자적 역법을 완성했다. 조선 후기에는 청나라를 통해 서양 천문학의 영향을 받은 '시헌력(時憲曆)'이 도입되었고, 태양 중심 계산법이 부분적으로 수용되었다. 다만 1주일 단위 개념은 아직 존재하지 않았으며, 농경사회에서는 달의 위상에 따라 초하루, 보름, 그믐과 같이 시기를 구분했을 뿐이었다. 이후 '7일'이라는 시간 리듬은 19세기 말 서양식 역법이 들어오면서 도입되었다.

1896년, 대한제국은 근대 국가로의 전환을 상징하며 그레고리력을 공식적으로 채택했다. 이로써 1년 12개월, 1주 7일, 그리고 월·화·수·목·금·토·일로 이루어진 시간 체계가 제도적으로 정착되었다. 그러나 음력(태음태양력)은 여전히 명절과 제사, 농사력의 기준으로 사용되며, 오늘날까지 양력과 음력이 공존하는 이중 달력 체계가 유지되고 있다.

달력은 단순한 날짜 표가 아니라, 자연의 질서를 인간의 사회적 질서로 바꾼 문명의 시간표다. 농사철, 신에게 바치는 제사, 축제, 세금, 전쟁, 모두 달력 위에 기록되었다. 어디 이뿐인가? 합격자 발표일, 데이트 날짜, 월급날, 부모님 생신, 자녀의 생일, 병원 진료일, 부모님 기일까지. 기쁨과 슬픔, 설렘과 걱정 등 삶의 모든 애환이 종이 한 장에 담겨 있다.

달력이 없었다면 역사 기록도, 경제 거래도, 종교 의례도, 개인의 소중한 기록도 존재하지 않았을 것이다. 그레고리력의 도입은 세계를 하나의 시간 체계로 묶었다. 이제 1월 1일은 전 인류가 동시에 새해를 맞이하는 상징이 되

14세기 초 영국 필사본 Queen Mary's Psalter의 8월 달력 삽화. 중세 달력에는 각 달을 상징하는 대표적인 노동이나 계절 활동이 그림으로 표현됐는데, 8월에는 밀을 베는 모습이 주로 등장한다.

었고, 과학 실험, 항공 운항, 위성 발사까지 달력의 정밀한 계산에 의존한다. 스마트폰 속 전자 달력은 수천 년 전 별빛을 따라 시간의 틀을 만들던 인간의 시도를 이어받은 것이다. 달력은 인간이 우주의 리듬 속에서 '시간의 주인'으로 성장한 증거, 그리고 문명 그 자체의 얼굴이다. 달력 한 장도 결코 소홀히 넘길 수 없는 이유다.

4

빛으로 그린 시간의 예술

영화

한때는 휴일이면 집에 틀어박혀 그동안 놓쳤던 옛날 영화를 몰아서 보는 것이 가장 큰 즐거움 중의 하나였다. 〈인디아나 존스〉, 〈다이하드〉, 〈제이슨 본〉 등 오래된 영화의 초기 시리즈는 지금 다시 봐도 재미있다. 이런 영화가 재미있는 이유는 무엇보다 박진감 넘치게 진행되는 줄거리 때문이다.

영화는 정지되고 단조로운 화면에서 벗어나, 생동감 넘치는 모습에서 재미를 찾으려는 인류의 오랜 노력의 결과로 탄생했다. 선사 시대 동굴 벽화 속에서 발견되는, 동물이 달리는 장면을 여러 단계로 겹쳐 그린 흔적은 이미 '움직이는 이미지'를 표현하려는 원초적 시도였다. 어린 시절, 풍선껌을 사면 포장지 안에 딱 껌 크기만 한 작고 얇은 만화 쪼가리가 들어 있었나. 손가락 끝으로 빨리 넘기면 마치 인물과 배경이 움직이는 듯한 느낌을 주었던 그런 소박한 장난감도, 결국은 움직이는 이미지에 대한 호기심의 발로(發露)였다.

'영화'를 뜻하는 영어 단어 'cinema'는 프랑스어 'cinématographe'에서 비롯되었다. 이 단어는 더 거슬러 올라가면 고대 그리스어 'kinein(움직

이다)'과 'graphein(그리다)'에서 유래한 단어로, '움직임을 그리는 예술'
이라는 뜻을 지닌다.

영화 이전의 영화

움직임을 표현하려는 시도는 선사 시대부터 있었지만, 그것을 기술로
써 구현할 수 있게 된 것은 근대에 들어서부터였다. 광학과 사진술이 발
달하면서 인간이 빛과 시간의 흔적을 기록할 수 있게 된 것이다. 즉, 18
세기 후반에 일어난 산업혁명에 이어 19세기 후반에 일어난 소위 '2차
산업혁명'이 카메라와 렌즈 기술의 발전을 이끌며 '움직임의 재현'이라
는 꿈에 현실적 토대를 마련한 것이다.

이 시기에 중요한 연결 고리가 된 것이 '키네오그래프(Kineograph)',
즉 '플립북(flip book)'이었다. 1868년, 영국의 발명가 존 반스 린넷(John
Barnes Linnett)은 여러 장의 그림을 순서대로 묶은 작은 책을 특허로 등
록했다. 책장을 손가락으로 빠르게 넘기면, 그림이 연속적으로 움직이
는 듯 보였다. 이것이 바로 움직이는 그림의 시각적 환상을 만들어 낸
최초의 장치였다. 플립북은 과학 실험이 아니라 어린 시절 풍선껌 만화
같은 장난감에 불과했지만, 그 원리인 '잔상 효과'는 훗날 영화의 핵심
적 원리가 되었다.

1878년, 영국의 사진가 에드워드 머이브리지(Eadweard Muybridge)
는 달리는 말의 움직임을 포착하기 위해 12대의 카메라를 직선상에 배
열하고, 일정 간격마다 셔터를 터뜨려 연속 사진을 얻었다. 그리고 이
연속 이미지를 빠르게 보여 줌으로써 말이 실제로 달리는 듯한 시각적

효과를 구현했다. 머이브리지의 실험은 정지된 사진을 시간의 예술로 바꾼 결정적 순간이었다.

그 뒤를 이어 미국의 발명가 에디슨(Thomas Alva Edison)은 이 아이디어를 응용해 개인용 영상 상자 '키네토스코프(Kinetoscope)'를 발명했다. 그러나 이 장치는 한 사람만이 구멍을 들여다보며 영상을 보는 구조로, 함께 보는 영화 즉, 집단적 감정 경험으로서의 예술은 아직 완성되기 전이었다.

뤼미에르 형제의 시네마토그래프와 최초의 영화

1895년 12월 28일, 프랑스의 뤼미에르 형제(Auguste & Louis Lumière)는 파리의 한 카페 지하실에서 세계 최초의 유료 공개 상영회를 열었다. 그들이 만든 '시네마토그래프(Cinématographe)'는 촬영기 · 인화기 · 영사기를 하나로 결합한 혁신적 장치였다. 상영된 작품인 〈열차의 도착(L'Arrivée d'un train en gare de La Ciotat)〉은 상영 시간이 50초밖에 되지 않는 짧은 영화였는데, 당시 관객들은 화면 속 기차가 자신에게 돌진하는 줄 알고 자리에서 비명을 지르며 몸을 피했다고 한다. 이 짧은 순간은 인류가 처음으로 '빛으로 만든 현실'을 경험한 순간이었다.

이듬해, 프랑스의 마술사이자 영화감독 조르주 멜리에스(Georges Méliès)는 영화가 환상과 서사를 결합할 수 있는 매체임을 보여 주었다. 그의 〈달세계 여행(Le Voyage dans la Lune)〉(1902)은 인류 최초의 SF 영화로 평가받으며, 달의 얼굴에 로켓이 꽂히는 장면은 지금도 영화사의 상징으로 남아 있다.

조르주 멜리에스의 영화 〈달세계 여행〉 중 한 장면.

찰리 채플린에서 넷플릭스까지

1900년대 초반, 영화는 기록에서 예술로 발전했다. 연중 온화한 기후로 일조량이 풍부한 캘리포니아의 할리우드는 영화 산업의 중심지가 되었고, 영화는 대중의 새로운 오락으로 자리 잡았다. 찰리 채플린(Charlie Chaplin), 버스터 키튼(Buster Keaton), 해럴드 로이드(Harold Lloyd) 같은 배우들은 대사 없이도 표정과 몸짓만으로 인간의 희로애락을 표현했다. 채플린의 〈모던 타임즈(Modern Times)〉는 산업화 시대의 인간 소외를 풍자하며 웃음 속의 철학을 보여 주었다.

1927년, 〈재즈 싱어(The Jazz Singer)〉가 개봉되며 배우의 목소리가 들리는 유성영화 시대가 열렸다. 그 순간, 영화는 단순한 시각 예술에서 '청각적 드라마'로 확장되었다. 1930~1950년대는 할리우드 황금기로, 거대한 스튜디오 시스템 아래에서 〈바람과 함께 사라지다〉, 〈카사블랑카〉, 〈시민 케인〉 등 불멸의 명작들이 만들어졌다. 또한 컬러 필름의 상용화와 와이드스크린, 사운드트랙의 발전은 영화의 현실감을 높였다. 이제 영화는 세계인의 꿈과 낭만을 담는 21세기의 신화적 언어로 우뚝 서게 되었다.

1970년대 조지 루커스(George Lucas), 스티븐 스필버그(Steven Spielberg)가 각각 제작한 〈스타워즈〉, 〈죠스〉 등은 블록버스터 영화의 효시가 되었다. 1990년대에는 CG 기술이 도입되며 〈쥐라기 공원〉, 〈매트릭스〉, 〈타이타닉〉 등의 영화가 현실과 환상의 경계를 허물었다. 21세기에 들어 스트리밍 서비스가 등장하면서 관객은 극장을 벗어나 손안의 스크린으로 이동했다. 인공지능, 가상현실, 모션 캡처는 이제 영화의 언어를 다시 쓰고 있다.

우리나라 + 영화

우리나라 영화의 역사는 1901년 대한제국 시절 외국 영화 상영으로 시작되었다. 1919년 10월 27일에 단성사에서 개봉한 김도산의 〈의리적 구토〉는 우리나라 최초의 연쇄극이자 영화로 기록되었으며, 이후 나운규의 〈아리랑〉(1926)은 일제강점기 우리 민족의 울분을 상징했다. 1950년대 전쟁의 폐허 속에서 〈자유부인〉, 〈하녀〉 등의 영화가 사회 문제를 정면으로 다루었고, 1960년대에는 연간 200편 이상의 영화가 제작되며

찰리 채플린의 뉴욕 브로드웨이 상영 흥행을 홍보하기 위해 제작된 신문·잡지용 광고 일러스트 (1910년대 중반).

우리나라 영화의 황금기를 열었다. 1980년대 들어 검열이 완화되자 예술적 실험이 활발해졌고, 2000년대 이후 〈공동경비구역 JSA〉, 〈올드보이〉, 〈괴물〉, 〈기생충〉 등의 영화가 세계 영화제를 석권했다. 봉준호, 박찬욱, 이창동, 홍상수 등은 우리나라 영화를 철학적·미학적 수준으로 끌어올리며 K-시네마 시대를 열었다.

디지털 제작 환경의 정착과 멀티플렉스 극장, 온라인 플랫폼의 확산은 우리 영화의 제작 방식과 유통 구조를 근본적으로 변화시켰으며, 장르 영화와 작가 영화의 경계가 유연해지면서 우리 영화는 지역적 서사를 유지한 채 세계 관객과 소통하는 독자적 모델을 구축했다. 이러한 흐름 속에서 K-시네마는 일시적 유행을 넘어, 동시대 세계 영화 문화의 중요한 축으로 자리매김하고 있다.

1895년 〈열차의 도착〉 상영 당시, 관객들이 스크린 속 기차가 자신에게 돌진한다고 착각해 비명을 질렀다는 일화는 영화가 '현실을 속이는 예술'임을 보여 준다. 찰리 채플린이 '채플린 닮은꼴 대회'에 출전했다가 3등을 했다는 유명한 이야기도 있다. 스크린이 만들어 낸 이미지가 실제 인물보다 더 '진짜'로 인식된 것이다.

　미국의 영화감독 스탠리 큐브릭(Stanley Kubrick)은 영화 〈샤이닝〉의 세트를 실제 호텔보다 더 정교하게 지었고, 조명 각도를 천체 운동에 맞춰 계산했으며, 〈아바타〉의 감독 제임스 카메론(James Francis Cameron)은 영화 촬영 이후 심해 탐사에 본격적으로 관여해 '딥씨 챌린저(Deepsea Challenger)'라는 이름의 잠수정을 개발, 2012년 마리아나 해구 단독 심해 잠수에 성공하기도 했다. 이처럼 영화는 언제나 예술과 과학의 경계에서 기술적 진보를 촉발해 온 종합 예술이었다.

　영화는 인류의 집단 기억을 저장하는 가장 강력한 매체다. 전쟁, 사랑, 혁명, 과학, 환경 등 모든 시대의 감정과 사상이 영화 속에 새겨져 있다. 영화는 언어와 문화를 넘어 전 세계인이 공감할 수 있는 보편 언어가 되었으며, 한 편의 영화가 한 나라의 이미지를 바꾸기도 한다. 경제적으로도 영화 산업은 수

백만 개의 일자리를 창출하고, 도시의 문화 생태계를 바꾸었다. 뉴욕의 타임스퀘어, 서울의 충무로, 뭄바이의 '볼리우드'는 그 대표적 상징이다. 디지털 시대의 영화는 개인의 손끝에서도 만들어지며, 인공지능과 가상현실이 결합한 새로운 시네마의 진화를 예고한다. 영화는 빛으로 기록된 인간의 시간, 그리고 세대를 잇는 상상의 언어가 되었다.

21세기에는 스트리밍 서비스와 다양한 디지털 콘텐츠의 확산으로 영화관의 위상이 예전 같지 않다. 그러나 관람 방식이 변화했을 뿐, 영화 자체의 영향력은 여전히 유효하다. 관객들은 극장 대신 온라인 플랫폼을 선택하기도 하지만, 그럼에도 영화를 찾는 이유는, 영화에는 오직 영화만이 전달할 수 있는 강력한 메시지, 재미, 그리고 감동이 있기 때문이다.

5

인류 문명의 향기
향신료

계피, 후추, 겨자, 마늘, 생강 등등 각종 향신료는 오늘날 전혀 특별한 것이 아니어서, 어느 마트를 가든 매장의 한 코너를 점령하며 그 종류와 물량이 넘쳐나고, 지금 같은 고물가 시대에도 단돈 몇 천 원이면 구입할 수 있는 저렴한 식재료이다. 그러나 초기 인류가 자연에서 우연히 그것들을 발견하고 그 향에 취한 후로, 한때는 값이 천정부지로 치솟고 구하기도 힘들 만큼 귀중한 상품이 되었다.

향신료는 음식의 맛과 향을 더하기 위해, 또는 음식의 부패를 지연하기 위해, 때로는 치료나 종교적 의례의 목적에서 사용되었으며, 생존에 필수적인 식품은 아니더라도 인간의 취향을 만족시키고 욕구를 채우는 데 반드시 필요한 물질이었다. 특히 기호품은 단순한 식재료를 넘어 경제와 권력을 움직이는 전략 자원이 되었다. 차(茶)와 마찬가지로 향신료도 그것을 얻기 위해 인류가 전쟁까지 불사했으니, 향신료의 역사는 곧 인류의 감각과 욕망이 빚어낸 문명의 역사라고 해도 과언이 아니다.

고대의 향신료, 부와 권력의 상징

기원전 수천 년, 이집트인은 몰약과 계피를 신성한 물질로 여겨 미라를 방부 처리할 때 사용했다. 인도에서는 고대 문헌인 『베다』에 이미 생강과 후추, 강황의 이름이 등장하며, 의학과 제사의 필수 재료로 쓰였다. 메소포타미아와 고대 페르시아를 비롯한 서아시아의 상인들은 향신료를 낙타에 실어 지중해 세계로 운송했는데, 이러한 교역로들은 흔히 '향신료 길'로 불리며, 기원전부터 형성된 국제 교역망으로서 후대의 실크로드보다 앞서 동서 세계를 연결한 최초의 국제 무역망이었다.

고대 로마에 이르러 향신료는 부와 지위의 상징이 되었다. 네로 황제는 아내인 포파이아 사비나(Poppaea Sabina)가 죽자 장례식에서 아라비아와 인도로부터 들여온 막대한 양의 인도산 후추를 산처럼 쌓아 불태웠다고 전해진다. 이는 일반적인 장례 의식이 아니라, '신성한 향기로 망자의 영혼을 하늘로 올린다'는 고대 로마의 종교적 상징을 극단적으로 표현한 행동이었다. 동시에, 당시 고가의 사치품이자 권력의 상징이었던 후추를 대량으로 태움으로써 황제의 부와 절대 권력을 과시한 정치적 연출이기도 했다.

찬란했던 로마 제국이 쇠망하자, 이미 금에 필적할 만큼 값비쌌던 향신료는 동방과 지중해를 잇던 육상 교역망이 붕괴되면서 유럽에서 더욱 희귀한 물품이 되었고, 공급의 급감 속에서도 수요가 유지되면서 그 가치는 한층 더 높아졌다.

십자군 전쟁과 신비한 동방의 향

중세의 유럽인들에게 향신료는 단지 음식의 풍미를 더하는 재료가 아니었다. 냉장 기술이 없던 시대에 향신료는 고기의 부패한 냄새를 완화하고 맛을 보완해 주는 귀중한 재료로, 일종의 '마법의 가루'처럼 인식되었으며, 병을 치료하는 약재로도 귀하게 쓰였다. 아라비아 상인들이 향신료의 출처를 철저히 비밀에 부쳤기 때문에, 유럽에서는 계피가 '신비한 동방의 나무껍질'이라는 정도밖에 알려지지 않았다. 그 결과 향신료의 값은 천정부지로 뛰었고, 한 알의 후추가 농부 한 명의 하루 품삯과 맞먹을 정도였다.

중세 유럽인들이 향신료에 더욱 열광하게 된 것은 역설적이게도 전쟁 때문이었다. 십자군 전쟁(1096~1272년)은 종교의 이름으로 시작되었지만, 결과적으로 유럽이 동방의 세계와 처음 맞닿은 계기가 되었다. 1차 전쟁에서는 십자군이 예루살렘을 점령하며 잠시 승리하는 듯했으나, 이후의 2~9차 전쟁은 대부분 이슬람 세력의 패배로 끝났다. 그 과정에서 유럽의 기사와 상인들은 처음으로 동방의 부(富)와 풍요로움을 직접 목격했다. 비단, 향료, 설탕, 그리고 무엇보다 강렬한 향을 지닌 후추와 계피가 유럽 사회를 매혹했다.

전쟁이 끝난 뒤에 향신료 수요는 급증했으나, 육로 무역은 여전히 이슬람 상인들의 통제 아래 있었다. 그로 인해 향신료의 가격은 더욱 치솟았고, 유럽은 새로운 길을 찾아야 했다. 바로 이 향신료의 결핍이 훗날 제노바 공화국(현재 이탈리아)의 탐험가 콜럼버스(Christopher Columbus)와 포르투갈의 항해사 바스쿠 다가마(Vasco da Gama)를 바다로 이끈 원동력이 되었다. 아이러니하게도 십자군 전쟁의 패배가 향신료 탐험 시대의 서막이 된 것이다.

대항해시대와 향신료의 여정

1492년 콜럼버스가 인도로 가는 서쪽 항로를 찾아 나섰다가 미지의 아메리카 대륙에 도달했고, 1498년에 바스쿠 다가마는 희망봉을 돌아 인도로 가는 해상 항로를 개척했다. 이른바 인류의 '지리상의 발견'이라 불리는 일련의 항해는 포르투갈과 스페인을 중심으로 한 해상 패권 쟁탈과 식민지 확장, 그리고 과학적·지리적 지식의 확대가 주요 목적이었지만, 그 이면에는 향신료의 안정적 조달이라는 상업적 동기가 결정적인 역할을 하고 있었다.

16세기에 접어들면서 향신료의 중심지는 인도양을 넘어 인도네시아의 말루쿠(Maluku) 제도로 옮겨 갔다. 이곳은 정향, 육두구, 메이스[9]가 자생하는 '향신료의 낙원'이었다. 포르투갈은 이 지역을 점령해 향신료 무역을 독점하려 했고, 곧 네덜란드와 영국이 그 자리를 빼앗기 위해 몰려들었다. 당시 후추, 정향, 육두구의 거래는 단순한 무역이 아니라 제국의 생존을 건 전쟁이었다. 이른바 '후추 전쟁'이라 불린 충돌이 그 상

---

9   정향(丁香, Clove)은 인도네시아 말루쿠 제도에서 자생하는 정향나무의 꽃봉오리를 말려 만든 향신료이며, 육두구(肉荳蔻, Nutmeg), 메이스(Mace) 역시 말루쿠 제도의 육두구 열매·씨앗 등을 말린 향신료이다. 이것들은 따뜻하고 달콤한 향이 특징으로, 중세 유럽에서는 음식, 술뿐 아니라 약과 향수에도 널리 쓰였다.

징적인 예다. 1600년대 초, 네덜란드 동인도회사는 포르투갈 상인들을 몰아내고 후추의 수출권을 장악했다. 후추 무역로를 둘러싼 교전이 인도 서해안과 자바 해상에서 벌어졌고, 한때 네덜란드는 후추를 독점하기 위해 전체 수확량을 조절하고 나무를 불태우기까지 했다. 유럽의 향신료 시장을 흔든 이 전쟁은 결국 영국과 네덜란드가 1667년 브레다 조약[10]을 맺으며 일단락되었다. 이 조약을 통해 네덜란드는 북미의 뉴네덜란드, 즉 맨해튼을 포함한 지역의 지배권을 영국에 넘겼고, 대신 남미의 수리남(Suriname)에 대한 지배를 인정받았다.

이후 식민지 체제와 산업화가 가속화되면서 향신료는 점차 대중화되었고, 18세기에는 향신료 재배가 동남아시아, 인도, 스리랑카, 아프리카 해안, 카리브 제도 등으로 확산되었다. 증기선과 철도의 발달로 수송이 빨라지고, 각국은 자국 식민지에서 향신료를 재배해 값싸게 공급했다. 그 결과 향신료는 귀족의 사치품에서 서민의 식탁으로 내려왔고, 세계의 요리 문화는 본격적인 다양성의 시대를 맞았다. 오늘날 인도의

10　1624년경, 네덜란드는 원래 북미 원주민의 땅이었던 현재의 미국 뉴욕 지역에 식민지를 세우고 이를 '뉴네덜란드(New Netherland)'라 불렀다. 맨해튼 섬에는 '네덜란드 서인도회사(Dutch West India Company)'가 상업 거점을 마련하고, 원주민과 도지 기래를 통해 정착지아 농장을 운영하고 있었다. 1667년에 네덜란드와 영국 간에 체결한 브레다 조약(Treaty of Breda)을 통해 맨해튼을 포함한 뉴네덜란드는 영국령으로 확정되었다. 그 결과 맨해튼은 영국령이 되면서 지명이 뉴욕(New York)으로 바뀌었다.

11　자타르는 중동에서 자라는 꿀풀과 식물, 특히 백리향속(Thymus)을 중심으로 한 야생 허브를 가리키는 명칭이다. 자타르는 또한 허브에 볶은 참깨와 소금 및 향신료를 배합해 만든 조미료를 일컫기도 한다.

카레, 중동의 자타르[11], 중국의 오향, 멕시코의 칠리, 프랑스의 허브 드 프로방스까지, 향신료는 각 지역의 문화와 정체성을 응축한 언어다. 향신료의 여정은 단순히 맛의 확산이 아니라, 인류 문명이 서로를 만나고 영향을 주고받아 온 역사였다.

우리나라 + 향신료

우리나라에서 향신료가 등장한 것은 삼국시대 무렵이다. 중국을 통해 후추, 계피, 정향, 사향 등이 들어왔고, 주로 약재나 제사용으로 쓰였다. 『삼국사기』에는 신라가 수·당나라에 향료와 약초를 공물로 바쳤다는 기록이 있다. 고려 시대에 이르러서는 벽란도[12]를 통한 남방 교역이 활발해졌고, 이를 통해 인도와 아라비아에서 들어온 향신료가 왕실과 귀족의 연회 음식에 사용되었다.

조선 시대에는 유교적 절제와 검소함이 강조되면서 외래 향신료보다 토착 재료 중심의 조미 문화가 발달했다. 미늘, 파, 생강, 들깨, 참기름, 된장, 간장, 식초 등이 그 핵심이었다. 17세기 일본을 거쳐 들어온 고추는 한식의 향신(香辛) 구조를 완전히 바꾸었다. 매운맛은 한반도의 기후와 식생활, 그리고 정서와 결합하며 빠르게 확산되었고, 김치, 고추장, 각종 찌개의 핵심 재료로 자리 잡았다. 이처럼 우리나라의 향신료

---

12   벽란도(碧瀾渡)는 고려 시대와 조선 초기 한반도의 주요 국제 무역항 중 하나로, 오늘날의 북한 개성 인근 해안으로 추정된다. 섬이 아니라 항구였으므로 섬 '도(島)' 대신에 배가 드나드는 '나루'라는 의미로 '渡' 자를 쓴다.

문화는 단순한 외래 향의 수용이 아니라, 토양과 기후, 그리고 발효의 시간 속에서 재해석되고 정착된 결과라 할 수 있다.

향신료를 둘러싼 이야기는 대부분이 탐욕과 모험의 서사였다. 가장 유명한 사건 중 하나는 1519년 포르투갈의 탐험가이자 항해사인 마젤란(Ferdinand Magellan)의 세계 일주 항해다. 스페인 국왕의 후원을 받아 말루쿠 제도로 향한 그는 필리핀에서 전사했지만, 그의 함대는 말루쿠 제도에서 정향과 육두구를 싣고 귀환했고, 단 한 척의 배에 실린 향신료의 가치는 원정 비용 전체를 넘어섰다. '지구가 둥글다'는 사실의 과학적 증명보다, '향신료는 금보다 비싸다'는 사실이 유럽을 더 놀라게 한 것이다. 앞서 언급한 후추 전쟁 또한 인류 경제사에 남을 사건이었다. 유럽의 제국들이 향신료 독점을 위해 무력 충돌을 벌였고, 섬 하나를 위해 수천 명이 희생되었다. 심지어 한때 후추는 군사 조약의 협상 단위로 사용되기도 했다. 이처럼 향신료는 단순한 식재료가 아니라, 세계 질서를 뒤흔든 검은 보석이었다.

향신료는 인류의 혀를 자극한 것을 넘어, 문명의 방향을 바꾸었다. 향신료를 향한 탐험은 대항해시대를 열었고, 신대륙의 발견과 식민지 확장을 불러왔다. 그 과정에서 세계는 처음으로 하나의 경제권으로 묶였다. 향신료 무역은 현대 국제 무역의 원형이 되었고, 지리학 · 천문학 · 조선술 같은 과학의 발전을 촉진했다. 또한 향신료는 문화 교류를 촉진하여 각 지역의 요리법과 향신료가 뒤섞인 새로운 음식

문화를 탄생시켰고, 인류는 그 풍미를 통해 타문화를 맛보며 서로를 이해하기 시작했다. 인류는 향신료를 통해 타문화를 맛보고, 서로를 이해하기 시작했다. 의학적으로도 향신료는 항균, 방부, 소화 촉진 등의 역할을 통해 인류의 생존을 도왔다.

오늘날에도 향신료는 단순한 조미료가 아니라, 건강식품, 화장품, 향료, 약품 등 수많은 산업의 기초 원료로 쓰인다. 결국 향신료의 역사는 인류가 '맛'이라는 감각을 통해 세계를 발견하고, '향'이라는 언어로 서로를 이어 온 이야기이다. 한 알의 후추가 제국을 흔들고, 한 줄기 계피 향이 인류의 상상력을 깨웠다. 향신료는 인류 문명의 가장 오래된, 그리고 여전히 살아서 퍼져 나가고 있는 향기다.

아프리카의 다양한 향신료.

6

신이 인간을 사랑한다는 증거

술

인류가 만들어 낸 발명품 중 아마도 술처럼 여러 가지 얼굴을 가진 친구도 없을 것이다. 술은 인간에게 기쁨과 위로가 되고, 친구 사이의 우정을 돋우며, 의식과 제례에도 빠질 수 없는 요소이다. 의학의 아버지 히포크라테스도 술은 '맛 좋은 약'이라며 질병 치료에까지 사용했다.

반면, 술이 질병과 여러 사회적 문제의 주요 원인 중 하나라는 사실도 부정할 수 없다. 그래서 많은 현인들이 술의 양면성에 대한 명언을 남겼다. 미국의 정치가이자 과학자, 발명가, 그리고 기지 넘치는 수많은 명언을 남긴 벤저민 프랭클린(Benjamin Franklin)은 "술은 신이 인간을 사랑한다는 증거", "술이 없는 곳에 좋은 삶이란 없다"고 술을 예찬했다. 한편, 소설 『돈키호테』의 작가 세르반테스(Miguel de Cervantes)는 "한 잔의 술은 나를 인간답게 만들고, 두 잔은 짐승으로 만든다"라며 술의 양면성을 극명하게 표현했다. 명나라 속담도 "술은 군자에게는 약이요, 소인에게는 독이다"라는 말로 술의 양면성을 경고했다. 그럼에도 불구하고, 우리 주변에는 '돈 없이는 살아도 술 없이는 못 산다'며 주(酒)님을 찬양하는 사람들이 많다.

인류 역사에서 가장 오래된 '기쁨의 발명품'

대체 '술'이 뭔지, 4000년 전 함무라비 법전에도 절주령(節酒令)이 나와 있을 정도이니, 인류는 문명을 쌓아 올리는 순간부터 이미 술의 유혹과 그 폐해를 동시에 관리해야 했던 셈이다. 술로 연못을 만들어 3천 명이 동시에 마시게 했다는 중국 하나라의 마지막 군주 걸왕(桀王)의 이야기부터, 주지육림(酒池肉林)에 빠져 은나라를 멸망으로 몰았다는 주왕(紂王)의 이야기, 그리고 낮술에 취한 사령관이 나폴레옹의 명령대로 움직이지 못해 워털루 전쟁에 패한 것이라는 믿지 못할 이야기까지, 역사를 바꾼 술에 관한 이야기는 차고 넘친다.[13] 술은 인간과 함께 지난 수천 년을, 정말이지 징그러운 인연으로 함께 해 왔다.

구약성서의 창세기에는 노아가 포도 농사를 짓다가 술에 취한 이야기가 나온다. 술에 대한 이야기가 구약성서에도 실릴 만큼 술에 관한 기록은 오래되었지만, 인류 최초의 술이 언제, 어떤 방법으로 만들어졌는지는 누구도 알 수 없다. 인류가 최초로 술을 마시게 된 것은 순전히 우연이었을 가능성이 크다. 조심성 없는 아이나 농부의 실수로 죽 그릇 속에 효모 포자 몇 개가 떨어진 결과일 수도 있다. 어떻게 시작되었든지 간에, 기원전 1만 년경의 농업 혁명이 도래한 직후, 양조 기술은 급격히 발전했다.

과학자들은 약 9000년 전에 중국 북부 허난(河南)성의 한 마을인 자

---

13   김재명, 『광화문 징검다리』, 예문.

후(賈湖)에 살았던 사람들이 남기고 간 질그릇 파편을 화학 분석한 결과, 당시에 이미 곡물과 과일을 혼합해 발효시킨 뒤 술을 만들어 마셨음을 알아냈다.[14] 초기 문명에서부터 술은 단순한 기호품을 넘어 신성한 의식과 제례, 사회적 유대의 매개체로 사용되었다. 메소포타미아, 이집트, 그리스, 로마 등 고대 문명에서는 곡물을 발효시켜 맥주와 와인을 만들었고, 그렇게 만들어진 술은 왕과 신에게 바치는 제물, 축제와 잔치의 중심이었다. 이집트에서는 맥주가 일종의 '급여'로 노동자에게 지급되기도 했고, 로마에서는 와인이 일상적인 식사의 일부로 자리 잡았다. 술은 단순한 음료를 넘어 문화를 형성하고 경제를 움직이는 요소가 되었다.

고대 그리스에서는 술의 신 디오니소스를 기리며 와인을 신성시했다. 로마에서는 디오니소스가 '바쿠스(Bacchus)'라는 이름으로 숭배되었으며, 바쿠스의 축제 '바카날리아(Bacchanalia)'는 자유와 쾌락, 사회적 유대를 동시에 상징했다. 와인을 즐기고 흥청망청 즐기는 문화 속에서 그리스와 로마인들은 술을 통한 사회적 결속과 예술적 영감을 경험했다. 한편, 중동과 이집트, 메소포타미아 지역에서는 맥주가 일상 음료로 자리 잡아 노동자와 농민에게 에너지를 공급하고, 제례와 종교적 의식에 필수적인 역할을 했다.

14 　나탈리 엔지어, 『원더풀 사이언스』, 지호.

수도원, 중세 유럽 술 문화의 중심

중세 유럽에서 술은 단순한 기호품이 아니라 삶을 지탱하는 필수품에 가까웠다. 당시는 깨끗한 식수가 부족했기 때문에, 발효 과정을 거친 맥주나 와인이 오히려 물보다 안전하다고 여겨졌다. 산성을 띠고 있어 약한 살균 작용을 하는 술은 물보다 병원균을 옮길 가능성이 낮았던 것이다. 사람들은 아침에도 묽은 맥주를 마셨고, 아이들조차 '어린이용 맥주'인 약한 농도의 음료를 마셨다.

특히 수도원은 중세 유럽 술 문화의 중심이었다. 수도사들은 성실한 노동과 절제를 중시했지만, 포도 재배와 곡물 양조를 수도 규율의 일부로 삼았다. 수도원의 정원에는 포도밭이, 창고에는 맥주 양조장이 자리했다. 프랑스의 시토(Cîteaux) 수도회, 독일의 클뤼니(Cluny) 수도원, 벨기에의 트라피스트(Trappist) 수도원 등은 체계적인 양조법으로 특히 유명했다. 수도사들은 발효 온도, 효모의 역할, 숙성 환경을 연구하며 일종의 과학 실험을 이어 갔다. 그들이 만든 맥주는 영양이 풍부하고, 단식 기간 중 허기를 달래 주는 '흐르는 빵(liquid bread)'이라 불리며 종교적 의미까지 부여되었다.

한편, 사회 계층에 따라 마시는 술의 종류도 달랐다. 귀족과 성직자들은 와인을 선호했고, 서민들은 맥주나 시드르(Cidre, 사과주), 미드(Mead, 벌꿀주)를 즐겼다. 와인은 지중해 지방에서 재배된 포도주를 수입해야 했기 때문에 값이 비쌌고, 따라서 지위와 권력의 상징으로 여겨졌다. 반면 북유럽과 독일 지역에서는 맥주가 대중적인 음료로 자리 잡았다. 도시의 양조장은 지역 경제의 중요한 산업으로 발전했으며, 상인

17세기 플랑드르 화가가 선술집에서 술을 마시고 있는 농민을 묘사한 그림.

길드[15]와 함께 형성된 양조 길드의 활동은 도시 재정에 큰 비중을 차지했다. 이와 함께 부과된 '맥주세(麥酒稅)'는 도시 및 국가의 주요 재정 수입원 가운데 하나였다.

술은 교회와 세속 권력의 접점이기도 했다. 교회는 과음을 죄악시했지만, 동시에 제례와 성찬식에서는 포도주가 신성한 상징으로 사용되었다. '그리스도의 피'로 상징된 와인은 신앙의 핵심이었으며, 따라서

---

15 길드(guild)는 중세에서 근세에 이르기까지 유럽의 도시를 중심으로 장인이나 상인들이 조직한 조합이었다.

술은 죄와 구원의 양면적 의미를 지녔다. 흥미롭게도, 이러한 모순된 인식 덕분에 중세 유럽은 술을 절제하면서도 결코 포기하지 않는 독특한 문화를 만들어 냈다. 또한 중세 유럽에서 술은 사회적 윤활유였고, 마을의 선술집은 다양한 소식이 오가는 곳이자 노동자와 상인, 순례자와 기술자들이 모여드는 사교 공간으로서 문화와 경제, 종교와 과학이 교차하는 지점이었다. 일부 도시는 주점이 과도하게 늘어나자 이를 통제하기 위한 법령까지 제정했다. 어찌 됐든, 술이 없었다면 중세 유럽의 위생, 농업, 예술, 심지어 과학의 진보까지 지금과는 전혀 다른 방향으로 흘렀을지도 모른다.

우리나라 + 술

우리나라에서 술은 기원전 1000년경부터 존재한 것으로 추정된다. 초기에는 곡물을 발효시켜 만드는 탁주와 과일이나 꿀을 발효시킨 청주가 중심이었다. 삼국 시대에는 왕실과 귀족이 향유하는 고급 술 문화가 발달했고, 고려 시대에는 국가 차원에서 양조 기술을 관리하며 술을 주요 세금원으로 삼았다. 조선 시대에는 민간에서도 다양한 지역 특산주가 만들어졌고, 막걸리, 약주, 소주 등 다양한 술이 사람들의 일상과 의례 속에 깊숙이 자리 잡았다. 우리나라 술의 특징은 곡물 발효와 누룩을 활용한 발효 방식, 계절과 제례에 맞춘 맞춤형 양조 문화에 있다. 『조선왕조실록』에는 "술은 제사의 필수품이며, 잔치를 통해 백성과 왕실이 화합한다"는 기록이 수차례 등장한다.

이에 비해 오늘날 젊은 세대의 술 문화는 의례와 공동체 중심의 전통에서 벗어나, 가볍게 즐기는 저도주, 혼술, 홈술, 그리고 취향과 분위기를 중시하는 선택적 음주로 빠르게 변화하고 있다. 이러한 변화는 술이 더 이상 공동체의 규범이나 의무로 소비되는 대상이 아니라, 개인의 취향과 삶의 리듬에 맞추어 선택되고 조절되는 문화로 재편되고 있음을 보여 준다. 전통적인 음주 관습이 지니던 사회적 기능이 약화되는 한편, 술의 원료와 양조 방식, 맛과 서사에 주목하는 새로운 관점도 함께 확산되고 있다. 이는 우리나라의 술 문화가 단절이 아니라 변형과 재해석의 과정을 거치며, 각 시대의 생활 방식과 가치관을 반영해 끊임없이 모습을 바꿔 왔음을 시사한다.

술과 관련된 역사적 일화는 무수히 많다. 대표적으로 고대 중국의 시인 이태백(李太白, 701~762)은 술과 함께한 삶으로 유명하다. 그는 친구와 함께 술을 마시며, 세상을 잊고 시와 자연에 몰입하는 삶을 찬미했다. 그가 남긴 수많은 시 중 〈장진주(將進酒)〉는 역사상 가장 아름답고 호탕한 권주가(勸酒歌)로 유명하다.

(前略)

人生得意須盡歡(인생득의수진환)	인생이 잘 풀릴 때 즐거움 다 누리고
莫使金樽空對月(막사금준공대월)	금 술잔 헛되이 달과 마주보게 하지 말라.
天生我材必有用(천생아재필유용)	하늘이 내게 준 재주는 반드시 쓰일 것이며

千金散盡還復來(천금산진환부래)　　돈은 써 버리더라도 다시 생겨나리라.

烹羊宰牛且爲樂(팽양재우차위락)　　양은 삶고 소 잡아 또 즐기리니

會須一飮三百杯(회수일음삼백배)　　응당 한번 마시려면 삼백 잔은 마셔야지.

〈中略〉

鐘鼓饌玉不足貴(종고찬옥부족귀)　　음악과 귀한 안주 아끼지 말고

但願長醉不用醒(단원장취불용성)　　부디 오래 취해 깨지 말았으면 좋겠네.

古來聖賢皆寂寞(고래성현개적막)　　옛날의 성현들은 다 잊히고

惟有飮者留其名(유유음자류기명)　　오직 술꾼만 이름을 남겼다네.

〈後略〉

　　이 주옥 같은 시를 읽으면, 이태백처럼 한번에 삼백 잔은 마시지 못하더라도, 응당 서른 잔은 마셔야겠다는 호기가 솟아난다.

　　술은 단순히 취하는 음료를 넘어 사회, 경제, 문화, 건강과 밀접하게 연결되었다. 사회적으로는 공동체를 형성하고, 의례와 축제를 가능하게 하며, 외교와 상거래의 윤활유 역할을 했다. 예수가 인간 세상에서 처음으로 행한 기적이 바로 결혼식 잔칫집에서 물을 포도주로 바꾼 사건이었으니, 정말 멋진 기적이 아닌가. 사회적인 측면 외에도 경제적으로는 곡물 재배와 저장, 양조 산업, 무역까지 술을 중심으로 발전할 수 있었다. 술과 관련된 세금과 관세는 국가 재정의 중요한 기반이 되었고, 양조 기술 발전은 농업과 과학 기술의 진보에도 기여했다. 문화적으로는 문학과 미술, 음악과 축제 속에 깊숙이 스며들어 인간의 창의성과 감정을 표현하는 매개가 되었다.

　　한편, 술은 인간의 철학과 사유에도 영향을 미쳤다. 시인들은 술을 통해

자연과 인간, 시간과 존재에 대한 성찰을 시에 담았고, 그리스·로마의 철학자들은 와인 잔을 곁들여 정치적 토론과 우정의 의미를 논했다. 과음과 관련된 건강 문제, 사회적 문제도 야기되었지만, 이를 조절하는 법과 제도가 발달하면서 인간은 술을 관리하고 문화를 만들었다. 오늘날 술은 여전히 기쁨과 친목의 상징이며, 역사적 경험과 문화적 전통 속에서 인류와 애증의 인연을 이어 가고 있다.

7

식탁 위의 혁명
포크와 나이프

오늘날 우리는 포크와 나이프를 사용하는 일을 너무도 자연스럽게 여긴다. 레스토랑에 들어서면 별다른 생각 없이 포크와 나이프를 들어 음식을 자르고 나누어 입에 넣는다. 이제 그 편리함 덕분에 포크와 나이프는 레스토랑은 물론 일반 가정에서도 일상적인 식사 도구로 자리 잡았다. 그러나 이 평범한 식사 도구는 수 세기 전까지만 해도 낯설고, 심지어는 불경하다는 비난을 받던 물건들이었다.

공격용 무기였던 칼이 식사 도구가 되는 데 수천 년이 걸렸고, 포크는 그보다 더 오랜 시간이 필요했다. 마침내 식사의 형식을 바꾸고, 삶의 모습까지 변화시킨 포크와 나이프 등 각종 식사 도구의 역사는 단순한 도구의 발전사뿐 아니라 인류 문화 발전사의 한 페이지를 차지하고 있다.

신분의 상징이자 방어 수단, 그리고 식사 도구

인류의 초기 식문화에서는 음식을 손으로 섭취하는 방식이 일반적이었다. 이러한 식문화는 중세에 이르기까지 널리 지속되었으며, 오늘날에도 지역과 문화에 따라 음식을 손으로 먹는 전통이 여전히 남아 있다. 고대 이집트인들은 일종의 조리용 도구로서, 또는 음식을 나누기 위해 숟가락을 사용하긴 했지만, 귀족들조차도 실제 식사는 손으로 했다.

고대 로마에서는 단검과 비슷한 짧은 칼을 사용해 고기를 잘라 먹었으며, 손가락을 사용하는 것이 일반적인 식사 방법이었다. 당시에도 숟가락은 있었지만, 국물이나 죽 같은 음식을 먹을 때만 사용했다. 고대 그리스에서는 포크와 유사한 두 갈래의 쇠꼬챙이가 존재했으나, 이는 음식 조리용이거나 제물을 바치기 위한 종교용 도구였다. 포크는 아직까지 식사 도구로 자리 잡지 못했고, 그저 주방에서만 조리 도구로 쓰였다.

사실 식사 도구로서의 나이프가 체계적으로 사용되기 시작한 것은 중세(대체로 5세기 이후) 유럽부터였다. 당시 귀족들은 개인용 나이프를 항상 지니고 다녔으며, 외출 시에도 이를 칼집에 넣어 벨트에 매달고 다녔다. 식사 시간이 되면 각자가 자신의 칼로 음식을 잘라 먹었고, 경우에 따라서는 칼을 이용해 빵을 찢거나 고기를 자르기도 했다. 이처럼 나이프는 식사 도구인 동시에 신분의 상징이자 개인의 방어 수단이었다.

악마의 발톱 또는 문명의 상징

식사 도구로서 나이프는 5세기 이후 서서히 사용되기 시작했으니, 포크가 본격적인 식사 도구로 유럽 무대에 등장한 것은 그보다 훨씬 뒤인 11세기 무렵이었다. 특히 11세기 초 비잔틴 제국의 공주 테오도라 두카스(Theodora Doukas)가 베네치아 귀족과 결혼하면서 혼수품으로 가져온 '황금 포크'에 관한 일화는 널리 알려져 있다. 당시 그녀는 손가락 대신 포크로 음식을 찍어 먹었고, 이 모습은 이탈리아 귀족들에게 깊은 인상을 남겼다. 그러나 베네치아 교회는 "신이 준 손가락을 거부하고 이교도의 도구를 사용하는 것은 죄"라며 포크 사용을 신성 모독이라고 비난했다.[16] 포크는 그 후로도 오랜 세월 동안 도덕적으로 문제가 있는 도구, 심지어 악마의 발톱 같은 이미지로 인식되었다. 그리스 신화에 나오는 바다의 신 포세이돈의 주요 무기가 삼지창이었으니, 포크를 보면 이교도의 신 포세이돈이 생각났을 법도 하다.

그러나 14~15세기 르네상스의 도래와 함께 유럽은 다시금 포크에 주목하기 시작했다. 위생 개념이 생기면서, 이탈리아의 귀족 사회에서는 손보다 더 깔끔한 식사 방식이 필요해졌다. 당시의 포크는 지금처럼 넷이 아닌 두 갈래 또는 세 갈래였으며, 물기 있는 음식, 특히 과일이나 파스타를 먹을 때 주로 사용되었다. 17세기에 이르러 포크는 프랑스 왕실에서도 사용되기 시작했고, 특히 루이 14세가 연회에서 포크 사용을 공식화하며 사회 전반으로 확산되었다. 이제 포크는 단순한 도구 이상의 의미를 넘어 위생, 예절, 신분, 문명화의 상징이 되었다.

한편 두 갈래 또는 세 갈래로 시작된 포크는 17~18세기 무렵 유럽에서 네 갈래 포크로 발전했고, 이후 점차 표준적인 형태로 자리 잡았

---

16 중세 카톨릭교회가 빵과 같은 음식을 손으로 떼어먹지 않고 포크를 사용한 것에 대해 신성모독이라고까지 비난한 것은, 예수가 최후의 만찬에서 제자들과 손으로 빵을 떼어 나누는 모습에 반한다고 생각했기 때문이다. 중세 유럽인들은 함께 빵을 떼고 나눠야 동반자요, 친구라고 여겼다. 동반자, 동지를 의미하는 영어 단어 'companion'은 '함께'를 의미하는 라틴어 'com', '빵'을 의미하는 'panis', '사람'을 의미하는 '-io(n)'가 결합돼 만들어졌다.

다. 이는 근대에 들어 파스타류나 잘게 썬 고기, 채소 요리, 부드러운 디저트처럼 형태가 다양하고 부서지기 쉬운 음식이 보편화되면서, 이런 음식을 보다 안정적이고 정교하게 집기 위해 네 갈래 포크가 요구되었기 때문이다.

식사 자리에서 살인 금지

나이프 역시 포크와 함께 식사 도구로서 진화를 거듭했다. 초기에는 사냥이나 전투에 쓰이던 칼을 그대로 식탁으로 가져와 사용하는 경우가 일반적이었으나, 이런 뾰족한 칼은 식탁에서 의도치 않은 충돌을 불러일으켰고, 심지어 만찬 중 싸움이 일어나 살인 사건으로 번지기도 했다. 이런 문제를 해결하기 위해 17세기 프랑스에서는 '블런트 나이프', 즉 끝이 둥글고 상대를 찌를 수 없는 나이프가 도입되었다. 루이 14세는 식사 중 폭력을 방지하기 위해 뾰족한 칼의 사용을 금지하고, 둥근 테이블 나이프를 공식적으로 채택했다. 이 결정은 유럽 전역으로 확산되며 현대의 테이블 나이프 형태로 자리 잡았다. 테이블 나이프는 기능만 바뀐 것이 아니라, 인간관계와 식사의 형식 자체를 바꾸어 놓았다. 나이프는 공격적 도구에서 절제된 매너를 상징하는 도구가 되었고, 그 사용법도 세련된 테이블 매너의 한 요소로 사리 잡있다.

테이블 나이프의 역사에서 나이프 소재의 발전은 빼놓을 수 없는 부분이다. 인간의 문명사에서 각종 도구는 구석기-신석기-청동기-철기 시대를 거쳐 발전해 왔다. 칼도 마찬가지였는데, 무기로 쓰거나 무언가를 대강 자르는 데는 돌을 연마해 만든 신석기 시대의 칼도 꽤 쓸 만했다. 청동은 날카롭게 벼리기에는 재질이 너무 부드러워 칼날로 쓰기에 부적합했으므로, 청동기 시대에도 일상생활에서는 돌로 만든 칼이 오래도록 사용되었다.

철은 청동에 비해 경도와 내구성 면에서 훨씬 우수한 소재였으며, 이런 특성으로 인해 철기 시대는 진정한 '칼의 시대'로 불린다. 그 결과 인류 역사에서 아시리아와 페르시아, 진·한나라와 같은 대륙 규모의 초강대국들이 등장한 시기 역시 철기 시대였다. 철기 시대는 지역에 따라 차이가 있으나, 가장 이르게 도래한 메소포타미아를 기준으로 할 때 대략 기원전 1200년경부터 본격화되었다.

철은 무기용 칼의 소재로서 매우 훌륭했지만 주방용 칼로는 그리 이상적이지 않았다.[17] 철은 청동보다 훨씬 단단했지만 음식과 닿으면 쉽게 녹이 슬어 음식 맛을 버렸다. 유럽에서는 이미 5세기부터 철제 나이프가 식사 도구로 쓰이기 시작했는데, 녹슨 나이프로 음식을 잘라 입에 넣으면 녹 특유의 불쾌한 맛(이상한 냄새와 함께 몸에 전기가 통하는 듯한 찌릿찌릿한 느낌) 때문에 식사를 망치곤 했다. 녹슨 나이프나 포크로 음식을 먹어 본 사람은 그 맛을 잘 알 것이다. 특히 식초가 섞인 음식이나 레몬즙을 뿌린 생선 요리를 녹슨 철제 포크와 나이프로 먹을 때는 식사 자리가 고역스럽기까지 했다. 결국 19세기에는 은으로 만든 테이블 나이프까지 등장했지만, 값비싼 은제 나이프는 일반 서민들에게는 그림의 떡이었다.

17　비 윌슨, 『포크를 생각하다(식탁의 역사)』, 까치.

　　1900년대 초에 개발된 스테인
리스스틸은 일반 서민은 물론, 귀족
층에게도 반가운 발명이었다. 20세
기 초 독일과 영국에서 철에 크롬
을 첨가해 부식에 강한 합금을 만
드는 연구가 진행되었고, 그 결과
1908~1912년 무렵 철의 내식성을
획기적으로 개선한 소재가 등장했
다. 스테인리스스틸은 본래 선박 선
체의 부식을 막거나 대포 포신의 내
열성·내식성을 개선하기 위해 개발
된 것이었지만, 곧 칼을 비롯한 각
종 주방용 기기에 적용되며 위생성
과 내구성을 갖춘 재료로 전 세계적
인 표준이 되었다.

17세기 유럽에서 사용된 포크와 나이
프(메트로폴리탄 박물관 소장품).

우리나라 + 포크와 나이프

우리나라에 포크와 나이프가 본격적으로 소개된 시기는 19세기 말 개
화기 무렵이다. 조선 말기, 서구 열강과의 외교 관계가 수립되며 사절단
이 서양식 만찬에 참석하게 되었고, 그 과정에서 처음으로 포크와 나이
프를 접하게 되었다. 특히 1883년, 박영효를 포함한 조선의 신사유람단
이 일본을 거쳐 유럽 각국을 순방하며 서양식 테이블 매너를 체험한 것

이 중요한 계기였다.

이들은 귀국 후 궁중 연회나 고관대작의 연회에 서양식 식사 문화를 도입하려 했으나 대부분의 조선인에게 포크와 나이프는 너무나 낯설고 어색한 도구였다. 포크는 젓가락보다 무겁고 미끄러웠으며, 나이프는 말 그대로 칼이라는 점에서 다소 위협적으로 느껴졌다. 하지만 일제강점기를 거치며 포크와 나이프는 널리 퍼지게 되었다. 일본은 메이지 유신 이후 서구 문물을 빠르게 흡수했고, 이를 식민지 조선에도 도입했다. 특히 호텔, 레스토랑, 외국인 사교 클럽 등지에서는 포크와 나이프가 일상적으로 사용되었고, 일부 고급 양식당에서는 이 도구의 사용법을 교육하기도 했다.

광복 이후, 서양 음식 문화는 미국과의 교류를 통해 더욱 빠르게 확산되었다. 미군정 시기와 6.25 전쟁 이후 주한 미군 기지 주변에는 햄버거, 스테이크, 스파게티 등을 제공하는 식당이 등장했고, 이와 함께 포크와 나이프 사용이 일반화되기 시작했다. 1970년대 이후, 경제 성장과 함께 패밀리 레스토랑이 늘어나면서, 포크와 나이프는 더 이상 특별한 날에만 쓰는 도구가 아니라 일상적인 식사 도구로 자리 잡게 되었다.

1884년, 조미수호통상조약 체결을 위해 조선 사절단이 워싱턴 D.C.에 도착했다. 초대형 연회가 열렸고, 사절단은 미국 대통령과 고위 관리들과 함께 정찬을 즐기게 되었다. 처음 포크와 나이프를 접한 조선 사절들은 잠시 당황했지만, 곧 포크 두 개를 집어 들고 젓가락처럼 사용했다. 이후 포크와 나이프 사용법을 알게 된 그들은 귀국 선물로 포크와 나이프 한 벌씩을 챙겨 귀국길에 올랐다. 그중 한 명은 일기장에 이렇게 적었다. "이 도구는 손을 더럽히지 않게 하며, 천천히 먹도록 하니, 이는 곧 문명의 징표라 하겠다." 이 일화는 단순한 해프닝이 아닌 문명과 문명의 만남, 그리고 이해의 시작을 상징하는 사건으로 기록된다.

포크와 나이프는 단순한 식사 도구에 그치지 않는다. 이들은 인간의 사고 방식과 생활 양식에 영향을 미친 중요한 문명의 매개체였다. 특히 위생 개념을 정착시키는 데 큰 역할을 했는데, 손으로 음식을 먹던 문화에서 식사 도구를 사용하는 문화로 전환되면서 감염병의 전파 위험이 줄어들었고, 개인 위생에 대한 인식도 함께 발전했다. 이런 변화는 식문화의 개선을 넘어 전반적인 공중보건 의식의 향상으로 이어졌다.

다음으로 주목할 변화는 식사 속도를 완화하고 대화 중심 식문화를 형성한 점이다. 손으로 급하게 먹던 과거와 달리, 포크와 나이프는 음식을 작게 나누고 천천히 섭취하도록 만들었고, 이는 자연스레 식사 중 대화를 유도해 식탁을 소통하는 공간으로 변화시켰다. 마지막으로, 이 도구들은 인간의 일상에 '형식'과 '의식'을 부여했다. 단순히 배를 채우는 행위에서 벗어나, 이제 식사는 하나의 예술적 경험이자 문화석 행위로 발전했고, 포크와 나이프는 그 중심에서 인류의 식탁 문명을 이끌어 온 주역이라 할 수 있다.

8

인간과 음식의 장거리 여행
통조림

다양한 먹거리가 넉넉하지 않던 시절, 다른 집을 방문하거나 특히 병문안을 갈 때면 복숭아 통조림을 사 들고 가는 일이 흔했다. 복숭아는 본래도 달고 향긋한 과일이지만, 설탕물에 절인 황도와 백도 복숭아의 진한 단맛은 당시로서는 특별한 대접이자 위로였다. 그 달콤한 맛은 시간이 흐른 지금까지도 많은 이들의 기억 속에 선명하게 남아 있다. 한편 오늘날에는 마트마다 복숭아 통조림 못지않게 맛있고 질 좋은 먹거리가 넘쳐난다. 그럼에도 나는 여전히 몇몇 통조림을 자주 이용하는데, 단지 옛 추억 때문만은 아니다.

김치찌개에 넣는 참치 통조림, 술안주로 즐기는 골뱅이 통조림, 유리병에 밀폐된 스파게티 소스처럼 일부 가공식품은 여전히 여러 요리의 핵심 재료로 쓰이고 있으며, 그만한 대체품을 찾기란 쉽지 않다. 이런 통조림 식품이 뚜껑만 열지 않는다면 별도의 방부제 없이도 상온에서 수년간 상하지 않고 보존된다는 사실은 실로 놀랍다. 흔히 기술의 진보라고 하면, IT 기술이나 자동차, 통신, 의료 기술 등을 떠올리기 쉽지만, 지난 200여 년 동안 식품을 장기간 안전하게 보존하는 기술 역시 눈부신 발전을 이루어 왔다. 통조림은 식량의 저장 가능 기간을 획기적으로 연장하며 인류의 식생활을 근본적으로 변화시켰다.

군용 식량으로 탄생한 통조림

오늘날 통조림은 매우 보편적인 식품 보존 기술이지만, 인류는 이 기술이 등장하기 전까지 음식을 좀 더 오래 저장하기 위해 소금 절임, 훈제, 건조, 발효와 같은 다양한 방법에 의존해 왔다. 그러나 이런 전통적 방식들은 음식의 맛과 영양을 일정 부분 손상시키는 경우가 많았고, 장기간 보존하는 데도 한계가 있었으며, 무엇보다 비용 부담도 적지 않았다. 장기간 보존을 위해 대량으로 사용되던 소금은 고대 로마 시대에는 군인들의 급여를 대신할 정도로 귀중하고 값비싼 자원이었기 때문이다.

18세기 말 유럽에서는 음식을 장기간 보존해야 할 필요성이 한층 더 절실해졌다. 대규모 전쟁이 빈번해지고 해외 항해가 늘어나면서, 장기간 이동과 원정 중에도 음식을 부패하지 않고 안전하게 저장할 수 있는 방법이 요구되었기 때문이다. 특히 나폴레옹 전쟁 시기, 프랑스 군대는 유럽 전역으로 원정을 나서면서 안정적이고 지속적인 식량 보급이라는 중대한 과제에 직면했다. 1795년, 프랑스 나폴레옹 정부는 상금 12,000프랑을 걸고 '식량을 오래 보관할 수 있는 방법'을 공모했는데, 이에 응모한 인물이 바로 프랑스의 제과업자이자 발명가인 니콜라 아페르(Nicolas Appert)였다.

그는 음식을 유리병에 넣고 밀봉한 뒤 끓는 물에 장시간 가열하면 오랫동안 상하지 않는다는 사실을 발견했다. 1810년 그는 『가정에서 동물성·식물성 음식을 오랫동안 보존하는 새로운 방법』이라는 책을 출판하며 자신이 고안한 방법을 공개했다. 이 방식은 현대 통조림의 시초로, 아페르는 '통조림의 아버지'라 불린다. 아페르는 획기적인 음식 보존법을 발명했지만 이 발명으로 큰돈을 벌지는 못했는데, 그는 상금을 받음으로써 특허를 취득할 기회를 잃었던 것이다.

'열기는 어렵지만 보존은 완벽하다'

아페르의 방법은 분명 효과적이었지만, 유리병은 무겁고 쉽게 깨지는 한계가 있었다. 이런 단점을 보완하기 위해, 같은 해 영국의 발명가 피터 듀랜드(Peter Durand)는 주석 도금 철제 용기를 사용해 영국 특허를 취득했다. 이 금속 용기는 훨씬 견고하고 운송에 유리했으며, 본격적인 통조림 산업의 출발점이 되었다. 아페르의 병조림은 열에 약했기 때문에 끓는 물에서 오랫동안 가열하는 데 제약이 있었으나, 듀랜드의 철제 용기 통조림은 최장 6시간이나 가열할 수 있었기 때문에 내용물을 더 오랫동안 안전하게 보존할 수 있었다. 초기 통조림은 수작업으로 제작되어 가격이 매우 비쌌지만, 군대가 이를 적극적으로 도입하면서 점차 생산이 확대되고 대중화의 길로 접어들었다.

19세기 초반 통조림은 '열기는 어렵지만 보존은 완벽하다'는 평가를 받았다. 당시에는 캔 오프너가 없어 망치와 끌, 심지어 총검으로 캔을 열어야 했음에도 불구하고 장기간 항해하는 선원들에게 통조림은 혁신적인 식량 공급원이었다. 1840년대 영국 해군은 장거리 항해에 통조림을 적극 활용했고, 이는 영국이 제해권(制海權)을 공고히 하는 데 기여했다. 19세기 후반에는 미국과 유럽에서 산업혁명이 진전되며 대량 생산 체제가 구축되었고, 통조림은 점차 민간 시장으로 확대되었다.

아페르의 방법은 경험적으로 성공했지만, 음식이 상하지 않는 이유는 과학적으로 밝혀지지 않았다. 1860년대, 프랑스의 생화학자 루이 파스퇴르(Louis Pasteur)가 미생물이 부패의 원인임을 규명하면서 통조림 보존 원리는 명확히 해석되었다. 이후 멸균과 가열 시간, 온도에 대한 체계적 연구가 진행되어 식중독 위험이 줄고, 다양한 식품을 통조림으로 만들 수 있게 되었다.

'칼과 망치를 사용해 개봉하라'

20세기에 들어서면서 통조림은 대중화의 길을 걸었다. 미국에서는 19세기 말부터 통조림 공장이 급성장했으며, 육류, 과일, 채소, 생선까지 다양한 통조림 제품이 등장했다. 제1차 세계대전과 제2차 세계대전은 통조림 산업의 폭발적인 성장을 이끌었는데, 전쟁터에서 군인들에게 안정적인 고열량 식량을 공급하는 가장 효율적인 수단이 바로 통조림이었기 때문이다.

전후 세계 경제가 성장하면서 통조림은 일상적인 식품이 되었다. 냉장 유통망이 발달하기 전까지 통조림은 신선 식품을 대체하는 주요 수단이었고, 오늘날에도 저장성·편리성·휴대성 덕분에 꾸준히 소비되고 있다. 현대에는 알루미늄 캔, 이중 멸균, 무균 포장 등의 기술이 발달해 더 가볍고 안전해졌으며, 다양한 조리 음식까지 통조림 형태로 즐길 수 있게 되었다.

통조림의 발전에 못지않게 통조림 오프너 역시 기술적 진화를 거쳤다. 초기 수십 년 동안 사람들은 망치와 끌, 심지어 총검까지 동원해 통조림을 열어야 했다. 실제로 당시 통조림에는 '칼과 망치를 사용해 개봉하라'는 안내 문구가 인쇄되어 있을 정도였다. 1855년 통조림을 위한 본격적인 전용 도구를 세상에 처음 선보인 인물은, 영국의 칼·외과용 도구 제작자 로버트 예이츠(Robert Yeates)였다. 그가 고안한 도구는 레버 모양의 오프너로, 캔 테두리를 따라 이동해 가며 흠집을 내서 뚜껑을 여는 방식이다.

그러나 예이츠가 고안한 오프너는 여전히 사용이 불편했고, 오늘날과 같은 뾰족한 칼날이 달린 휠형 캔 오프너는 1870년이 되어서야 비로소 미국에서 개발되었다. 20세기에 들어서면서 휴대성과 편의성을 높인 다양한 형태의 오프너가 등장했으며, 특히 전쟁 시기 군용 비상식량

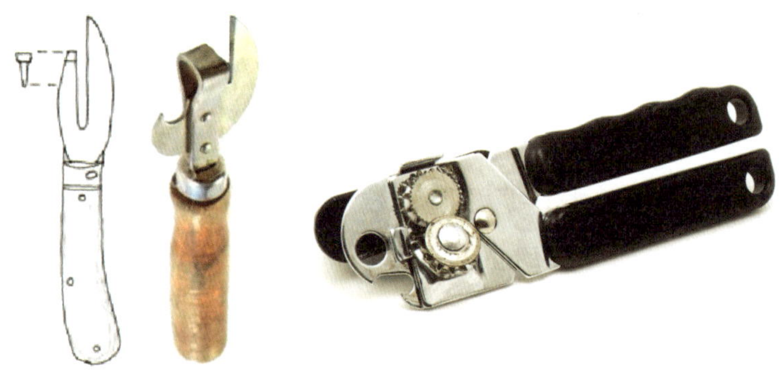

로버트 예이츠가 발명한 레버형 오프너(좌)와 오늘날의 휠형 오프너(우).

의 보급과 함께 통조림 오프너는 군인들의 필수 장비로 자리 잡았다. 이후 1980년대부터는 별도의 도구가 필요 없는 풀탭(pull tab) 캔이 보편화되면서, 통조림 오프너는 일상에서 점차 사용 빈도가 줄어들었다. 그럼에도 불구하고 통조림 오프너는 한때 인류의 식생활과 전쟁, 산업을 동시에 떠받쳤던 조용한 기술의 상징으로 남아 있다.

통조림 캔이 각국에 처음 보급되면서 예상치 못한 에피소드들이 이어졌다. 영국 군인들은 19세기 초 처음으로 통조림을 지급받자 어떻게 열어야 할지 몰라 곤란을 겪었다. 당시에는 총검으로 캔을 여는 방법이 권장되었는데 이 때문에 부상당하는 사고가 속출했다. 또 미국 남북전쟁 당시, 북군이 남군에게 통조림을 보급품으로 나눠 주자, 남군은 그것을 '마법 같은 북군의 비밀 무기'라며 경계했다는 기록도 전해진다.

영국의 프랭클린 북극 탐험대는 1845년 북서항로 개척을 위해 북극으로 향했으나, 129명의 대원 전체가 사망하는 비극적인 사건을 겪었다. 나중에 그들의 유해를 부검한 결과, 사망 원인이 집단 납중독으로 판명되었다. 납중독을 일으킨 원인에 대해서는 여러 가시 가능싱이 제기되었으나, 가장 유력한 원인으로는 그들이 싣고 간 대량의 통조림 캔에서 납 성분이 녹아 나온 것으로 추정되었다. 오늘날과 달리 당시에는 납 함량이 높은 땜납으로 캔 뚜껑을 봉했기 때문이다.

제2차 세계대전 당시 연합군이 투하한 스팸(Spam)과 같은 가공육 통조림은 전후 민간에서도 큰 인기를 끌었다. 우리나라에서는 지금도 회사나 단체에서 명절 선물로 스팸을 주고받는 일이 흔하다.

통조림은 인류의 식생활에 근본적인 변화를 가져왔다. 무엇보다 계절과 지역의 제약 없이 언제 어디서나 다양한 음식을 즐길 수 있게 되었으며, 이는 식문화의 표준화와 더불어 세계화에도 기여했다. 통조림은 전쟁과 항해, 탐험을 가능하게 한 숨은 공신이었으며, 비상식량과 구호품으로서 인류의 생존을 뒷받침했다. 또한 대량 생산 덕분에 소득과 상관없이 누구나 고단백 식품과 다양한 영양소를 쉽게 섭취할 수 있게 되었으며, 이는 영양 불균형을 해소하는 데에도 큰 도움이 되었다. 오늘날 신선식품과 냉동식품이 보편화되었지만, 통조림은 비상 상황과 야외 활동에는 물론, 집에서도 여전히 없어서는 안 될 필수품이다. 오늘 나의 저녁 메뉴는 통조림 참치를 듬뿍 넣은 두부 김치 찌개다.

문명과 함께 진화한 안전의 기술
자물쇠

나이가 들면서 방금 한 일조차 잊어버리는 일이 잦아진다. 특히 외출할 때 아파트 문이나 텃밭 출입문을 제대로 잠갔는지 문득 불안해질 때가 있다. 가끔은 차를 몰고 한참을 나간 뒤에도 불안함을 이기지 못하고 되돌아가 확인하곤 한다. 물론 문은 늘 문제없이 잠겨 있다.

요즘 아파트 현관문은 '찰칵' 하는 소리와 함께 자동으로 잠기니 크게 걱정할 일이 없고, 텃밭이래야 누가 들어가 봤자 가져갈 만한 것도 없으니 굳이 문을 잠글 필요도 없지만, 그래도 나만의 공간이니 문을 닫고 잠가야 직성이 풀린다. 사실 텃밭 문을 그토록 신경 써서 잠가도 정작 고라니는 여기저기 틈새로 마음대로 드나들며 텃밭을 엉망으로 만들어 놓기 일쑤인 데도 말이다. 가진 게 얼마나 된다고 이렇게 문을 걸어 잠그려 애를 쓰나 생각해 보면 때로는 나 자신이 한심스럽게 느껴질 때도 있다.

인류가 아무것도 소유하지 않았던 시절에는 굳이 이곳저곳을 잠글 필요도 없었을 것이다. 그러나 자물쇠와 열쇠는 인간이 내 땅과 네 땅 사이에 경계를 긋고, 내 것과 네 것을 구별하며 '소유'라는 개념을 확립하는 과정에서 탄생한 발명품이다. '내 것'을 지키려는 욕망이 처음 불붙은 순간부터, 자물쇠의 역사는 시작된 것이다.

신분과 재산의 상징

인류 역사에서 가장 오래된 자물쇠 가운데 하나로 알려진 것은 메소포타미아 인근 유적에서 출토된 목제 자물쇠다. 이 자물쇠는 약 4,000년 전에 만들어졌으며, 나무로 된 볼트와 여러 개의 핀을 이용해 걸쇠를 고정하는 구조였다. 키를 삽입하면 핀을 들어 올려 볼트를 움직일 수 있었는데, 단순한 구조였지만 이미 '키'와 '잠금 장치'라는 개념이 완성된 형태였다.

고대 이집트에서도 목재를 이용한 핀 텀블러식 자물쇠가 사용되었다. 이 자물쇠는 문이나 봉인을 잠그는 데 쓰였으며, 열쇠를 삽입하면 핀이 들어 올려지면서 빗장이 움직이는 구조였다. 청동이나 구리 같은 금속을 일부 부품에 사용한 사례도 발견된다. 이러한 설계는 이후 그리스와 로마로 전해져, 로마인들은 금속으로 자물쇠를 제작하고 보다 정교한 회전식 구조를 개발했다.

고대 로마에서는 금속제 자물쇠와 열쇠가 널리 제작·사용되었다. 로마인들은 문, 상자, 장롱과 같은 여러 잠금장치에 맞는 청동 또는 철 열쇠를 만들어 사용했으며, 이러한 열쇠는 단순한 도구를 넘어 소유권과 신분을 드러내는 상징적 의미를 갖기도 했다. 또한 고고학 자료에서는 열쇠가 손가락에 끼울 수 있는 반지 형태로 제작된 사례도 확인되는데, 열쇠 반지는 작은 금속 열쇠가 고리 형태로 만들어져 반지처럼 착용할 수 있게 한 것으로, 휴대가 간편하다는 실용적 이유와 더불어 재산과 권위를 과시하는 장신구적 성격을 띠는 아이디어였다.

'절대 풀리지 않는 자물쇠'

중세 유럽에서는 자물쇠가 한층 복잡해졌다. 특히 기계장치와 예술의 결합이 두드러졌는데, 15세기 독일과 프랑스의 대장장이들은 자물쇠 표면에 화려한 문양과 조각을 새기며 '자물쇠는 곧 권위'라는 인식을 만들었다. 당시 성문이나 금고에 쓰인 자물쇠는 외부의 물리적인 힘만으로는 열 수 없을 정도로 견고했으나 자물쇠 기술이 발전할수록 이를 무

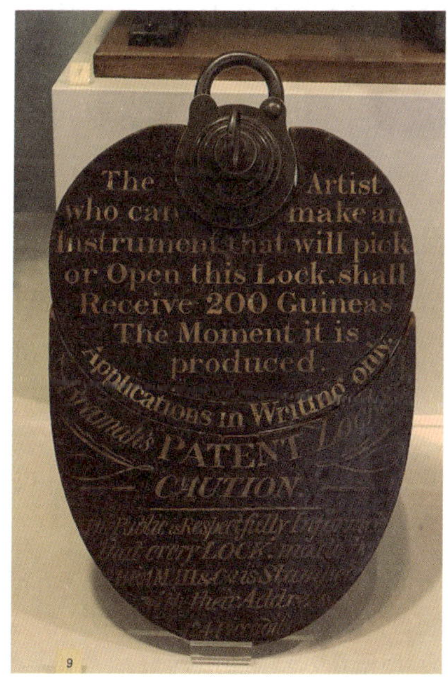

1784년 조지프 브라마가 제작해 공개한 도전용 자물쇠. 1851년 런던 만국박람회에서 알프레드 홉스가 51시간 만에 열었다. 현재는 런던 과학 박물관에 소장되어 있다.

력화하려는 절도 기술도 함께 발전했다. 강한 방패와 날카로운 창이 서로 겨루듯, 자물쇠 장인과 도둑의 머리싸움은 끊임없이 이어진 기술 진화의 경쟁이었다.

18세기 산업혁명은 자물쇠 역사에 혁명적인 전환점이 되었다. 금속 가공 기술이 발달하면서, 복잡한 금속 부품을 대량 생산할 수 있게 된 것이다. 그 중심에는 영국의 발명가 로버트 배런(Robert Barron)이 있었다. 그는 1778년에 '더블 레버 자물쇠(Double Lever Lock)'를 고안해 기존의 단순한 핀 자물쇠보다 훨씬 안전한 구조를 만들었다.

이 기술은 곧 브라마 자물쇠로 이어졌다. 영국의 발명가 조지프 브라마(Joseph Bramah)는 1784년에 '절대 풀리지 않는 자물쇠'로 불린 브라마 자물쇠를 공개하며, 이를 여는 사람에겐 현상금 200기니[18]를 주겠다고 선언했다. 이 자물쇠는 이후 67년 동안 아무도 열지 못했는데, 1851년 런던 만국박람회에서 미국의 발명가이자 자물쇠 제조공이었던 알프레드 홉스(Alfred Hobbs)가 51시간 만에 이 자물쇠를 열어 보이며 큰 화제를 모았다. 이 사건은 자물쇠 산업의 방향을 바꾼 결정적 계기로 평가된다. 자물쇠가 결코 완벽할 수 없다는 사실이 공개적으로 입증되었고, 이후 잠금 기술은 보안과 해킹이 맞서는 끝없는 경쟁의 역사로 이어졌다.

홉스는 이 경험을 바탕으로 보안과 침입 기술의 관계를 통찰하며 다

---

18 기니(guinea)는 17~18세기 영국에서 사용된 금화로, 1기니는 대략 1파운드 1실링(21실링) 정도였다. 200기니는 오늘날 화폐 가치로 수만 파운드, 즉 수천만 원 상당이다.

음과 같은 말을 남겼다. "도적들은 자신의 직업에 매우 성실하며, 우리가 그들에게 가르칠 수 있는 것 이상으로 이미 많은 것을 알고 있다."

금속의 시대에서 전자의 시대로

19세기 말에는 영국의 처브(Chubb)사와 미국의 예일(Yale)사가 등장해 현대 자물쇠의 표준을 확립했다. 특히 1865년 미국의 발명가이자 사업가인 라이너스 예일 주니어(Linus Yale Jr.)가 고안한 '핀 텀블러' 방식은 내부에 여러 개의 스프링 핀을 배치해, 정확한 열쇠가 아니면 실린더가 회전하지 않도록 설계된 구조였다. 이 방식의 자물쇠는 흔히 실린더형 자물쇠로 불리며, 오늘날까지도 대부분의 문과 사물함에 사용되는 자물쇠의 대표적 형태로 자리 잡았다.

20세기에 들어서면서 자물쇠는 단순한 물리 장치를 넘어 하나의 보안 시스템으로 발전했다. 자석 방식, 비밀번호 입력 방식, 카드키 방식, 나아가 생체 인식 방식까지 등장하며 잠금 기술은 급격히 다변화되었다. 특히 1980년대 이후 전자 회로 기술이 본격적으로 도입되면서 디지털 도어락이 등장했고, 우리나라를 비롯한 아시아 지역에서는 아파트 중심의 주거 문화와 맞물려 전자식 도어락이 빠르게 보급되었다. 그 결과 열쇠는 더 이상 금속 물체가 아니라, 신호와 데이터로 작동하는 존재가 되었다.

현대의 보안 기술을 상징하는 곳 중 하나가 바로 스위스 은행 금고이다. 스위스의 대형 금융 기관은 지하 깊은 곳에 수백 톤의 금속 문을 설치하고, 생체 인증, 다중 암호, 시간 지연 장치, 산소 차단 시스템 등으로 외부 침입을 원천 차단한다. 금고 문은 외부 충격이나 폭발에도 견디도록 설계되었으며, 비상시에는 자동으로 봉쇄된다. 심지어 내부 구조는 일부 관리자만 알고 있을 정도로 비밀스럽다. 이러한 금고는 신뢰의 상징이자, 현대 자물쇠 기술이 인간의 상상력을 어디까지 실현할 수 있는지를 보여 주는 상징적인 예다.

우리나라 + 자물쇠

우리나라의 자물쇠 역사는 삼국 시대까지 거슬러 올라간다. 고분에서 출토된 청동 자물쇠와 철제 걸쇠는 이미 잠금장치의 개념이 존재했음을 보여 준다. 조선 시대에 이르러서는 장인들이 다양한 형태의 자물쇠를 제작했으며, 일부는 실용성을 넘어 높은 장식성을 갖추어 보안 기구이자 공예 예술품으로 발전했다.

자물쇠의 문양에는 장수(長壽), 부귀, 쌍학, 박쥐 등 길상을 상징하는 무늬가 새겨졌으며, 자물쇠를 단다는 행위 자체가 복과 안녕을 지키는 의식적 의미를 지니기도 했다. 한편 궁궐과 사찰의 대문에는 철제 걸쇠와 굵은 빗장형 자물쇠가 사용되었고, 일반 백성들은 나무 문에 비교적 간단한 고리형 자물쇠를 달아 사용했다.

근대 이후에는 일본과 서양식 자물쇠가 유입되며 우리나라의 잠금 문화에도 변화가 나타났다. 1960년대 이후 금속 공업이 발전하고 생활용 공산품의 대량 생산 체제가 갖추어지면서, 국내 자물쇠 산업은 수입 의존 단계에서 벗어나 자체 설계와 생산이 가능한 산업으로 성장했다. 이후 기계식 자물쇠를 기반으로 축적된 기술은 전자식 잠금장치로 이

어졌고, 우리나라는 아파트 중심의 주거 환경에 맞는 디지털 도어락을
빠르게 보급·고도화했다.

전자식 보안 기술이 전혀 없던 시대에도, 외부에서 열쇠 구멍을 탐색하거나
자물쇠를 따려는 시도를 감지해 자동으로 문이 잠기는 혁신적인 장치가 개
발되었다. 영국의 처브(Chubb)사가 1818년에 개발한 이 '검출기 자물쇠
(detector lock)'는 내부에 여러 개의 레버(lever)를 갖추고 있어, 올바른 열쇠
가 들어와 각 레버가 정확한 높이로 맞춰질 때만 잠금이 해제되는 구조였다.
만약 잘못된 열쇠가 들어오거나 다른 도구가 들어와 여러 개의 레버 중 하나
라도 과도하게 올라가거나 내려가면, 해당 레버에 연결된 작은 검출 핀이 튀
어나와 메커니즘을 차단했다. 즉, 감지 메커니즘이 작동해 자물쇠가 잠길 뿐
아니라 자물쇠 전체가 '차단 모드'로 고정되는 것이다. 잠겨 버린 자물쇠는 올
바른 열쇠를 다시 넣더라도 해제되지 않고, 별도의 리셋용 열쇠로만 해제할
수 있었다. 기계적으로만 작동하는 자물쇠에 일종의 '해킹'을 차단하는 메커
니즘이 적용된 것은 당시로서는 매우 놀라운 기술이었다.

또 다른 일화로는 제2차 세계내전 딩시 영국 ·정보기관 MI5의 금고에 관
한 이야기가 전해진다. 스파이 활동의 핵심 거점이던 런던의 한 비밀 시설에
는 여러 겹의 잠금장치를 갖춘 금고가 설치되어 있었는데, 전쟁 중 폭격으로
건물이 크게 파손된 뒤에도 금고는 멀쩡히 남아 내부 정보의 유출을 막았다
고 한다. 전후에 이 사실이 공개되자, 영국 사회는 해당 금고를 제작한 회사를

'국가를 지킨 침묵의 영웅'에 비유하며 찬사를 보냈다.

자물쇠의 역사는 단순히 도둑을 막는 기술의 발전사가 아니다. 그것은 인간이 신뢰와 사유(私有), 질서를 어떻게 만들어 왔는가에 관한 이야기이다. 자물쇠가 존재한다는 것은 곧 '이 공간은 누군가의 것'이라는 선언이자, 사회적 약속의 표현이었다. 개인의 재산을 보호하는 행위는 사회적 안정의 근본이 되었고, 국가의 금고는 신뢰의 상징으로 자리 잡았다.

또한 자물쇠는 인간의 심리를 반영한다. 사람들은 외부로부터 보호받고 싶어 하며, 동시에 자신만의 비밀을 간직하고 싶어 한다. 그래서 자물쇠는 단순한 장치가 아니라 인간의 내면과 맞닿은 물건이다. 오늘날 생체 인식, 스마트 보안, 양자 암호 등으로 이어지는 첨단 보안 기술은 결국 '신뢰'라는 오래된 질문에 대한 현대적 해답이다. 결국 자물쇠의 역사는 문명 그 자체의 역사다. 인간이 무엇을 소중히 여기고, 무엇을 지키려 했는지를 보여 주는 작은 금속 장치 안에는 수천 년의 문화와 욕망이 담겨 있다.

Part 2

의료·보건·위생

1

칼날 위에서 진화한 예술과 과학
외과 수술

드라마나 영화에는 환자를 눕힌 병상을 급하게 수술실로 밀고 들어가는 장면이 자주 나온다. 지난 수천 년 동안 눈부시게 발전해 온 과학 기술, 의학 기술에도 불구하고, 암 환자, 심혈관계 중환자, 중태에 빠진 교통사고 피해자, 또는 출산이 임박한 임산부 등 생사를 가르는 결정적인 순간에는 여전히 '손을 써서 치료하는 기술', 즉 수술(手術)에 의존한다는 사실은 아이러니다.

병원에서 수술은 안과, 치과, 이비인후과, 피부과 등 여러 진료과에서 직접 이루어지기도 하지만, 생사를 가르는 대형 수술은 대부분 외과가 담당한다. 고통을 치유하고 생명을 구하기 위한 외과적 수술의 역사는 인간이 질병과 상처에 맞서 살아남고자 했던 역사만큼이나 오래되어 있다. 이 긴 역사 속에서 수술은 단순한 치료를 넘어, 인간의 한계에 도전해 온 가장 직접적이고 극적인 의학의 형태로 발전해 왔다.

두개골을 열어 볼 용기

수술의 역사는 기원전 약 1만 2천 년 전까지 거슬러 올라간다. '과학'으로서의 의학이 존재하지 않던 시대에 수술을 시도한다는 것, 더구나 마취조차 없는 상태에서 몸을 절개한다는 것은 곧 목숨을 거는 행위였으며, 환자의 상태가 그만큼 절박했음을 의미한다. 그럼에도 불구하고 선사 시대 인골에서는 두개골에 인위적으로 구멍을 낸 흔적, 즉 '트레파네이션(trepanation, 개두술[開頭術])'의 증거가 발견된다. 뼈를 원형이나 타원형으로 도려낸 자국이 남아 있는데, 더욱 놀랍게도 수술 후 수년간 생존한 흔적도 보인다.

당시 사람들은 극심한 두통, 간질, 정신 질환과 같은 증상을 악령이나 초자연적 존재의 침입으로 이해했다. 머리를 뚫는 행위는 치료이자 주술적 의식으로, 몸 안의 악한 기운을 쫓아내려는 시도였을 가능성이 크다. 그러나 결과적으로는 이런 시도가 두개골 내부의 압력을 낮추거나 혈종을 제거하는 효과를 냈을 수도 있다. 이 원시적 개두술은 과학적 지식과는 거리가 멀었지만, 인간이 고통의 원인을 몸 안에서 찾고 직접 개입하려 했던 최초의 수술적 시도라는 점에서 중요한 의미를 지닌다.

고대의 수술, 코 성형에서 절단술까지

고대 사회에서 수술은 인간의 생명을 지키려는 가장 직접적인 몸부림이었다. 이집트 파피루스 문헌에는 두개골 골절, 상처 봉합, 탈구 교정 같은 실제적인 외과 처치법이 상세히 기록되어 있다. 이집트의 의사들은 상처에 깨끗한 천을 덮고 꿀을 바르거나, 때로는 발효되거나 곰팡이가 생긴 물질을 사용하기도 했다. 특히 꿀은 강한 항균성과 방부 효과를 지녀 감염을 억제했으며, 당시에는 그 원리를 알지 못했지만 경험적으로 효과적인 치료법이었다는 점에서 주목할 만하다.

고대 인도에서는 기원전 수 세기에 편찬된 의학서 『수슈루타 삼히타(Suśruta Saṃhitā)』에 코 재건술과 같은 성형·재건 수술 기법이 상세히 기록되어 있으며, 이 문헌은 오늘날 재건 외과의 기원으로 평가받는다. 고대 그리스에서는 히포크라테스가 외과적 처치를 신화나 주술이 아닌 관찰과 이성에 기반해 접근했으며, 특히 뼈 골절의 치료법과 붕대 사용법을 체계적으로 정리했다. 로마 시대에 이르러서는 군사적 필요가 외과의 발전을 가속했다. 로마 군대에는 전문 외과의가 배속되어 전장에서 부상병을 치료했고, 그 과정에서 절단술과 지혈 기법이 실용적으로 발전했다. 다만 효과적인 마취법과 체계적인 위생 개념이 확립되지 않았던 탓에, 수술은 극심한 고통과 높은 감염 위험, 그리고 상당한 사망률을 동반했다. 그럼에도 이러한 축적된 경험은 외과가 '경험술'을 넘어 학문으로 나아가는 중요한 토대가 되었다.

수술도 하고 머리도 깎고, '이발사-외과 의사'의 등장

중세 유럽에서는 종교적·문화적 이유로 인체 해부에 대한 연구가 제한되었고, 의학은 주로 고대 그리스·로마 의서를 해석하는 학문으로 남아 있었다. 피를 다루는 수술은 천한 노동으로 여겨져, 외과 수술은 이발과 채혈을 업으로 하던 '이발사-외과 의사(barber-surgeon)'들의 몫이 되었다. 이들은 머리를 깎고 면도를 하는 한편, 사혈, 상처 봉합, 농양 절개, 심지어 팔다리 절단술까지 수행했다. 이러한 사회적 인식 속에서 외과는 내과에 비해 학문적 지위가 낮은 기술직으로 취급되었고, 경험과 손기술에 의존하는 실천적 직업으로 분리되었다.

십자군 전쟁은 중세 외과의 부흥에 중요한 전환점이 되었다. 장기간에 걸친 원정과 전장에서의 대량 외상은 기존의 경험적 처치를 넘어 보다 체계적인 외과적 치료를 요구했다. 이런 현실 속에서 파리의 외과의 앙리 드 몽드빌(Henri de Mondeville)과 기 드 쇼리아크(Guy de Chauliac) 같은 인

중세 유럽의 이발사-외과 의사가 사혈과 간단한 외과 처치를 수행하는 장면을 그린 풍속화.

물들이 외과 지식을 정리하고 서적으로 집필하며 학문적 토대를 마련했다. 특히 쇼리아크의 『외과대전(Chirurgia Magna)』은 고대 의학과 중세의 임상 경험을 종합한 저작으로, 르네상스 시대까지 유럽 전역에서 표준 외과 교과서로 널리 활용되었다. 이들의 저술은 외과를 단순한 기술에서 이론과 교육을 갖춘 학문으로 끌어올리는 데 결정적인 역할을 했다.

한편 이슬람 세계에서는 외과 의사이자 학자였던 알자흐라위(Al-Zahrawi)가 외과 기구와 수술 기법을 체계적으로 정리해 후대에 전했다. 그의 저작은 라틴어로 번역되어 중세 유럽 외과학에 큰 영향을 미쳤다. 다만 이 시기에도 병원균에 대한 이해와 위생 개념은 충분히 확립되지 않아, 수술 후 감염은 여전히 치명적인 위험으로 남아 있었다.

르네상스의 빛으로 인체를 해부하다

르네상스 이후 서서히 교회의 힘이 약해지고 사고의 중심이 인간으로 옮겨가면서, 인체에 관심이 증가하고 인체 해부학 연구가 허용되었으며 그로 인해 외과 수술은 새로운 국면을 맞았다.

프랑스의 외과 의사 앙브루아즈 파레(Ambroise Paré)는 1537년 이탈리아 원정에 군의관으로 참여해 총상과 절단 환자를 치료하면서 기존의 관행에 의문을 제기했다. 당시에는 총상에 뜨거운 기름을 붓는 위험한 치료가 주로 이루어졌는데, 파레는 이를 중단하고 달걀노른자 등을 섞은 부드러운 연고를 사용했다. 또한 출혈을 멈추기 위해 불로 지지는 대신 혈관을 묶는 결찰법을 도입해 환자의 고통과 사망률을 크게 낮쳤다. 그는 이러한 경험과 혁신적인 치료법을 모아 『총상요법서』를 저술했으며, 이는 근대 외과의 출발점으로 평가받는다. "나는 상처 난 데를 잘 감아 줄 뿐, 고쳐 주는 이는 신이다"라고 한 그의 말은 박애주의 정신을 보여 주는 천고의 명언이다.

당시 합스부르크령 네덜란드(오늘날의 벨기에) 출신 의학자 안드레아스 베살리우스(Andreas Vesalius)는 1543년 『인체의 구조(De humani corporis fabrica)』를 출간해, 경험에 기반한 인체 해부학 지식을 제시했다. 이 저작은 오류가 많던 고대 권위서의 해부학을 비판적으로 교정하며 외과 의학 발전의 확고한 토대를 마련했다. 『인체의 구조』는 해부학을 넘어 의학 전반에 지대한 영향을 미쳤고, 이후 근대 의학을 이끌어 갈 수많은 의학자와 외과의들에게 결정적인 자극을 준 명저로 평가된다. 특히 해부를 직접 관찰과 실증의 학문으로 정립함으로써 중세의 권위주의적 의학관에서 벗어나는 전환점을 마련했다.

18세기에 들어서면서 외과는 점차 내과로부터 분리된 독립적인 전문 분야로 자리 잡기 시작했다. 런던과 파리에는 외과 교육을 전담하는 학교와 기관이 설립되었고, 외과의의 사회적·학문적 지위도 점차 상승했다. 그럼에도 불구하고 아직은 효과적인 마취법이 개발되지 않은 탓에, 환자들은 여전히 극심한 고통을 감내한 채 수술을 받아야 했다.

현대 수술의 혁명, 마취와 무균법의 등장

19세기에 효과적인 마취법이 개발되기 전까지, 외과 의술은 임시적이고 불완전한 마취법에 의존해야만 했다. 이집트나 메소포타미아의 기록에 따르면, 종교적 의식이나 주문, 기도 따위도 마취의 일부로 여겨졌는데, 수술 전에 신에게 제물을 바치거나 주술을 통해 통증을 줄이고자 한 것이다. 로마 시대에는 환자에게 술을 마시게 해 의식을 흐리게 하거나 진통 효과를 기대했고, 중세 유럽에서는 환부를 얼음이나 눈으로 차게 만들어 감각을 둔화시키기도 했다. 가장 원시적인 방법은 여러 사람이 환자를 못 움직이게 붙잡고 수술을 강행하는 것이었다. 중세 의학서에는 환자의 팔다리를 묶거나 여러 사람이 붙잡은 채 수술을 시행하는 장면이 자주 묘사되어 있다.

이에 비해 아편이나 맨드레이크(mandrake), 대마(cannabis), 벨라도나(belladonna)처럼 진정·환각 효과가 있는 약초를 사용해 통증과 의식을 완화하려는 시도는, 당시로서는 비교적 '세련된' 마취법에 속했다. 이러한 경험적 마취 방법들은 현대적인 과학적 마취 기술이 확립되기 전까지 오랫동안 외과 수술의 현실적인 대안으로 활용되었다.

19세기 중반, 외과는 두 가지 혁명적인 발견을 통해 근본적인 전환점을 맞았다. 그중 첫째는 마취 기술의 등장이다. 1846년 미국 보스턴에서 치과 의사 윌리엄 T. G. 모턴(William T. G. Morton)이 에테르 마취를 사용한 공개 수술을 성공적으로 시연한 이후, 클로로포름을 비롯한 다양한 흡입 마취제가 빠르게 확산했다. 이로써 환자는 수술 중 극심한 고통에서 벗어날 수 있었고, 외과 의사는 보다 정밀하고 복잡한 수술에 도전할 수 있게 되었다. 둘째는 무균법의 확립이다. 영국의 외과 의사 조지프 리스터(Joseph Lister)는 루이 파스퇴르(Louis Pasteur)의 세균학 이론을 수용해 수술 시 소독과 멸균의 중요성을 강조했다. 그가 도입한 카르볼산(Carbolic acid) 소독법은 수술 후 패혈증과 감염을 현저히 줄이며 외과 수술의 안전성을 획기적으로 높였다. 그는 수술 기구와 상처 부위뿐 아니라 수술실 공기 중에도 카르볼산 용액을 분무해 병원균의 전파를 차단하고자 노력했다. 마취 기술과 무균법이 결합하면서 외과 의술은 비로소 근대 의학의 핵심 분야로 도약하게 되었다.

20세기에는 수혈, 항생제, 현대적 수술 도구의 발달로 심장 수술, 장기 이식, 미세 수술 같은 첨단 시술이 가능해졌다. 외과는 단순한 생존의 기술을 넘어, 삶의 질을 높이고 새로운 신체적 가능성을 열어 주는 학문으로 자리매김했다.

우리나라 + 외과 수술

우리나라의 외과 의술은 전통 의학 체계 속에서도 점진적인 발전을 이루어 왔다. 삼국 시대의 기록에는 골절을 바로잡고 상처를 봉합하는 처치가 언급되며, 고려 시대에 편찬된 『향약구급방』에는 외상과 응급 상황에 대한 구체적인 치료법이 수록되어 있다. 조선 시대를 대표하는 명의(名醫)인 허준의 『동의보감』 역시 고름을 배출하는 방법, 화상 치료, 종기 절개 등 다양한 외과적 처치를 체계적으로 정리해 당시의 임상 경험과 의술 수준을 보여 준다.

본격적인 근대 외과는 19세기 말 개항과 함께 서양 의학이 유입되면서 시작되었다. 1885년 장로교 선교사이자 외교관, 외과의사였던 호러스 뉴턴 알렌(Horace Newton Allen)이 설립한 광혜원에서는 근대적 외과 수술이 처음으로 시행되었고, 이후 세브란스 의학교를 중심으로 서양 외과학이 체계적으로 교육되기 시작했다. 일제강점기에는 일본식 의학 교육을 통해 외과 인력이 양성되었고, 해방 이후 한국전쟁을 거치면서 군의학과 외상 외과가 급속히 발전했다. 1970년대 이후에는 우리나라의 의사들이 심장 수술, 장기 이식, 미세 수술 등 다양한 분야에서 눈에 띄는 성과를 내며 세계 수준에 근접했다. 이러한 발전은 우리나라 의료 기술의 국제적 경쟁력을 높이는 밑거름이 되었다.

근대 초까지 유럽에서는 이발사가 외과 수술을 수행하기도 했다. 당시 외과는 의학의 하위 분야로 여겨졌으며, '의사'라고 하면 주로 내과 의사를 의미했다. 내과 의사는 진단과 약물 처방을 담당했지만, 실제 수술은 '수공업적 기술'로 취급되었기 때문에 손재주와 도구 사용에 능한 이발사가 외과 업무를

---

1   피 빼기(bloodletting)는 18세기 이전까지 열, 염증, 감염 등 거의 모든 질병 치료의 핵심으로 여겨져 자주 실행되었고, 그로 인해 과다 출혈로 사망하는 사례가 빈번했다. 1799년 미국 초대 대통령 조지 워싱턴이 급성 편도염과 호흡 곤란 증세를 보이며 쓰러지자 당시 의사들은 염증 치료를 위해 대량으로 피를 빼냈는데, 단 하루 동안 약 1~2리터에 달하는 피를 빼냈다고 한다. 의학사에서는 조지 워싱턴의 직접적인 사망 원인을 과다 출혈로 보고 있다.

겸하게 된 것이다.

이발사가 전담했던 처치는 피 빼기(사혈[瀉血])[1], 농양 제거 및 외상 치료 등 간단한 절단·절개, 치아 발치 등이었다. 그래서 16~18세기 유럽에서는 '이발사-외과 의사(barber-surgeon)' 조합이 존재했으며, 프랑스와 영국에서 길드(guild) 조직으로 운영되었다. 지금도 이발소 앞에는 빨간색, 흰색, 파란색 나선형 무늬가 회전하는 장치인 바버 폴(barber pole)이 설치되어 있는데, 이는 중세~근대 유럽 이발소에서부터 내려온 전통적인 상징으로, 빨간색, 흰색, 파란색은 각각 동맥, 붕대, 정맥을 상징한다.

외과적 수술은 단순한 의학 기술을 넘어 인류 문명을 변화시켰다. 과거에는 치명적이었던 충수염, 위궤양, 외상 등이 수술을 통해 비교적 쉽게 치유 가능한 질병이 되었고, 전쟁터에서는 수많은 젊은 생명을 구할 수 있었다. 장기

이발소의 상징인 바버 폴(barber pole).

이식은 새로운 생명을 선물했고, 성형 외과는 단순한 미용을 넘어 사고나 화상 환자의 삶의 질을 회복시키는 역할을 했다. 현대 외과는 더 이상 생존만을 위한 기술이 아니라 인간의 존엄과 삶의 질을 보장하는 과학이자 예술로 자리 잡았다. 외과의 칼날은 인류가 고통을 넘어 삶의 희망을 되찾고 새로운 가능성을 열어 가는 도구가 되었다.

2

아편에서 아스피린까지, 고통을 다루는 기술
진통제

아리스토텔레스는 "현자는 쾌락을 좇기보다 고통을 피한다"라고 말했고, 쇼펜하우어는 "인간 행복의 두 가지 적은 고통과 지루함"이라고 했다. 쾌락과 행복을 향한 욕구는 뒤로 미룰 수 있지만, 인간의 가장 근원적인 욕구는 무엇보다 고통을 회피하려는 데 있기 때문이다. 인간인 이상, 결국 생로병사의 고통을 피할 수는 없지만, 그 고통을 완화하려는 시도는 아주 오래전부터 이어져 왔다.

고대 수메르인들은 양귀비의 즙을, 이집트인들은 아편을 사용해 통증을 완화했고, 고대 그리스의 의사 히포크라테스는 이를 의학적 처방으로 기록했다. 그러나 고대의 진통제는 효과만큼이나 위험도 큰 '양날의 검'이었다. 인류는 통증을 줄이면서도 안전한 방법을 찾기 위해 끊임없이 연구했고, 그 여정 속에서 아편, 모르핀, 아스피린, 그리고 현대의 합성 진통제까지 수많은 약물이 등장했다. 오늘날 우리는 극심한 통증에는 물론 일반 감기, 몸살에도 진통제를 복용하곤 하는데, 진통제는 분명 치료제는 아니지만, 우리가 가장 자주 복용하는 의약품 중 하나이다. 진통제의 역사는 고통과 맞서 싸워 온 인류의 애절한 기록이다.

아편에서 시작된 여정

기록에 의하면, 약 4000년 전 고대 메소포타미아의 수메르인들은 양귀비에서 추출한 즙에 '기쁨을 주는 식물'이라는 별칭을 붙였다. 이것이 바로 아편(opium)의 시초였다. 이집트 파피루스에도 아편을 이용해 산모의 고통을 완화하거나 두통을 줄였다는 기록이 남아 있다. 히포크라테스 역시 아편을 처방했는데, 그는 아편이 만병통치약처럼 쓰일 수 있다고 여겼던 것 같다. 하지만 이미 당시에도 중독과 환각 같은 아편의 부작용이 문제로 지적되었다.

중세 유럽에는 아랍 세계를 거쳐 아편이 전해졌다. 10~11세기 페르시아의 의학자이자 철학자였던 아비센나(Avicenna)는 『의학정전(The Canon of Medicine)』에서 아편을 진통제와 수면제로 언급했으며, 이런 의학 지식과 함께 아편은 십자군 전쟁과 교역을 통해 유럽 전역으로 확산되었다.

16세기 스위스의 연금술사이자 의사였던 파라켈수스(Paracelsus)는 알코올에 아편을 녹인 액체인 '라우다넘(laudanum)'을 만들어 보급했다. 라우다넘은 만병통치약으로 불리며 귀족에서 서민에 이르기까지 널리 사용되었지만, 실제로는 강력한 마약성 진통제였다. 라우다넘은 통증과 불안을 빠르게 가라앉히는 대신, 의존과 중독을 낳았고, 그 부작용은 점차 사회적 문제로 대두됐다. 그럼에도 불구하고 라우다넘은 한동안 현대적 진통제가 등장하기 전까지 가장 효과적인 통증 완화 수단으로 자리 잡으며, 의학과 일상생활의 경계에서 오래도록 사용되었다.

의학의 발전, 중독의 시작

19세기는 진통제의 역사에서 가장 극적인 전환점을 맞은 시기였다. 오 랫동안 사람들은 아편을 원재료 그대로 쓰거나 알코올에 섞어 복용했 지만, 이 방법은 효과가 일정하지 않고 부작용도 심했다. 1805년, 독일 의 약제사 프리드리히 세르튀르너(Friedrich Wilhelm Adam Sertürner)는 아편에서 활성 성분만을 분리하는 데 처음으로 성공했다. 그는 이 물질 을 '모르핀(morphium)'이라 명명했는데, 이는 그리스 신화에 등장하는 꿈의 신 모르페우스(Morpheus)의 이름에서 따온 것이다. 환자를 잠들게 하고 고통을 잊게 하는 효과를 지녔음을 강조한 명칭이었다.

모르핀은 놀라운 효능을 보였다. 소량만 투여해도 강한 진통 효과가 나타났고, 외과 수술이나 전쟁터에서 큰 위력을 발휘했다. 특히 나폴레

19세기 미국에서 사용된 라우다넘은 아편을 알코올에 녹인 제제로, 통증과 불안을 완화하는 '만병통치약'으로 널리 쓰였으나, 실은 강한 중독성을 지닌 마약성 진통제였다.

옹 전쟁 이후, 미국 남북전쟁에서는 군의관들이 모르핀을 널리 사용했는데, 이로 인해 많은 병사들이 전쟁 후 '군인의 질병'이라 불린 새로운 질병, 즉 모르핀 중독에 시달리게 되었다. 의학적 진보와 함께 '중독'이라는 새로운 사회 문제가 등장한 셈이다.

이 무렵 진통제의 발전과 맞물려 마취제의 혁신도 이루어졌다. 1846년 9월, 윌리엄 모턴(William T. G. Morton)은 환자에게 에테르를 흡입시킨 후 고통 없이 이를 뽑는 공개 수술에 성공했다. 그해 10월에는 하버드 의과대학의 외과 의사 존 워런(John Warren)이 모턴의 협조를 받아 환자를 에테르로 마취시킨 뒤 종양 절제 수술을 성공적으로 마치는 장면을 선보였다. 관중은 충격과 감탄을 금치 못했고, 이날은 인류가 '통증 없는 수술'을 처음 목격한 순간으로 기록되었다.

곧이어 스코틀랜드의 의사 제임스 영 심프슨(James Young Simpson) 경은 산모의 진통을 완화하기 위해 클로로포름을 사용했다. 이후 빅토리아 여왕이 출산 과정에서 진통을 줄이기 위해 클로로포름을 사용한 사실이 알려지면서, 마취에 대한 사회적·종교적 저항은 크게 약화되었다. 더 나아가 아산화질소(N_2O), 이른바 '웃음 가스'도 치과와 외과에서 널리 활용되었다. 이러한 일련의 발전은 수술을 극심한 공포의 대상에서, 감내할 수 있는 치료의 과정으로 비꾸어 놓았다.

아스피린 혁명, 아편에서 벗어나다

19세기 말, 인류는 마약성 진통제가 아닌 안전한 길을 모색하기 시작했다. 특히 염증을 가라앉히면서 부작용은 적은 약에 대한 수요가 높았다.

이미 버드나무 껍질 추출물이 통증 완화에 효과가 있다는 사실은 고대부터 알려져 있었는데, 그 주성분인 살리실산(salicylic acid)은 위를 심하게 자극해 장기 복용이 거의 불가능했다.

1897년, 독일 바이엘사의 화학자 펠릭스 호프만(Felix Hoffmann)은 살리실산의 구조를 변형하는 방법, 즉 살리실산에 아세틸기(acetyl基, CH₃CO–)를 결합해 아세틸살리실산(acetylsalicylic acid)을 합성함으로써 위에 대한 자극을 줄이는 데 성공했다. 바이엘사는 1899년에 이를 '아스피린(Aspirin)'이라는 제품명으로 출시했다. 'A'는 '아세틸(Acetyl)'에서, 'spir'는 버드나무의 학명인 '스피레아(Spiraea)'에서 따왔으며, 'in'은 당시 의약품에 관용적으로 붙이는 접미사였다. 아스피린은 곧 엄청난 성공을 거두었다. 단순히 두통이나 치통을 완화하는 수준을 넘어, 류머티즘, 발열, 심지어 혈액 응고 억제 효과까지 입증되면서 '기적의 약'으로 불렸다. 바이엘은 적극적인 마케팅 전략을 펼쳐 대중 약품 시장을 개척했으며, 아스피린은 20세기 초반 세계에서 가장 많이 팔리는 약품으로 자리 잡았다.

흥미로운 점은 아스피린이 단순한 진통제를 넘어 의학 연구의 새로운 길을 열었다는 사실이다. 저용량 아스피린이 심혈관 질환 환자에서 혈전 형성을 예방하는 효과가 있음이 밝혀지면서, 오늘날까지도 예방적 치료 목적으로 널리 사용되고 있다. 더 나아가 화학 합성 의약품이 천연 성분보다 안정적이며 대량 생산에 적합하다는 사실을 입증해, 제약 산업 시대를 여는 결정적 계기가 되었다.

진통제의 황금기 그리고 어두운 이면

1898년 바이엘은 모르핀을 개량한 약물을 '헤로인(heroin)'이라는 이름으로 출시하며, 당시에는 비중독성 진해제로 홍보했다. 그러나 곧 헤로인의 강력한 중독성이 드러나면서 각국에서 사용이 제한·금지되었고, 이 사건은 의약품의 안전성과 중독성을 국가 차원에서 관리해야 한다는 인식을 확산시키며 의약품 규제 강화의 계기가 되었다.

한편, 비교적 안전한 비마약성 진통제도 속속 등장했다. 1950년대에는 아세트아미노펜(acetaminophen, 상품명 타이레놀)이 개발되어 어린이와 임산부도 쓸 수 있는 대중적인 해열 진통제로 자리 잡았다. 1960년대에는 이부프로펜(ibuprofen)이 등장해 해열, 진통뿐 아니라 소염 효과까지 지닌 약물로 각광받았다. 이들은 두통, 생리통, 치통 등 일상적인 통증 관리에 필수적인 약물이 되었으며, 전 세계 가정의 구급상자에서 빠지지 않는 존재가 되었다.

그러나 동시에 마약성 진통제의 새로운 파생물도 개발되었다. 옥시코돈, 하이드로코돈, 펜타닐 같은 오피오이드[2]는 수술 후 통증이나 암(癌)성 통증 관리에 탁월했지만, 심각한 남용 문제를 낳았다. 특히 미국에서는 제약회사가 공격적인 마케팅으로 처방을 확대하면서 '오피오이드 위기'가 촉발됐고, 수십만 명이 중독과 과다 복용으로 목숨을 잃었다. 특히 펜타닐은 모르핀보다 수십 배 강력한 약효를 지니지만, 불법

---

2   오피오이드(opioid)는 아편에서 유래한 아편성 진통제를 통칭하는 말로, 강력한 진통 효과가 있지만 중독성이 높은 마약성 진통제 범주에 속한다.

유통과 결합하면서 사회적 재앙을 낳았다.

이처럼 20세기의 진통제는 뚜렷한 양면성을 드러낸다. 한편으로는 안전하고 접근성 높은 약물이 대중의 삶의 질을 크게 향상시켰지만, 다른 한편으로는 마약성 진통제의 남용으로 막대한 사회적 비용이 초래되었다. 이는 오늘날 의학이 단순히 약물을 개발하는 데서 나아가, 안전한 사용법이라는 새로운 과제를 떠안게 되었음을 보여 준다.

우리나라 + 진통제

조선 시대에도 아편은 중국과 일본을 통해 제한적으로 들어왔으나 일반적이지는 않았다. 대신 한방에서 갈근탕, 생강, 작약 등 통증을 완화하는 약재가 주로 쓰였다. 근대적 의미의 진통제는 개항 이후 서양 의술이 도입되면서 전해졌다. 19세기 말 선교사 의사들이 아편과 모르핀을 의료 목적으로 사용했고, 일제강점기에는 일본을 통해 아스피린과 피라미돈 같은 서양 진통제가 들어왔다.

20세기 중반 이후 국내 제약회사가 성장하면서 아스피린, 아세트아미노펜 제제가 국산화되었고, '게보린', '펜잘' 같은 복합 진통제가 대중적 약으로 자리 잡았다. 오늘날 우리나라에서 진통제는 약국에서 손쉽게 구할 수 있는 대표적인 일반 의약품으로, 세계적 제약사의 제품뿐 아니라 국내 연구·개발을 통해 탄생한 다양한 신약과 제네릭 의약품이 함께 사용되고 있다.

아스피린의 개발에는 널리 알려진 일화가 전해진다. 바이엘의 화학자 펠릭스 호프만은 관절염으로 고통받던 아버지를 돕기 위해 살리실산의 부작용을 줄이려는 실험을 지속했고, 그 과정에서 아세틸살리실산 합성에 이르렀다고 전해진다. 당시 살리실산은 위를 심하게 자극해 장기 복용이 힘들었는데, 호프만은 아세틸기를 붙여 부작용을 줄이는 데 성공했다. 처음에 그의 상사는 이 성과에 큰 관심을 보이지 않았으나, 의사들에게 시험적으로 나눠준 결과 통증이 눈에 띄게 줄어든다는 입소문이 퍼지면서 회사는 뒤늦게 대규모 생산에 들어갔다. 이후 아스피린은 20세기의 상징적 의약품으로 자리 잡게 되었다. 흥미로운 점은 제1차 세계대전 이후 패전국이 된 독일에 대한 연합국의 제재 과정에서 바이엘의 상표권이 몰수되면서, '아스피린'이라는 이름이 특정 상품명을 넘어 일반명사처럼 전 세계에 퍼지게 됐다는 사실이다. 이는 진통제 역사에서 매우 이례적인 사례로 꼽힌다.

진통제와 마취제는 단순히 통증을 줄이는 약물을 넘어 인류의 삶의 질 자체를 변화시켰다. 출산과 외과 수술, 만성 질환 치료에서 고통의 완화는 생명을 지키는 과정의 필수 조건이 되었다. 수술을 두려움의 대상으로 인식하던 시대를 지나, 이제는 통증 관리가 전제된 의료가 가능해진 것이다. 더 나아가 두통이나 근육통 같은 일상적 통증을 손쉽게 조절할 수 있게 되면서 현대인의 생산성과 생활 만족도 역시 크게 향상되었다. 그러나 그 이면에는 중독과 오남용, 환경적 부작용이라는 그림자도 함께 남아 있다. 결국 진통제와 마취제의 역사는 인간이 고통과 어떻게 공존하고 타협해 왔는지를 보여 주는 기록이라 할 수 있다.

3

숙면을 위한 인류의 오랜 노력
수면제

면역력 증강, 집중력과 기억력 향상, 신체 대사 조절, 성장호르몬 분비 촉진 등 신체적·정신적 건강을 유지하고 회복하는 데 있어 숙면의 중요성은 새삼 강조할 필요가 없을 만큼 잘 알려져 있다. 영국의 작가 토머스 데커(Thomas Dekker)는 "잠은 건강과 육신을 묶는 황금 사슬"이라고 말했고, 프랑스의 철학자이자 작가인 볼테르[3]는 "신은 여러 근심의 보상으로 희망과 잠을 주었다"고 적으며 수면의 중요성을 강조했다.

동물은 물론 식물에게도 수면은 중요하다. 식물의 수면은 동물과는 달리 '수면 운동(nyctinasty)'이라고 불리지만, 동물의 수면과 마찬가지로 식물의 건강한 생장에도 수면은 반드시 필요하다. 식물은 밤이 되면 잎이나 꽃을 접어 수분 손실을 줄이고 에너지를 보존하며, 포식자나 곤충으로부터 자신을 보호하는 등 중요한 생존 전략으로서 수면 운동을 한다. 손발이 없는 식물에서 이런 운동이 일어날 수 있는 것은, 밤에는

---

3 볼테르(Voltaire)는 그의 필명이며, 실제 이름은 프랑수아 마리 아루에(François-Marie Arouet)이다.

잎의 아랫부분에 있는 세포에서 물이 빠져나가 팽압이 낮아지면서 잎이 접히기 때문이다.

이처럼 수면은 모든 생물에게 필수 불가결한 생명 현상이며, 따라서 편안한 잠을 자는 일은 동서고금을 막론하고 모든 인류의 꿈이었다. 등만 대면 바로 곯아떨어지거나, 눕기도 전에 벌써 코부터 고는 사람들도 있다지만, 많은 사람에게 숙면은 간절한 소망이자 해결해야 할 숙제다. 불면증에 시달리는 일이 고역인 것은 예나 지금이나 마찬가지였는지, 인류가 이른바 꿀잠을 위해 약물을 찾은 것은 문명이 형성되던 무렵부터였다.

고대의 수면 보조법

고대 메소포타미아와 이집트, 인도에서는 아편이나 대마 같은 식물을 진통·진정 목적으로 사용했고, 이는 동시에 수면을 돕는 효과도 있었다. 고대 그리스에서는 맨드레이크(mandrake), 벨라돈나(belladonna) 같은 식물에서 추출한 알칼로이드가 최면 효과가 있는 것으로 알려졌다. 의학의 아버지라 불리는 히포크라테스는 양귀비 즙이 불면에 효과적이라는 사실을 기록했고, 불면에 시달리는 환자에게 아편을 권했다고도 전해진다.

로마 시대에는 환자의 불안을 줄이고 수면을 돕기 위해 와인에 약초를 섞어 쓰기도 했으나 효과는 미미했고, 중독 위험이 높았으며, 독성이 강해 생명을 위협하는 등 수면제라기보다는 '죽음을 부르는 약초'에 가까웠다.

중세와 근세, 숙면을 위한 위험한 시도

중세에는 아편을 기반으로 한 수면 보조가 여전히 주를 이루었다. 페르시아의 의학자이자 철학자였던 아비센나는 저서인 『의학전범』에서 불면증 환자에게 아편과 향신료를 섞은 처방을 권했다.

근세 유럽에서는 '도르미시온(dormition)'이라 불린 졸음 유도제가 널리 사용됐는데, 주로 벨라돈나나 맨드레이크 같은 독성이 강한 식물에 아편 등을 섞어서 만들었다. 당시에는 독약과 수면제의 구분이 명확하지 않았고, 실제 수면제 과량 복용으로 목숨을 잃는 사례도 적지 않았다. 이 때문에 당시 사람들에게 수면제는 편안한 잠을 돕는 약인 동시에 한편으로는 늘 위험을 동반한 물질로 여겨졌다.

중세 의학 필사본에 그려진 약물 조제 장면으로, 아편을 비롯한 약재를 달여 수면과 통증 완화를 도모하는 모습이 묘사되어 있다.

근대, 화학 수면제의 탄생

19세기 화학 합성의 발전과 함께 최초의 인공 수면제가 등장했다. 1864년 독일에서 합성된 클로랄 하이드레이트(chloral hydrate)는 비교적 안전한 수면 유도제로 여겨져 19세기 말 유럽과 미국에서 널리 사용되었지만, 장기간 복용 시 간 손상과 의존성이 문제로 드러났다.

1903년 독일 바이엘사의 화학자 에밀 피셔(Emil Fischer)와 요제프 폰 메링(Joseph von Mering)은 바르비탈(barbital, 상품명 베로날)을 합성해 최초의 바르비투르산계 수면제를 개발했다. 이 계열 약물은 효과가 강력했지만 내성도 금세 나타났고, 과다복용 시 치명적이라는 한계를 지녔다. 그럼에도 바르비투르산계 수면제는 20세기 중반까지 널리 사용되었으며 잦은 사고로 사회적 문제가 되었다.

부작용은 줄이고, 잠의 질은 높이고

1960년대 들어 벤조디아제핀(benzodiazepine)계 수면제가 등장하면서 수면제 시장의 판도가 바뀌었다. 스위스의 제약회사 로슈사(社)가 개발한 디아제팜(diazepam, 상품명 발리움)과 테마제팜(temazepam), 트리아졸람(triazolam) 등은 바르비투르산보다 안전성이 높고, 불안 완화 효과도 있어 폭발적인 속도로 전 세계에 보급되었나. '발리움 시대'라는 말이 생길 정도로, 1970년대 미국에서 가장 많이 처방된 약물이 바로 수면제였다.

그러나 벤조디아제핀계 약물 역시 장기 복용 시 의존성과 금단 증상이 문제로 지적되었다. 이에 따라 1980년대 말부터 1990년대에 걸쳐 졸피뎀, 조피클론, 에스조피클론 등 이른바 'Z-시리즈'로 불리는 비(非)벤조디아제핀계 수면제가 개발되었다. 이들은 벤조디아제핀과 유사한 기전으로 작용하지만 반감기가 비교적 짧아 부작용 위험이 낮은 것으로 평가되었으며, 오늘날 가장 널리 처방되는 수면제로 자리 잡았다.

한편 알레르기 치료제로 개발된 항히스타민제는 부작용으로 졸음을 유발한다는 점에 착안해 수면제로도 활용되기 시작했다. 디펜히드라민(diphenhydramine)과 같은 1세대 항히스타민제는 뇌의 히스타민 수용체를 차단해 각성 상태를 억제하고 수면을 유도하는데, 비교적 안전성이 높아 현재까지도 일반 의약품 수면제로 판매되고 있으나, 다음 날까지 이어지는 졸림이나 구강 건조 같은 부작용이 단점으로 지적된다. 최근에는 뇌의 멜라토닌 수용체나 오렉신(orexin) 수용체를 조절하는 신약이 개발되어 기존 수면제의 부작용을 줄이려는 연구가 이어지고 있다. 인류의 수면제 탐구는 현재 진행형이다.

수면제 외의 건강한 수면 촉진법

현대 사회에서는 약물 외에도 건강한 수면을 돕기 위한 다양한 방법이 개발되고 있다. 멜라토닌은 뇌 속의 작은 내분비 기관인 송과체(松果體)에서 분비되는 수면 호르몬으로, 빛의 변화에 반응해 수면과 각성의 주기를 조절한다. 이 호르몬은 계절 변화나 일주기 리듬에 맞춰 신체 기능을 조율하는 데 중요한 역할을 하며, 시차 적응이나 수면 리듬 장애 치료에 활용된다. 합성 멜라토닌 제제는 비교적 안전한 것으로 평가되며, 특히 야간 근무자나 해외 여행자에게 효과적이다.

또한 비타민 D가 수면과 밀접하게 관련되어 있다는 연구도 점차 늘고 있다. 비타민 D가 부족할 경우 멜라토닌 합성이 저해되어 수면의 질이 떨어질 수 있다는 보고가 이어지면서, 햇빛 노출을 늘리거나 비타민 D 보충제를 활용해 수면을 개선하려는 접근도 제안되고 있다. 이와 함께 규칙적인 수면 습관을 유지하고, 카페인 섭취를 줄이거나 취침 전 전자기기 사용을 자제하는 수면 위생 관리, 이완 훈련과 명상 같은 비약물적 방법들 역시 의학적으로 그 효과가 검증되고 있다. 오늘날의 수면 의학은 수면제에만 의존하기보다 생활 습관 개선과 보조적 치료를 병행함으로써, 안전하고 지속 가능한 숙면을 회복하는 방향으로 나아가고 있다.

우리나라 + 수면제

우리나라에 본격적으로 서양식 수면제가 소개된 것은 일제강점기 이후였다. 초기에는 주로 바르비투르산 계열 약물이 수입돼 병원에서 사용되었고, 1960~1970년대에는 벤조디아제핀이 불면증 치료의 표준이 되었다. 당시에는 불면에 대한 사회적 인식이 부족해 약물 의존으로 이어지는 사례가 많았다.

1980년대 이후 졸피뎀 등 비벤조디아제핀계 약물이 도입되면서 처방이 다양해졌다. 동시에 수면제 남용 문제가 사회 문제로 떠올랐고, 의료계는 '최소 용량, 단기간 사용' 원칙을 강조하기 시작했다. 특히 우리나라 제약사들은 복합제 개발이나 제형 개선을 통해 부작용을 줄이고 환자의 복용 편의를 높이는 데 기여했다. 동시에 의료 현장에서는 약물

외에도 인지 행동 치료 같은 비약물적 치료의 중요성이 점차 강조되고 있다. 이러한 변화는 수면제를 단순히 '잠들게 하는 약'이 아니라, 환자의 생활 습관과 정신적 요인을 함께 고려해야 할 치료 수단으로 인식하게 만들었다. 오늘날 우리나라의 수면 치료는 약물 치료와 비약물적 접근을 병행하며, 장기적이고 안전한 수면 관리 체계를 구축하는 방향으로 발전하고 있다.

미국의 영화배우 마릴린 먼로가 1962년 과량의 바르비투르산 수면제를 복용해 36세의 나이로 사망한 사건은 전 세계에 큰 충격을 안겼다. 그녀의 죽음은 수면제가 지닌 위험성을 단적으로 보여 주는 사례로 지금까지도 회자되고 있다.

이와 비슷한 시기인 20세기 중반 유럽에서는, 한 제약회사가 '수면과 꿈을 완벽히 조절할 수 있다'고 홍보한 신약이 사실은 강한 중독성을 지닌 바르비투르산계 약물로 드러난 사건도 있었다. 해당 약을 복용한 유명 음악가가 공연 도중 심한 졸음에 시달리다 무대를 망친 일이 언론에 크게 보도되면서, 약물 의존의 폐해를 경고하는 대표적 사례로 남게 되었다. 우리나라에서도 1980년대 연예계 인사들이 수면제 과다 복용으로 사고를 겪은 사례가 보도되면서, 수면제는 단순히 잠을 돕는 약이 아니라 의학적 관리가 필요한 약물이라는 인식이 대중에게 확산되기 시작했다.

수면제는 인간의 삶에 깊은 영향을 미쳐 왔다. 현대인은 불면을 단순한 불편이 아닌 치료 가능한 질환으로 인식하게 되었고, 수면제는 삶의 질을 높이는 중요한 의료 도구로 자리 잡았다. 많은 사람들이 수면제를 통해 일상의 기능을 회복했으며, 의료 현장에서도 수면 관리는 치료와 회복을 뒷받침하는 핵심 요소로 인식되고 있다. 그러나 그 이면에는 의존과 남용, 부작용이라는 그림자 역시 존재한다. 약물만으로 해결할 수 없는 영역이 있음을 받아들이고, 생활 습관과 환경, 마음의 상태까지 함께 돌보려는 노력이 병행될 때 비로소 건강한 수면에 다가갈 수 있을 것이다. 수면제의 역사는 결국 인간이 편안한 밤과 균형 잡힌 삶을 향해 끊임없이 탐구해 온 여정의 기록이라 할 수 있다.

4

인류를 구해 낸 우연과 과학의 이중주
항생제

인류의 역사는 보이지 않는 적과의 끊임없는 전쟁으로 점철되었다. 칼과 창, 갑옷과 성벽으로 맞서던 전쟁과 달리, 세균과 바이러스라는 미세한 존재는 눈에 보이지 않았다. 사람들은 예측할 수 없는 질병 앞에 무력했고, 한때는 단순한 상처조차 생명을 앗아 가는 치명적인 위험이 되었다. 전염병과 감염은 왕과 평민을 가리지 않았고, 국가와 민족의 운명을 흔드는 요인이 되기도 했다. 그 공포의 시대에 인류는 수많은 방법을 시도했지만, 효과는 대부분 제한적이었다. 허브와 꿀, 곰팡이, 상처를 짜내는 고대식 치료법 등이 행해졌지만, 실제 생명을 구한 사례는 드물었다. 그럼에도 인간은 포기하지 않았고, 호기심을 키우며 실험 정신을 이어 갔다.

그러던 어느 날, 열려 있던 의학 실험실의 창문으로 눈에 보이지도 않는 작은 곰팡이 포자 하나가 바람을 타고 날아들었다. 그리고 인류의 역사는 완전히 달라졌다. 누군가의 작은 실수, 사소한 우연이 한데 어우러져 수억 명의 생명을 구한 것이다.

병균과의 전쟁, 그 시작

인류는 수천 년간 감염병과 싸워 왔다. 고대 이집트의 파피루스에서 히포크라테스의 의학 서적까지, 인류가 남긴 기록에는 전통적인 방법으로 고름을 짜내거나 꿀, 곰팡이, 식물의 즙을 상처에 바르며 감염병과 힘겹게 싸워 온 이야기들이 남아 있다. 물론 이런 방법은 대체로 위생적이지 않았고, 별 효과도 없었다. 지금이야 단돈 몇 천원이면 항생제를 쉽게 처방받을 수 있고, 오히려 항생제를 남용해서 문제가 되기도 하지만, 항생제가 개발된 19세기 이전까지 감염은 곧 사망 선고나 다름없었다.

영국의 왕 리처드 1세는 십자군 원정에서의 용맹함으로 '사자왕'이라는 별명까지 얻었지만, 1199년 공성전(攻城戰) 중 화살에 왼쪽 어깨를 맞았고, 그 상처의 감염으로 죽음을 맞이했다. 오늘날에는 상처를 제대로 소독하고 항생제만 복용하면 나을 수 있을 경미한 부상이었지만 감염이 몸 전체로 퍼져 2주 만에 극심한 고통 속에서 허망하게 생을 마감한 것이다. 영국 역사상 가장 유명하면서도 논쟁적인 군주인 헨리 8세의 아들이자 그의 뒤를 이어 왕위에 오른 잉글랜드의 에드워드 6세는, 결핵으로 인한 합병증으로 오래 투병하다 1553년 열다섯 살의 어린 나이로 사망했다. 어린 국왕의 목숨을 앗아 간 결핵 역시 오늘날에는 조기에 진단하고 꾸준히 치료하면 충분히 극복할 수 있는 질병이 되었다.

19세기까지만 해도 최고의 의사들조차 어떻게 감염을 막아야 하는지 알지 못했다. 전쟁터의 야전병원에서는 팔다리에 사소한 부상만 입어도 감염의 확산을 막고 목숨을 건지기 위해 사지를 절단해야 했다. 에테르, 클로로포름과 같은 마취제도 19세기 중반에야 사용되기 시작했으므로, 당시의 사지 절단 수술은 마취도 없이 고통과 비명 속에서 이루어졌다. 1815년 나폴레옹의 워털루 전투가 끝난 뒤 야전병원 근처에는 톱질로 잘려 나간 팔다리가 산더미처럼 쌓였다고 한다. 그 시절 군에 징집된 목수와 도축업자는 흔히 의무대로 보내졌는데, 당시에는 수술이래야 칼질과 톱질 외에는 별다르게 손쓸 방법이 없었기 때문이다.[4]

19세기 말, 프랑스의 루이 파스퇴르(Louis Pasteur)와 독일의 로베르트 코흐(Robert Koch)는 미생물이 병을 일으킨다는 '세균 이론'을 입증하며 의료의 새로운 장을 열었다. 하지만 병의 원인이 밝혀졌다고 해도, 이 미생물을 제거할 치료법은 여전히 오리무중이었다. 그러던 중, 한 실험실에서 벌어진 작은 실수가 인류의 역사를 바꾸게 된다.

세렌디피티의 결정판, 플레밍의 곰팡이 실험

1928년, 런던의 세인트메리 병원 연구실, 스코틀랜드 출신의 세균학자 알렉산더 플레밍(Alexander Fleming)은 실험을 마친 뒤 여느 때처럼 실험 접시도 정리하지 않은 채 연구실을 나섰다. 휴가를 다녀온 후 연구실로 출근한 그는 접시에서 뜻밖의 장면을 목격했다. 한 접시에서 푸른곰팡이가 자라 있었고, 그 주변으로는 세균이 전혀 보이지 않았던 것이다. 플레밍 박사의 조수가 실수로 실험실 창문을 열어 놓았는데 창문으로 곰팡이 균이 우연히 날아들어 세균을 죽인 것이다. 이 곰팡이가 바로 페니실리움 노타툼(Penicillium notatum)이었고, 세균을 죽인 이 물질은 후

---

4 유발 하라리, 『사피엔스』, 김영사.

에 '페니실린'이라 명명되었다.

　플레밍은 이 발견을 중대한 가능성으로 인식했지만, 당시에는 페니실린을 대량으로 증식하고 정제해 내는 기술이 부족해 실용화할 수 없었고, 그의 발견은 의학계에서 잊힌 채로 무려 십여 년이나 묵혔다. 그러던 중 제2차 세계대전이 시작되었고, 군 당국의 지원으로 페니실린은 1940년대 초 다른 과학자들에 의해 마침내 실용화에 성공했다. 항생제의 대량 생산 역시 우연의 산물이었다. 한 주부의 장바구니 속에서 썩어 가던 멜론에서 채취한 곰팡이 균주가 기존보다 훨씬 많은 페니실린을 만들어 냈고, 이 발견은 새로운 배양 기술과 대량 생산 체계를 여는 결정적 계기가 되었다.[5] 이 항생제의 발견은 거듭된 우연이 만들어 낸 기적적인 사건으로, 흔히 세렌디피티(우연한 행운의 발견)의 대표적인 사례로 꼽힌다.

항생제의 대중화와 산업화

페니실린은 2차 세계대전 중 전장에서 부상병의 생명을 구하며 '기적의 약'으로 불렸다. 전쟁이 끝난 뒤, 항생제는 일반 병원에서도 널리 사용되기 시작했고, 제약회사들은 앞다퉈 새로운 항생제를 개발했다. 1950~1970년대는 항생제의 황금기로, 스트렙토마이신, 테트라사이클린, 에리스로마이신 등 수많은 약물이 쏟아져 나왔다. 그리고 이때부터 항생제의 무분별한 사용이 사회적 문제로 대두되기 시작했다. 단순한

5　이어령, 『젊음의 탄생』, 생각의나무.

감기에도 항생제가 처방되고, 가축의 성장 촉진을 목적으로 사료에 항생제가 첨가되면서 내성균이 등장한 것이다. 이러한 경험은 항생제가 만병통치약이 아니라 신중하게 사용해야 할 제한된 자원임을 일깨우는 중요한 교훈이 되었다.

오늘날 항생제 내성은 세계보건기구가 인류 보건을 위협하는 핵심 문제로 지목할 만큼 심각한 수준에 이르렀다. 새로운 항생제의 개발 속도가 둔화된 상황에서, 기존 약물을 어떻게 보존하고 관리할 것인가가 현대 의학의 중요한 과제가 되고 있다.

우리나라 + 항생제

우리나라에 항생제가 처음 전해진 시기는 해방 직후인 1940년대 말로 여겨진다. 다만 항생제가 의료 현장에서 본격적으로 쓰이기 시작한 것은 한국전쟁(1950~1953)을 거치면서였다. 전쟁터에 투입된 미군은 페니실린과 스트렙토마이신을 부상자 치료에 활용했고, 이 경험을 통해 항생제의 효과가 국내 의료계에도 점차 알려지게 되었다.

1950년대 중후반, 미국의 원조 물자를 통해 항생제가 대량으로 들어오면서 일반 병원에서도 점차 항생제를 사용하기 시작했다. 이어 1960년대에는 국내 제약회사들이 항생제 제제를 직접 생산하면서 보급이 본격화됐지만, 동시에 무분별한 사용이 새로운 문제로 떠올랐다. 1970~1980년대에는 의사들의 처방 관행과 이를 뒷받침하지 못한 정부 정책이 맞물리며 항생제 남용이 더욱 심각해졌다. 감기는 물론이고 단순한 두통에도 항생제가 처방되는 일이 드물지 않았다. 그 결과 우리나라는 1990년대에 세계에서도 손꼽히는 항생제 소비 국가가 되었고, 내성균 문제 역시 빠르게 확산되었다. 이에 2000년대 초반부터는 정부 주도의 항생제 적정 사용 캠페인과 처방 관리 제도가 시행되기에 이르렀다.

플레밍의 항생제 발견과 관련해 자주 언급되는 흥미로운 일화가 있다. 이 이야기는 사실 여부를 두고 논란이 있지만, 항생제가 인류의 운명을 어떻게 바꾸었는지를 상징적으로 보여 준다는 점에서 인상적이다.

전해지는 바에 따르면, 젊은 시절의 윈스턴 처칠이 시골에서 연못에 빠져 익사할 뻔한 것을 한 농부가 구해 주었고, 이에 감사한 처칠의 가족이 그 농부의 아들에게 교육 기회를 제공했다. 그 소년이 훗날 과학자로 성장한 알렉산더 플레밍이며, 수십 년 뒤 제2차 세계대전 중 폐렴에 걸린 처칠을 플레밍이 자신이 발견한 페니실린으로 구했다는 이야기다. 우연이 우연을 낳은 이 이야기는 세렌디피티가 어떻게 인류사를 바꾸었는지를 상징적으로 보여 주는 사례로 자주 회자된다.

항생제는 단순히 감염을 치료하는 약을 넘어, 현대 의학의 토대를 완전히 바꾸어 놓았다. 외과 수술, 장기 이식, 항암 치료, 조산아 관리 등 감염 위험이 높은 모든 의료 행위가 항생제를 전제로 가능해졌다. 인간의 평균 수명은 획기적으로 연장되었고, 전염병으로 인한 대량 사망이 줄면서 사회·경제 구조에도 큰 변화가 일어났다. 하지만 항생제는 만병통치약이 아니다. 남용이 부른 내성균은 다시 인류를 위협하고 있다. 이제 항생제는 질병과 싸우는 '무기'가 아니라, 사회 전체가 함께 관리하고 책임져야 할 '공공의 자원'이 되었다.

항생제의 역사는 과학과 우연이 함께 이루어 낸 이중주이며 인류 생존의 드라마다. 우리 사회 역시 항생제의 은혜와 부담을 함께 짊어지고 있다. 플레밍이 곰팡이 접시를 보고 품었던 그 호기심처럼, 우리도 질문을 멈추지 않아야 한다. "우리는 이 놀라운 약을 현명하게 사용할 준비가 되어 있는가?"

5

가장 인간적인, 가장 믿음직한 의료 도구
청진기

어렸을 때 집에 있는 라디오가 고장이 나면 동네 전기 제품 수리점(당시에는 '전파상'이라 불렸다)에 가서 수리를 맡기곤 했다. 그런데 재미있게도 모든 라디오 수리 과정의 첫 번째 단계는 라디오를 흔들어 보고 안에서 나는 소리를 듣는 것이었다. 전기 제품 내부가 고장이 났는데, 흔들어 보고 소리를 들으려 하다니. 지금 생각해 보면 우스꽝스러운 일이었지만 소리를 듣고 고장 부위를 찾는 것은 당시에는 라디오 말고도 흔한 일이었다. 그리고 신통하게도 전파상 주인은 덜거덕거리는 소리만으로 어느 부위가 고장 났는지 대충은 파악했다.

사실 이런 방식은 요즘도 크게 다르지 않다. 자동차가 고장이 나면, 실력 있고 경험 많은 자동차 수리공은 자동차 엔진 소리만 듣고도 고장 원인을 대충은 파악할 수 있다. 어찌 보면 사람도 내부에 많은 부품(가족 장기)과 전선(혈관)이 복잡하게 얽혀진 장치로, 어딘가 고장이 나면 일단은 그 소리부터 평소와는 다르다. 이렇게 '청진(聽診)', 즉 소리를 듣고 진찰하는 것은 고대는 물론, 현대에도 가장 기본적인 진찰 방법이다. 다른 점이라면, 오늘날은 청진기를 통해 몸속의 소리를 듣지만 옛날에는 환자의 몸에 직접 귀를 갖다 대고 소리를 들었다는 정도이다.

몸속의 소리를 듣고자 했던 오랜 시도들

고대 그리스 시대, 히포크라테스는 이미 환자의 가슴이나 배에 직접 귀를 대고 심장, 폐, 장에서 나는 소리를 들으려 했다는 기록이 있다. 그는 환자의 흉부를 두드린 뒤(타진법[打診法]), 그 진동을 귀로 감지하는 방법도 사용했는데, 이는 오늘날 물리 진단학의 시초라 할 수 있다.

중세와 르네상스 시대에도 의사들은 환자의 몸속을 '귀 기울여' 탐

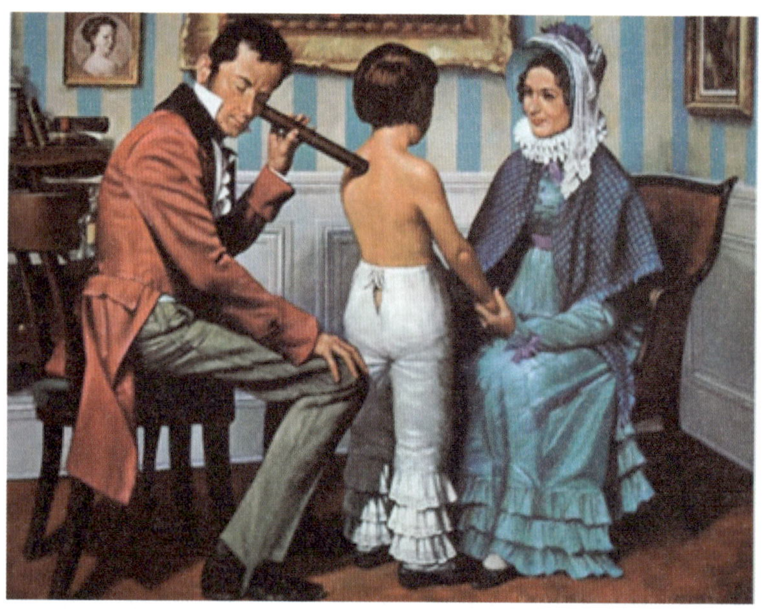

르네 라에네크가 고안한 초기 청진기로 환자를 청진하는 모습의 상상도.

색했다. 그러나 맨몸에 귀를 직접 대는 방법으로는 소리를 제대로 들을 수 없었고, 환자에게 불편과 수치심을 주었다. 특히 여성 환자를 진료할 때는 당시 사회적·문화적 제약 때문에 더욱 쉽지 않았다. 그래서 몇몇 의사들은 긴 관, 대나무, 금속 튜브 등을 사용하기도 했으나 이와 같은 방식으로는 제대로 된 진단 결과를 얻을 수 없었다.

17세기와 18세기에는 해부학이 발달하며 심장과 폐의 구조가 알려 졌고, '몸속에서는 반드시 소리가 난다'는 인식이 확산되었다. 하지만 귀로 듣는 직접 청진은 여전히 한계가 있었다. 1816년 프랑스의 의사 르네 라에네크(Rene Laennec)의 발명은 바로 이런 오랜 탐구의 결과로 나온 혁신이었다.

청진기의 탄생과 발전

어느 날 젊은 여성 환자를 진료하던 라에네크는 심장 소리를 듣긴 들어 야 하는데, 환자의 가슴에 직접 귀를 대는 방식이 무례하다고 느꼈다. 그는 순간적인 착안으로 종이를 돌돌 말아 관처럼 만들어 귀에 대었고, 그 결과 훨씬 또렷하게 소리가 들린다는 사실을 발견했다. 이 단순한 발 상이 훗날 최초의 청진기로 이어졌다.

초기 청진기는 나무로 만든 단일 관 형태였다. 라에네크는 이 도구 를 'stethoscope(그리스어로 stethos은 '가슴', skopein은 '관찰하다'라는 뜻)' 라 명명했고, 1819년 『청진을 통한 흉부 질환 진단』이라는 책을 펴내 며 청진기를 의학계에 소개했다. 당시에는 낯설고 기묘한 발명품이었 지만, 이는 곧 프랑스를 넘어 유럽 전역으로 확산되었다.

19세기 중반에 들어서면서 목제 청진기는 금속과 고무를 활용해 양쪽 귀에 갖다 댈 수 있는 형태의 청진기로 발전했다. 1852년, 미국의 내과 의사 조지 캐먼(George Cammann)이 양쪽 귀에 꽂는 청진기를 고안하면서 오늘날 우리가 흔히 보는 청진기의 기본 형태가 확립되었다. 이

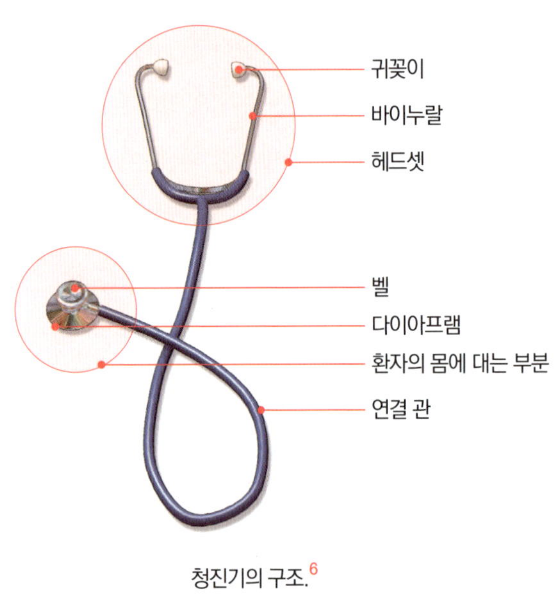

청진기의 구조.[6]

---

6 청진기의 구조를 보면, 소리를 모으는 흉부 접촉부는 두 가지 면으로 이루어져 있다. 한쪽은 '다이아프램(diaphragm)'이라 불리는 평평한 떨림판으로, 폐음이나 장음처럼 비교적 높은 주파수대(약 100Hz~1kHz)의 소리를 듣는 데 적합하다. 다른 한쪽은 안쪽이 오목한 종 모양의 구조로, '벨(bell)'이라 하며 심장 박동음과 같이 낮은 주파수대(약 20Hz~200Hz)의 소리를 보다 잘 전달한다. 진료 중 의사가 환자에게 잠시 숨을 멈추도록 요청하는 것은, 호흡음의 간섭을 줄여 미세한 심장음을 정확하게 듣기 위해서다.

는 심음(心音), 호흡음, 장음(腸音) 등 인체에서 발생하는 미세한 소리를 정밀하게 듣게 해 주었다. 세월이 흐르면서 청진기는 계속 발전했지만 청진기의 원리와 구조(환자의 몸에 대고 소리를 모으는 부분, 연결 관, 헤드셋)는 그대로 유지되었다.

한번은 그토록 단순하게 생긴 청진기로 과연 소리를 제대로 들을 수 있을지, 신체 부위별로 구분 가능한 소리가 들리는지 궁금하기도 하고, 솔직히 미덥지도 않아서, 의사인 친구를 졸라 청진기를 내 몸에 대고 소리를 들어본 적이 있다. 그랬더니 놀랍게도 내 몸속에서 누군가 마룻바닥을 쿵쿵거리며 걷는 듯한 소리(심음), 문풍지 사이로 들리는 바람 소리(호흡음), 시냇물 흐르는 소리(장음) 등 온갖 소리가 꽤 크게 들리는 것이었다. 정상 성인의 경우 심음은 약 20~40dB 정도라고 하니, 이는 조용한 방에서 속삭이는 소리와 비슷한 크기다. 또한 의학에 문외한인 나에게는 그 소리가 그 소리지만, 전문 의사라면 정상적인 소리와 비정상적인 소리를 충분히 구분할 수 있음 직했다. 그 후로는 병원에서 의사가 내게 청진기를 갖다 댈 때마다 청진기에 대한 신뢰감은 물론 의사 선생님에 대한 존경심도 생겨났다.

20세기 이후 청진기는 점차 가벼워지고 인체 공학적으로 개선되었으며, 재질과 음향 전달력이 향상되었다. 21세기에는 디지털 기술과 인공지능이 접목된 전자 청진기가 등장해 잡음을 제거하고, 소리를 증폭·기록·전송할 수 있게 되었다. 원격 진료의 시대, 청진기는 단순한 청취 도구를 넘어 데이터 플랫폼으로 변모하고 있다.

우리나라 + 청진기

우리나라에 청진기가 본격적으로 도입된 것은 19세기 말 개화기였다. 1885년 고종의 명으로 설립된 제중원(세브란스병원의 전신)은 서양식 의료 기기를 적극 수입했고, 그중 하나가 청진기였다. 당시 우리나라 의사들에게 청진기는 단순한 도구가 아니라 '서양 의술'의 상징이었다. 일제 강점기에는 일본을 통해 청진기가 널리 유입되었고, 의학 교육 과정에서 청진법이 필수 과목이 되었다. 1950~1960년대 의료 체계가 재정비되면서 청진기는 전국 병원과 보건소의 기본 장비가 되었으며, 결핵이 만연했던 시기에는 환자의 폐 상태를 가늠하는 거의 유일한 수단이었다.

1970년대 이후 국내 의료 기기 산업이 빠르게 성장하면서 청진기도 국산화되었다. 청진기는 곧 저렴한 가격으로 보급되며 일선 의원까지 빠르게 확산되었고, 오늘날 우리나라 의사들은 첨단 장비를 사용하면서도 여전히 환자를 처음 만날 때는 청진기를 꺼낸다. 이는 청진기가 단순한 기구를 넘어 의사와 환자 사이의 접점, 또는 신뢰의 상징이 되있음을 보여 준다.

청진기를 발명한 라에네크는 평생 결핵 환자를 진료했는데, 결국 본인도 결핵에 걸려 45세의 젊은 나이에 세상을 떠났다. 그는 죽기 전 제자들에게 "내가 평생 들어온 그 소리가 이제 내 몸에서도 들린다"라는 말을 남겼다고 전해진다. 발명가이자 의사였던 라에네크의 왠지 찡한 일화이다.

청진기와 관련된 또 하나의 유명한 일화는 영국에서 전해진다. 청진기가 처음 등장했을 때, 많은 의사들은 이를 진지한 진단 도구라기보다 '장난감'처럼 여기며 회의적인 반응을 보였으나 젊은 의사들이 청진기를 활용해 심장 판막 질환을 조기에 진단해 내기 시작하자, 이러한 인식은 점차 바뀌었다. 결국 회의적이던 선배 의사들까지도 청진기를 받아들이게 되었고, 이 기구는 빠르게 임상 현장의 표준 도구로 자리 잡았다.

청진기는 단순한 도구가 아니라, 의학이 환자의 몸속을 과학적으로 '듣는' 시대를 연 출발점이었다. 청진기는 값비싼 장비 없이도 몸속의 질환을 진단할 수 있었기에, 전 세계 어디서나 사용할 수 있는 보편적 도구가 되었다. 개발도상국과 전쟁터, 재난 현장에서도 청진기는 여전히 가장 믿음직한 의료 도구이다. 무엇보다 의사가 환자의 가슴에 청진기를 대고 숨결을 느끼는 행위는 단순한 검사 그 이상의 의미를 가진다. 이는 환자에게 '나를 진심으로 살펴본다'는 신뢰를 주는 행위이며, 의사에게는 환자의 몸과 직접 연결되는 의학적·인간적 접점을 만들어 준다. 모든 것이 빠르게 디지털화되고, 비대면으로 전환되어 가는 세상에서, 청진기는 가장 아날로그적이면서도 신뢰할 만한 방식으로 인간을 연결하고 진찰하는 아주 소중한 물건임에 틀림없다.

6

인류의 몸속을 탐색해 온 긴 여정
내시경

우리나라에서만 매년 200만 건 이상 이루어지는 위·대장 내시경 검사는 우리 국민의 대표적 암인 위암과 대장암을 조기에 진단할 뿐만 아니라 암을 비롯한 병변을 절제하는 치료에도 널리 활용되고 있다. 나 역시 매년 회사 임직원 건강검진으로 내시경 검사를 받는데, 수면 상태에서 내시경 검사를 할 때면 분명히 입에 마우스피스를 꽂은 것까지는 기억이 나는데 그 후 기억은 없고, 잠깐 한숨 자고 나면 어느새 회복실에 누워 있는 나 자신을 발견한다. 물론 아무 고통도 없이 말이다. 그리고 그 짧은 시간 동안에 의사는 내 속을 다 들여다보고, 떼어 낼 것이 있으면 떼어 내기까지 한다고 하니, 그 기술에 탄복하지 않을 수 없다.

어김없이 건강검진 날짜가 다가오면 이번에는 또 뭔가 이상한 것이 새로 발견되지는 않을까 걱정도 되지만, 일단 내시경 검사에서 별 이상이 없다는 말을 들으면 다음 1년 동안은 발 뻗고 지낼 수 있다. 이렇게 정확하면서도 간편한 내시경 검사는 이제 전 국민 암 진단의 필수 항목이 되었지만, 내시경 검사가 오늘날의 모습으로 발전하기까지는 꽤 오랜 시간이 걸렸다.

여러 가지로 불편한 '거울 검사'

인체 내부를 들여다본다는 발상은 기원전 고대 그리스, 이집트 시대부터 존재했는데, 당시에 청동 거울과 단순한 관을 이용해 직장이나 인후를 살피려 했다는 기록이 문헌에 남아 있다. 당시에는 주로 말을 타고 이동을 했기 때문에 치질을 앓는 사람이 많았는데, 치질 치료를 위해 항문 내부를 관찰하고 불로 지져 치료하던 것을 내시경 검사와 치료의 시발점으로 본다. 그러나 이것은 오늘날 우리가 생각하는 내시경이라기보다는, 불편한 거울 검사에 가까웠다.

근대적 내시경의 출발은 19세기 초로 거슬러 올라간다. 1805년 독일의 의사 필립 보치니(Philipp Bozzini)가 고안한 '광도관(Lichtleiter, 빛을 인도하는 관)'이 그 시초다. 그는 광도관 장치 안에 촛불을 켜 두고 그 빛을 반사경으로 모아 인체 내부를 비추려 했는데, 주로 인후부와 직장 검사를 위해 사용했다. 당시에는 혁신적인 발명이라 동료 의사들에게 큰 반향을 불러일으켰지만 보수적인 정통 의료계는 이를 '쓸데없는 장난'으로 치부했고, 결국 보치니는 학계로부터 배척을 당하기에 이르렀다. 그러나 그는 오늘날 '내시경의 아버지'로 불리고 있다.

이후 내시경은 '빛을 어떻게 효과적으로 전달할 것인가'라는 문제를 중심으로 발전했다. 1853년 프랑스의 앙토냉 장 데조르모(Antonin Jean Desormeaux)는 렌즈와 반사경, 알코올램프를 결합해 이전보다 훨씬 실용적인 관찰 기구를 개발하고, 이를 '내시경(endoscope)'이라는 이름으로 공식 발표했다. 이로써 내시경이라는 용어는 비로소 의학 용어로 정착하게 되었다.

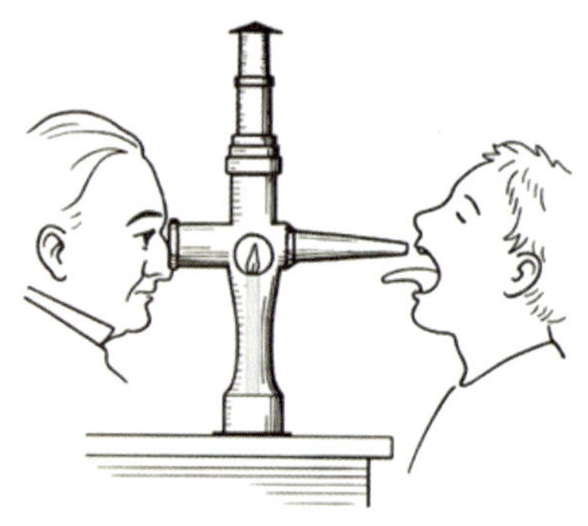

필립 보치니의 광도관 사용 장면을 그린 상 상도.

19세기 후반에는 에디슨이 전구를 발명하면서 새로운 전기가 마련됐다. 1880~1881년경, 독일의 비뇨기과 의사 막시밀리안 니체(Maximilian Nitze)는 내시경 끝에 작은 백열전구를 삽입하는 데 성공해 내시경의 관찰 시야를 획기적으로 개선시켰다. 이는 세계 최초의 '전기 조명 내시경'으로 인정받고 있다.

'보는 기계'에서 '치료하는 기계'로

20세기 초에는 독일의 위장병 전문의사 루돌프 신들러(Rudolf Schindler)가 위내시경을 체계화해 '현대 위내시경의 창시자'로 불리게 된다. 그는 유연한 튜브, 조명 시스템, 확대 렌즈를 결합해 위를 상세히 관찰할 수 있는 장비를 만들었고, 1932년에는 세계 최초의 위내시경 교과서를 출간하기도 했다. 그가 만든 반(半)굴곡성 위내시경은 내시경 검사의 범위를 복부까지 넓혀 수술 없이 진단과 일부 치료를 가능하게 했다.

무엇보다 내시경 발전의 진정한 도약은 1950~1960년대에 이루어진 광섬유 기술의 도입으로 가능해졌다. 석영 유리섬유를 이용한 광전달 기술이 의료 기기에 적용되면서, 이전에는 불가능했던 가늘고 유연한 내시경이 탄생한 것이다. 1957년 미국의 바실 허시위츠(Basil Hirschowitz)가 제작한 유연성 광섬유 내시경은 현대 내시경학의 결정적 전환점으로 평가된다. 이후 의사들은 위, 십이지장뿐 아니라 대장, 기관지, 담도 등 다양한 장기를 구석구석 들여다볼 수 있게 되었다. 이 무렵 내시경 관의 굵기도 가늘어졌다. 초창기 경직성(硬直性) 내시경은 직경이 1cm가 넘는 경우가 흔해 환자들이 큰 고통을 겪었고, 이름 그대로 딱딱한 직선 형태의 금속관으로 만들어졌기 때문에 직선으로만 삽입할 수 있어, 직장, 식도 상부처럼 비교적 곧은 통로만 관찰할 수 있었다.

한편, 광섬유 기술과 재료 공학의 발달로 내시경 관은 점점 가늘어졌다. 오늘날 위·대장 내시경은 직경 약 10mm, 소아용이나 코로 삽입하는 경비(經鼻) 내시경 등 특수 목적 내시경은 직경이 약 5mm 정도로 줄어들어 환자의 불편을 크게 덜어 주고 있다. 특히 경비 내시경은 검사 중 혀가 자유롭기 때문에 의사와 대화도 가능하다.

1970~1980년대에는 카메라 기술의 발달로 내시경 영상이 더욱 선명해졌고, 내시경에 장착한 카메라를 외부 모니디로 연결해 영상을 전송할 수 있어 여러 의사가 동시에 영상을 보며 토론할 수 있게 되었다. 과거에는 혼자서 망원경을 들여다보듯 검사했지만, 이제는 교육과 협진까지 가능해진 것이다.

1980~1990년대 일본과 우리나라 등 아시아에서 미다졸람 같은 진

정제를 활용한 '수면 내시경' 방식이 보급되기 시작했고, 이후 전 세계적으로 확산되었다. 이는 환자들이 내시경에 대한 두려움을 줄이고 검사율을 높이는 데 결정적인 역할을 했다.

1990년대에는 전자 영상 내시경이 본격적으로 보급되었는데, 카메라 소자가 소형화되면서 내시경 끝에 CCD(Charge-Coupled Device) 센서를 부착해 고화질 영상을 제공할 수 있게 된 것이다. 이후 내시경은 단순 관찰 도구를 넘어, 치료 도구로도 진화했다. 고주파 전류를 이용한 용종 절제, 내시경 점막 절제술, 스텐트 삽입 등 다양한 시술이 가능해진 것이다.

21세기에 들어서는 캡슐 내시경이 등장해 환자들이 작은 알약 모양의 카메라를 삼키기만 하면 소화관 전체를 촬영할 수 있게 되었다. 이는 환자의 고통을 줄이고, 장의 깊은 부분까지 관찰할 수 있는 획기적인 진보였다. 최근에는 인공지능(AI)이 접목되어 내시경 영상에서 미세한 병변을 자동으로 인식하는 연구가 활발히 진행 중이며, 3D 영상, 로봇 내시경, 원격 내시경 등도 의료 현장에 속속 도입되고 있다. 이처럼 내시경의 역사는 의학은 물론이고, 광학, 재료 공학, 전자 공학, 그리고 최첨단 인공지능 기술까지, 사람의 질병을 진단하고 치료하기 위해 함께 협업해 이루어 낸 드라마 같은 역사이다.

우리나라 + 내시경

우리나라에 내시경이 도입된 것은 1950년대 후반~1960년대 초이며, 이는 광섬유 내시경의 세계적 보급 시기와 맞물린다. 초기에는 일본을 통해 수입된 경직성 내시경이 대학병원에서 제한적으로 사용되었고, 본격적으로 내시경 검사가 대중화되기 시작한 것은 1970년대 후반 이후다. 이 시기 서울대학교병원, 연세대학교 세브란스병원 등 주요 대학병원에서 최신식 위·대장 내시경 장비를 도입하고 전문 인력을 양성하면서 내시경학회가 결성되었다.

1980년대에는 전국 종합병원으로 내시경 장비 보급이 확대되었고, 1990년대에는 고화질 전자 내시경이 도입돼 진단의 정확도를 높였다. 이후 국가 건강검진 제도에 내시경 검사가 포함되면서, 우리나라는 세계적으로 위암 조기 발견율이 가장 높은 나라 중 하나가 되었다. 또한 우리나라는 내시경 장비와 기술 수준에서도 세계 선두권에 자리하고 있으며, 많은 외국 의사들이 우리나라에서 연수를 받을 정도이다.

내시경 역사에는 흥미로운 에피소드도 많다. 19세기 보치니의 광도관은 당시 의사들에게 '이단적인 장난감' 취급을 받았다. 심지어 빈 의사협회는 그를 학계에서 추방하려고까지 했지만 오늘날 그의 이름은 내시경 교과서에 길이 남아 있다. 또 하나 유명한 일화는 내시경 개발자들이 종종 자기 몸을 실험 대상으로 삼았다는 점이다. 바실 박사는 최초의 유연성 내시경을 시험하는 과정에서, 기기의 안전성과 가능성을 확인하기 위해 직접 자신의 몸에 삽입해 보는 실험을 감행했다고 전해진다.

현대에 들어서도 이러한 전통은 이어져, 캡슐 내시경을 개발한 연구자들

역시 스스로 캡슐을 삼키며 임상 실험에 참여했다. 환자의 불편을 줄이려는 의료 기술의 발전은 이처럼 의사이자 연구자인 개인의 호기심과 희생의 역사 위에서 이루어져 온 셈이다.

　내시경은 단순한 의료 기구 이상의 의미를 지닌다. 과거에는 위암이나 대장암 같은 소화기 질환이 발견되면 이미 상당히 진행된 경우가 많았다. 그러나 내시경 덕분에 사람들은 정기적인 검진을 통해 병을 초기에 발견하고 치료할 수 있게 되었다. 수술에 의존하던 과거와 달리, 오늘날에는 내시경 시술을 통해 용종을 제거하거나 출혈을 즉각적으로 지혈하는 등 환자의 신체적 부담과 고통을 크게 줄이는 치료가 가능해졌다. 이런 변화는 평균 수명의 연장과 삶의 질 향상에 결정적으로 기여했고, 의학의 발전 방향에도 깊은 영향을 미쳤다. 인간의 장기와 병변이 눈앞에 직접 드러나면서, 의학은 가설과 추론에 의존하던 단계에서 관찰과 증거에 기반한 학문으로 도약했으며, 그 결과 내시경은 오늘날 현대인의 건강을 가장 가까이에서 지켜보는 핵심 의료 도구로 자리 잡았다.

7

가축의 소변부터 불소치약까지
칫솔과 치약

누군가 나에게 '이것 없이는 도저히 살 수 없을 것 같은 물건' 열 가지를 고르라고 한다면, 나는 망설임 없이 그중 하나로 칫솔을 꼽을 것이다. 나의 하루는 칫솔질로 시작해 칫솔질로 마무리되고, 사무실에서 아무리 피곤하고 졸음이 쏟아질 때도 양치질 한 번이면 그 상쾌함과 회복된 집중력이 적어도 몇 시간은 이어진다. 그래서 출장을 가든 어디를 가든, 가장 먼저 챙기는 준비물은 늘 칫솔이다.

마트 진열대에는 흔하디 흔한 수많은 종류의 칫솔이 언제나처럼 소비자의 선택을 기다리고 있지만, 나에게 칫솔은 최고 사양의 컴퓨터 못지않게—어쩌면 그보다 더—삶에 유용한 도구다. 실제로 미국 매사추세츠공과대학교(MIT)는 발명과 혁신을 장려하기 위해 '레멜슨-MIT상(Lemelson-MIT Prize)'을 제정하고, 매년 미국인을 대상으로 '없으면 살 수 없는 발명품'을 묻는 설문을 진행해 왔는데, 2003년에는 자동차, 컴퓨터, 휴대전화, 전자레인지 등을 제치고 칫솔이 1위로 선정되기도 했다.

인류와 구강 위생의 시작

오늘날의 칫솔 형태는 근대에 와서야 갖춰졌지만, 고대 원시 사회에서도 어떤 형태로든 양치질은 존재했다. 인류가 음식을 먹기 시작한 이래, 치아는 생존과 직결된 '도구'인 동시에 음식 찌꺼기와 세균이 쌓이는 장소였기 때문이다. 고대 문명에서 발견된 인류의 머리뼈들을 보면 충치나 치석의 흔적이 흔한데, 이런 문제를 해결하기 위해 사람들은 오래전부터 '이를 닦는 행위'를 시도했다.

기원전 3500년경 메소포타미아와 이집트에서는 나뭇가지를 씹어 치아를 문지르거나, 동물 뼈나 깃털 끝을 이용해 이 사이를 청소했다는 기록이 남아 있다. 치아 사이의 이물을 제거하는 것은 사람뿐 아니라 다른 동물들에게도 중요한 일이다. 악어와 악어새는 치아 청소를 통해 상호 공생한다. 초원의 최상위 포식자인 사자도 가끔은 풀이나 나뭇잎을 씹거나 삼키는 모습이 관찰되는데, 이는 치아 사이에 낀 고기 섬유질을 제거하기 위한 행위로 여겨진다. 이집트 무덤에서는 '치아 세정용 막대기'가 발견되었는데, 이는 일종의 원시적 칫솔로 볼 수 있다.

고대 중국에서는 대나무, 버드나무 가지를 씹거나, 그 끝을 잘게 씹어 솔처럼 만들어 이를 닦았다. 인도와 중동 지역에서는 오늘날에도 니임(neem, 멜리아과 식물)이나 살바도라 페르시카(Salvadora persica), 이른바 '미스왁(Miswak)'이라 불리는 나뭇가지를 칫솔 대신 사용하는 경우가 있는데 이는 고대부터 이어져 온 구강 위생 습관이 현대까지 남아 있는 사례라 할 수 있다. 특히 미스왁의 구강 건강 효과는 세계보건기구에서도 인정하고 있으며, 항균 작용, 치석 형성 감소, 잇몸 건강 개선과 관련된 연구 결과들이 보고되어 있다.

치약의 기원도 놀라울 만큼 오래되었다. 고대 이집트인들은 분쇄한 소뼈, 조개껍데기, 숯, 약초 등을 섞어 만든 가루를 치아 세정제로 사용했다. 로마 시대에는 더 기괴한 재료가 쓰였는데, 가축의 소변(암모니아가 포함되어 세정 효과가 있다고 알려졌다)을 이용하기도 했다. 중국에서는 인삼, 소금, 녹차 등을 섞은 가루가 치약 역할을 했다. 물론 이런 치약은 지금의 개념과는 거리가 있었지만, 사람들이 치아 건강을 위해 얼마나 다양한 방법을 고민했는지를 잘 보여 준다.

'닦는 행위'에서 '칫솔질'로의 전환

현대적 칫솔의 전환점은 15세기 중국 명나라 때 마련되었다. 대나무 손잡이에 돼지털을 묶어 만든 칫솔이 등장했는데, 이것이 오늘날 우리가 사용하는 칫솔의 원형으로 평가된다. 이 발명품은 17세기 무렵 유럽으로 전해졌으며, 이후 말 털이나 말총을 이용한 유럽식 칫솔로 발전했다. 1780년에는 영국의 기업가 윌리엄 애디스(William Addis)가 뼈 손잡이에 동물 털을 고정한 칫솔을 대량 생산하는 데 성공하면서, 칫솔은 본격적인 생활용품으로 자리 잡기 시작했다.

19세기 후반, 산업혁명과 위생학 발달은 칫솔과 치약의 대중화를 불러왔다. 1900년 전후에는 칫솔 모가 돼지털에서 점차 나일론 섬유로 바뀌기 시작했는데, 이는 훨씬 위생적이고 사용하기 편리했다. 1938년 듀폰(DuPont)사가 최초의 나일론 칫솔을 출시하면서 현대적인 칫솔의 시대가 열렸다.

치약은 19세기 말에 이르러서야 오늘날처럼 관(튜브)에 담아 짜서 사용하는 형태로 자리 잡았다. 미국의 콜게이트(Colgate)는 1890년대 금속 튜브에 담긴 치약을 상업적으로 판매하며 대중화의 계기를 마련했다. 이후 20세기 중반에는 불소(fluoride)를 첨가한 치약이 등장해 충치 예방 효과를 획기적으로 끌어올렸다. 여러 연구에 따르면, 영구치에 불소치약을 사용할 경우 비(非)불소치약에 비해 충치 발생률을 약 25% 정도 낮출 수 있는 것으로 보고되고 있다.

우리나라 + 칫솔과 치약

우리나라에서는 조선 시대까지만 해도 이를 '닦는' 습관이 널리 퍼져 있지 않았다. 대신 소금으로 입안을 헹구거나, 버드나무 가지를 씹는 전통적인 구강 위생법이 일반적이었다.

근대적 칫솔과 치약은 개항 이후 서구 문물이 들어오면서 본격적으로 도입되기 시작했다. 20세기 초, 일본을 통해 서양식 칫솔과 치약이 전래되었고, 1910년대 신문 광고에 치약이 소개되기 시작했다. 일제강점기에는 '동양치약'과 같은 일본계 브랜드가 판매되면서 점차 대중에게 알려졌다. 광복 이후에는 국내 기업들이 자체적으로 치약을 생산하기 시작했고, 1950~1960년대에 들어서면서 칫솔과 치약 사용이 본격적으로 확산되었다. 이때 치약 보급을 이끈 주요 기업은 '락희화학공업사(현재 LG화학)'로, 그들이 출시한 럭키치약이 대표적인 제품이었다. 럭키치약은 당시 미국산 원료와 처방을 사용해 고급품 이미지를 강조했는데, 1956년 HLKZ-TV(우리나라 최초의 TV 방송국인 대한방송) 개국과 함게 방송된 광고는 우리나라 애니메이션의 시초로 기록된다. 이 제품은 출시 후 불과 3년 만에 외국산 제품인 콜게이트를 제치고 국내 시장에서 큰 인기를 끌었으며, 손가락에 소금을 묻혀 이를 닦던 전통적인 양치 문화를 변화시키는 데 크게 기여했다.

1970년대 이후 보건 교육과 텔레비전 광고를 통해 칫솔질이 국민 보건의 중요한 습관으로 자리 잡았으며, 오늘날 우리나라는 세계적으로 구강 위생 수준이 높은 나라 중 하나로 평가받는다.

윌리엄 애디스는 1780년대 영국의 감옥에 수감되어 있던 시절, 식사 후 남은 동물 뼈에 작은 구멍을 뚫고 그 안에 돼지털을 심은 뒤 접착제로 고정해, 오늘날의 칫솔과 유사한 형태의 '치아 닦는 도구'를 만들었다. 그는 출소 후 이 아이디어를 상품화해 큰 성공을 거두었으며, 현재까지도 근대적 칫솔 산업의 선구자로 평가받고 있다.

칫솔에 관한 또 하나의 흥미로운 일화는 제2차 세계대전과 관련이 있다. 전쟁 기간 동안 미군은 병사들의 전투력과 위생 관리를 위해 구강 위생을 엄격히 교육하고 칫솔질을 일상화했는네, 전쟁이 끝닌 뒤 사회로 복귀한 참전 군인들은 이런 생활 습관을 자연스럽게 이어 갔고, 그 결과 칫솔질은 미국 사회 전반으로 빠르게 확산되며 대중적인 위생 습관으로 자리 잡게 되었다. 20세기 초 미국의 한 치약 광고는 '이 치약을 쓰면 치아가 하얗게 빛난다'는 문구를 내세웠는데, 여기서 처음 등장한 표현이 바로 'Toothpaste

Smile(치약 미소)'이었다. 이는 오늘날까지도 '환한 미소'를 뜻하는 영어 표현 (toothpaste-smile)으로 쓰이고 있다.

칫솔과 치약은 단순히 이를 닦는 도구가 아니라, 인류의 건강과 삶의 질을 근본적으로 바꾼 발명품이다. 요즘에야 치아 한두 개쯤 잃어도 임플란트를 심으면 된다지만, 옛날에는 치아를 잃으면 음식을 균형 있게 섭취하지 못해 영양 불균형을 초래하고, 여러 다른 질병의 원인이 되어 수명을 단축하기도 했다. 하지만 현대적 칫솔과 불소치약의 보급은 충치 발생률을 획기적으로 낮췄다. 칫솔과 불소치약의 보급이 인류의 구강 건강은 물론, 신체 건강에 얼마나 큰 기여를 했는지에 대해서는 수많은 조사 및 통계 자료가 입증하고 있다. 또한 구강 위생은 사회적 자신감, 대인 관계에도 큰 영향을 끼쳤다. 입 냄새 없이 환한 미소는 현대인들에게는 중요한 사회적 자산이기 때문이다. 따라서 칫솔과 치약은 작은 발명품이지만, 인류의 건강 수명을 연장하고 삶의 질을 향상시킨 '위대한 생활 혁명'이라 평가할 수 있다.

지금까지 칫솔과 치약이 얼마나 쓸모 있는 물건인지 길게 나열했고, 내 구강 청결도는 누구와 비교해도 뒤지지 않지만, 실상 내 치아 상태는 그리 자랑할 형편은 못 된다. 구강 관리를 게을리해서라기보다는 오히려 지나치게 한 결과이다. 나는 글씨를 쓸 때 볼펜을 꾹꾹 눌러서 쓰고, 샤워를 할 때도 이태리타월로 빡빡 문지르는 습관이 있다. 이런 습관은 양치질할 때도 그대로 드러나, 자주 닦고 힘껏 닦아야만 직성이 풀린다. 잘못된 양치 습관이 치아를 오히려 빨리 마모시키고 균열을 일으킨 것이다. 치과에 갈 때마다 듣는 의사의 조언은 늘 한 가지이다. "부드러운 칫솔로 구석구석 살살 닦으세요." 명심하길 바란다. 양치질도 과유불급(過猶不及)이다.

8

더 밝게, 더 자신 있게 세상 보기
안경

옛말에 "몸이 열 냥이면 눈이 아홉 냥"이라고 했다. 그만큼 눈은 인간에게 무엇보다 소중한 기관이며, 건강한 눈으로 세상을 또렷하게 바라보는 일은 누구에게나 간절한 바람이다.

새, 특히 매는 눈의 황반에 사람보다 5배나 많은 시세포가 모여 있어, 사람보다 4~8배나 멀리 볼 수 있다고 한다. 수백 미터 상공에서 땅이나 물에 있는 작은 먹잇감을 보고 순식간에 수직으로 내리꽂는 매의 사냥 실력은 감탄을 자아낸다. 굳이 인간의 시력 기준으로 따지자면 매의 시력은 약 9.0이라고 하니, 나처럼 시력이 안 좋은 사람들에게 매는 그저 부러움의 대상이다. 그래도 현대에는 과학 기술의 발달로 좋은 안경이 많이 개발되어 있다. 이가 없으면 잇몸으로 산다고, 시력이 나빠도 그에 맞는 안경이 개발되어 있다는 것은 얼마나 고맙고 다행스리운 일인지 모른다.

인류는 먼 옛날부터 더 잘 보기 위해 많은 노력을 기울여 왔다. 고대 이집트에서는 수정(크리스털)을 사용해 사물을 확대해서 보려 했고, 로마에서는 물을 담은 유리구슬을 통해 글자를 크게 보는 방법이 쓰였다. 이 장치들은 오늘날의 안경과는 거리가 있지만, 작은 물체도 제대로 보고 싶은 인간의 욕망을 잘 대변한다.

안경의 탄생부터 대중화까지

본격적인 안경의 발명은 13세기 후반 이탈리아에서 이루어졌다. 1286년경 피렌체의 장인들이 두 개의 볼록렌즈를 금속 틀에 끼워 코 위에 얹는 장치를 만들었다는 기록이 전해진다. 초기 안경은 귀에 거는 다리가 없어 손으로 잡거나 코에 단순히 올려두는 방식이었다.

르네상스 시대를 거치며 광학에 관한 과학적 연구가 이루어지기 시작했고, 안경은 학자와 수도사, 화가들의 필수품이 되었다. 레오나르도 다빈치는 시각(視覺)과 광학에 큰 관심을 두었고, 눈의 구조와 빛의 굴절 원리를 깊이 탐구했다. 그는 망막의 기능, 각막과 수정체의 역할, 빛의 굴절 등을 연구하며 여러 스케치를 남겼는데, 여기에는 렌즈와 관련된 아이디어도 포함되어 있다.

특히 주목할 만한 것은 그의 코덱스 레스터(Codex Leicester)[7]와 다른 필사본들에 나오는 물 안경(water lenses) 아이디어이다. 그는 "만약 눈

7　코덱스 레스터의 'Codex'는 라틴어로 '책', '사본'이라는 뜻이며, 'Leicester'는 영국의 귀족 레스터 백작의 이름이다. 코덱스 레스터는 레오나르도 다빈치가 1508년 무렵에 육필로 작성한 그의 과학 저술 모음집을 레스터 백작이 1719년에 구입하면서 붙여진 노트의 이름이다. 이 노트에는 물의 흐름, 달빛의 기원 등 여러 자연 현상에 대한 레오나르도 다빈치의 과학적 아이디어들이 기록되어 있다. 그 후 이 노트의 주인이 몇 번 바뀌었는데, 1994년에 빌 게이츠가 뉴욕 크리스티 경매에서 약 3000만 달러에 낙찰받아 소유하며 현재에 이르고 있다. 이는 역대 가장 비싼 원고 판매 기록이다.

앞에 곡면이 있는 투명 용기를 두고 그 안에 물을 채우면, 시야가 확대되거나 왜곡될 수 있다"는 개념을 기록했고, 이는 훗날 콘택트렌즈 발명의 사상적 토대로 평가된다. 뒤이어 갈릴레이와 케플러는 광학적 원리를 응용해 망원경과 현미경을 발명했다. 이러한 기술적 진보는 모두 안경 기술과도 깊은 연관이 있었다.

18세기 이후 유럽에서는 인쇄술과 신문, 책의 대중화로 안경 수요가 폭발적으로 증가했다. 산업혁명은 안경의 대량 생산을 가능하게 했

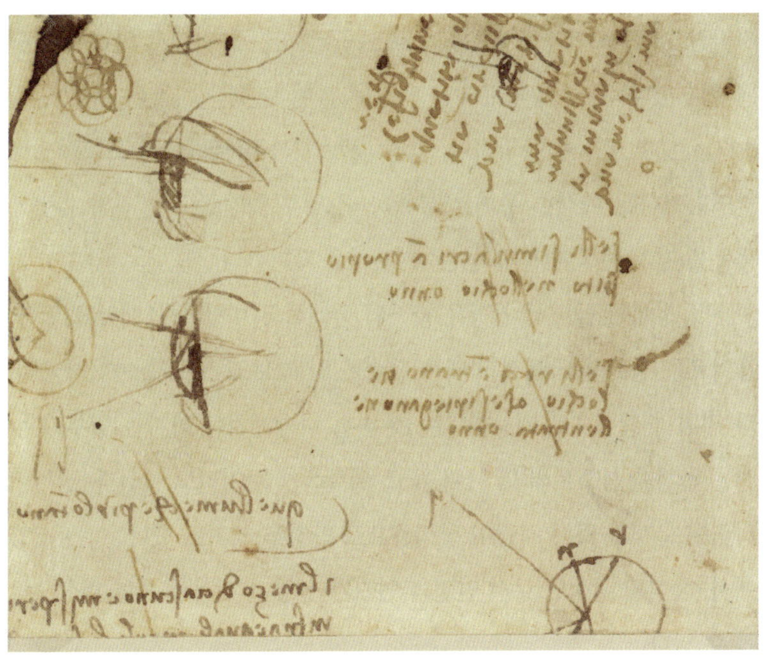

레오나르도 다빈치가 눈과 빛의 굴절 원리를 탐구하며 남긴 드로잉.

고, 안경은 점차 값싼 생활필수품으로 자리 잡았다. 19세기에는 근대적 안경점이 생겨 전문적인 검안과 맞춤 안경 제작이 이뤄졌으며 중국과 일본에서도 서양식 안경이 보급되었다. 특히 조선 말기와 대한제국 시기에는 개화파 인사들이 서양식 안경을 착용하며 근대적 이미지와 지식인의 상징으로 여겨졌다.

더 원숙하게, 더 지적이게

중국에서 안경은 유럽과는 다른 양상으로 수용·전개되었다. 중국에서는 고대에도 확대 기능이 있는 수정 렌즈 등이 사용된 사례가 전해지지만, 유럽식 안경이 본격적으로 보급된 것은 유럽에서 안경이 발명된 이후였다. 중국의 사료에서 안경에 관한 명확한 기록은 주로 원대(1271~1368) 이후에 등장하며, 안경 자체가 중국 토착에서 독립적으로 발명되었다는 확실한 증거는 부족하다. 일부 학자들은 안경이 유럽과 중동을 거쳐 중국에 전래되었을 가능성을 제기한다.

명·청대에 들어서 안경은 학자와 관리들 사이에서 크게 유행했다. 흥미로운 점은 중국에서 안경은 단순한 시력 보조 도구가 아니라 신분과 권위의 상징으로 기능했다는 것이다. 벼슬아치나 학자는 일부러 두꺼운 안경을 씀으로써 더 나이 들고, 지혜롭게 보이려고 애썼다. 심지어 시력에 문제가 없는 사람이 장식용으로 안경을 쓰기도 했다. 이는 서양에서 '학식의 상징'으로서 안경의 인기가 높았던 것과 유사한 현상으로 볼 수 있다.

또 하나의 특징은 안경테의 재료다. 중국에서는 옥, 뿔, 대나무, 은,

금을 사용해 화려한 안경을 제작했다. 특히 옥으로 만든 안경은 값이 비싸 귀족들의 전유물이었고, 안경을 쓰면 더 현명해 보인다는 인식 덕분에 선물로도 애용되었다.

20세기 디지털 시대의 필수품

20세기 들어 안경은 단순한 시력 보조 도구에서 벗어나, 우리의 일상과 패션을 바꾸는 생활필수품으로 자리잡았다. 플라스틱 렌즈와 가벼운 티타늄 테, 난시 교정용 곡면 렌즈가 개발되면서, 안경은 누구나 편하게 착용할 수 있는 친근한 동반자가 되었다. 영화배우와 가수들이 안경을 스타일링의 한 요소로 활용하면서, 안경은 곧 개성과 취향을 드러내는 작은 무기가 되었다. 정밀 광학의 명가인 독일의 칼자이스(Carl Zeiss), 프랑스의 에실로(Essilor), 일본의 호야(Hoya)는 시력 보조용 안경의 명성을 쌓았고, 프라다(Prada), 구찌(Gucci), 톰 포드(Tom Ford) 같은 명품 브랜드들은 안경을 럭셔리 패션 아이템으로 탈바꿈시켰다.

21세기에 들어서는 청색광 차단 렌즈, 변색 렌즈, 스마트 글래스 등 첨단 기술이 안경에 더해지며, 안경은 디지털 시대의 필수품이자 개성을 표현하는 도구로 진화했다. 이제 안경은 책상 위의 학자에게는 지적인 매력을, 거리의 패셔니스타에게는 스타일을, IT 진문기에게는 실용성을 동시에 제공하는, 우리 모두의 일상 속 동반자가 되었다.

우리나라 + 안경

우리나라에 안경이 전래된 시기는 대체로 조선 초·중기(15세기 무렵)로 추정된다. 중국 명나라를 통해 들어온 것으로 보이며, 초기에는 값비싼 수입품이어서 양반이나 학자층만 사용했다. 조선 후기에 이르면 안경은 단순한 시력 교정 기구가 아니라 지식인·선비의 상징이 되었다. 정약용은 "늙어 안경 없이는 글을 읽을 수 없다"고 적었고, 영조도 노안으로 안경을 사용했다는 기록이 있다.

안경은 '목경(目鏡)'이라고도 불렸으며, 뿔이나 나무, 금속으로 만든 테와 유리 또는 수정 렌즈가 사용되었다. 19세기 말 개항 이후 서양식 금속테 안경과 도수 조절 개념이 도입되면서 안경은 점차 대중화되었고, 특히 개화파 정치인들과 학자들이 안경을 쓰고 신문과 서양 서적을 읽는 모습은 근대적 지식인의 상징처럼 비쳤지만, 여전히 일반인들에게는 거리가 먼 얘기였다. 일제강점기에는 안경점이 등장해 근시·원시 교정이 일반화되었고, 해방 후 국내 렌즈, 테 생산이 본격화되며 일상 필수품이 되었다. 오늘날 우리나라는 세계적인 안경, 콘택트렌즈 소비국일 뿐 아니라, 디자인과 광학 기술을 접목한 패션 산업 분야에서도 큰 성장세를 보이고 있다.

안경은 때로 역사를 바꾸기도 했다. 미국 독립전쟁 시기, '미국 건국의 아버지' 벤저민 프랭클린은 직접 이중 초점 안경을 발명해 가까운 글씨와 먼 풍경을 동시에 볼 수 있게 되었다. 이 덕분에 그는 외교 협상 자리에서도 문서를 읽으면서 상대의 표정을 살피는 능력을 발휘할 수 있었다는 흥미로운 일화가 전해진다.

또 다른 유명한 일화는 일본 메이지 시대에 전해진다. 한 장군이 노안 때문에 군사 보고서를 읽지 못해 난처해하자, 영국인 고문관이 안경을 권했다. 장군은 즉시 보고서를 확인할 수 있었고, 그날 내린 결정이 전투에서 승리를 가져왔다고 전해진다. 작은 렌즈 한 쌍이 국가의 운명을 바꾼 셈이다.

역사적으로 안경은 지식의 확산과 학문의 심화에 결정적 역할을 해 왔다. 학자들은 안경 덕분에 더 오래 연구할 수 있었고, 과학자들은 미세한 현상을 관찰하며 새로운 발견을 이루었다. 책과 신문의 대중화는 안경이 있었기에 가능했다. 동시에 안경은 인간의 자아 표현 방식도 변화시켰다. 한 사람의 이미지와 개성을 드러내는 상징이 되었고, 사회적 지위를 보여 주는 도구로도 쓰였다. 21세기 현재, 안경은 의료, 패션, 산업, 스포츠 등 모든 영역에서 없어서는 안 될 존재가 되었다. 안경은 인류가 세상을 더 깊이 보고, 더 멀리 생각하며, 더 풍요롭게 살아가도록 이끄는 작은 창이다.

9

문명의 품격을 올려 준 혁신
수세식 변기

인류 문명 발전의 주요 이정표를 이야기할 때, 우리는 흔히 불을 다룰 줄 알게 된 시점이나 농업을 시작한 시점, 또는 산업혁명 등을 거론하곤 한다. '문명'이 단지 먹고사는 문제나 삶의 풍요와 관련된다면 분명 위의 예들은 대표적인 사건이라 할 수 있다. 그러나 문명이 먹고사는 문제에 더해 건강하고 쾌적한 삶까지 포함한다면, 문명의 또 하나의 중요한 이정표로서 '위생 시스템'의 발명을 빼놓을 수 없다. 인류가 배설물을 처리하는 방식은 단순히 개인의 불편함을 넘어서 건강한 사회, 도시의 지속 가능성, 그리고 문화적 수준을 결정지었기 때문이다. 그중에서도 수세식 변기의 등장은 인류의 생활을 획기적으로 바꾸어 놓은 문명 발전의 대표적 사건이라 할 수 있다.

어릴 적 내가 살던 시골집의 재래식 화장실은, 당시 다른 집들과 마찬가지로 마당 한구석에 동떨어져 있었다. 그래서 한밤중이나 매섭게 추운 겨울날 화장실을 가는 일은 늘 무섭고 불편했다. 학교 화장실에는 또 왜 그리 많은 괴담이 떠돌았는지, 어린 마음에는 상상만으로도 소름이 돋았다. 하지만 오늘날 우리가 사는 아파트의 화장실은 거실이나 주방 바로 옆, 심지어 침실 안에도 딸려 있다. 게다가 냄새도 거의 나지 않는다. 주방 옆이나 침실 안에 화장실이 있다는 사실은, 재래식 화장실을 기억하는 사람이라면 도저히 상상할 수 없는 일이다. 우리는 이제 전자동 수세식 변기와 비데를 당연하게 여기며 생활하지만, 그 편리함 뒤에는 수천 년에 걸친 실험과 실패, 발명, 그리고 사회적 저항과 수용의 역사가 얽혀 있다.

물을 이용한 위생의 발상

기원전 3000년경 인더스 문명, 즉 하라파와 모헨조다로에서는 이미 놀라울 정도로 발달한 배수로와 위생 시설이 존재했다. 개인 주택에 딸린 화장실 자리와 물을 흘려 보내는 구조가 확인되는데, 이 물은 벽돌로 만든 공동 하수도로 흘러가도록 설계되어 있었다. 이는 오늘날의 수세식 변기의 원형이라 부를 만하다.

이어 기원전 2000년경, 그리스 크레타 섬의 크노소스 궁전(미노스 문명)에서 발견된 변기 흔적은 구조 면에서 오늘날 수세식 변기와 가장 유사하다. 물을 흘려보내는 배수 장치와 도기형 좌석 구조가 확인되어, 일부 학자들은 이를 '인류 최초의 수세식 변기'로 인정한다. 그러나 이러한 혁신적인 기술은 귀족이나 궁전 등 특정 지역과 계층에 한정되었고, 대다수 사람들은 여전히 구덩이나 야외에서 볼일을 해결해야 했으며, 위생과 편리함의 혜택은 극소수에게만 주어졌다.

파리지앵의 배설물은 창문 밖으로

로마 제국은 위생 기술의 정점에 도달한 문명으로 평가된다. 로마인들은 공중목욕탕뿐 아니라 공중변소를 건설해 여러 사람이 동시에 이용할 수 있게 했다. 좌석 밑으로 물이 흘러 배설물을 씻어 내도록 했고, 시내 지하를 관통하는 터널처럼 생긴 대형 하수도 '클로아카 막시마(Cloaca Maxima)'는 지금도 일부가 사용될 정도로 견고하다. 그러나 그토록 찬란하던 로마 제국이 붕괴된 후, 중세 유럽은 위생 개념이 크게 후퇴했다. 대부분의 사람들은 야외에 설치된 구덩이 화장실이나 간단한 요강을 사용했고, 그것조차 귀족을 제외하면 사치품에 가까웠다. 파리와 런던 같은 대도시에서도 배설물은 창문 밖으로 던져지곤 했으니 '거리를 걸을 때는 머리 위를 조심하라'는 말이 괜한 농담이 아니었다. 도시의 위생은 바닥으로 곤두박질쳤고, 이는 곧 전염병 확산의 주요 원인이 되었다. 흑사병이 유럽 인구의 절반을 앗아 간 것도 도시 위생의 열악함과 깊이 연관되어 있었다.

그러나 르네상스와 과학혁명이 이어지면서, 위생의 중요성은 다시 인식되었다. 특히 영국에서는 상류층 사이에서 물을 이용한 변기에 대한 관심이 되살아났다. 1596년, 엘리자베스 1세 여왕의 궁정 신하이자 작가였던 존 해링턴 경(Sir John Harington)이 여왕을 위해 제작한 변기는 잘 알려져 있다. 이 장치는 물을 부어 배설물을 씻어 내는 방식이었으며, 여왕이 직접 사용한 것으로 전해진다. 하지만 당시 상하수도 인프라가 뒷받침되지 못해 대중적으로 보급되지는 못했다.

중국에서는 송나라(960~1279) 중기 이후, 일부 궁전과 상류층 정원에서 물 흐름을 이용해 배설물을 씻어 내는 시설이 처음으로 등장했다. 기록과 유적에 따르면, 작은 연못이나 인공 수로와 연결해 '간이 수세식 화장실'처럼 기능하도록 만들기도 했다. 명나라(1368~1644) 시대에는 수도인 난징과 베이징 궁정에서 물을 끌어들여 배설물을 씻어 내는, 조금 더 정교한 시설이 등장했다. 청나라(1644~1912) 때는 이런 수세식 화장실 시설이 관청이나 고급 건물까지 일부 확산되었으나 대부분의 도시나 농촌에서는 여전히 구덩이나 항아리를 이용했다,

수세식 변기에서 비데까지

수세식 변기의 본격적인 발전은 18세기 말과 19세기 초, 산업혁명의 흐름과 맞물려 이루어졌다. 공장마다 대량 생산이 이루어지고, 도시 인구가 폭발적으로 늘어나면서 위생 문제는 국가적 차원의 고민거리가 되었다.

1775년, 스코틀랜드의 시계 제작자이자 발명가인 알렉산더 커밍스(Alexander Cummings)의 발명품이 수세식 변기로서는 최초의 특허를 받았다. 그는 배설물이 역류하지 않도록 하는 S자형 관 구조(오늘날의 S-trap)를 고안했다. 이 구조는 물을 일정량 머금어 악취가 올라오는 것을 막는 원리였는데, 이는 지금까지도 모든 수세식 변기의 기본 원리로 유지되고 있다. 이어서 1880년대에는 토머스 크래퍼(Thomas Crapper)라는 영국 배관공이 변기의 대중화에 크게 기여했다. 그는 세련된 디자인과 개선된 배수 시스템을 상업적으로 성공시켜 영국 전역에 보급했다.

20세기에는 수세식 변기 보급이 전 세계적으로 빠르게 확산했다. 철도, 군대, 선박, 호텔 등 다양한 공공 및 상업 환경에서 대규모로 수세

식 변기가 사용되면서 설계와 규격의 표준화가 이루어졌고, 위생학적 기준도 크게 향상되었다. 특히 세라믹 재질의 변기가 널리 보급되면서 청결성과 내구성이 크게 개선되었고, 관리와 유지도 용이해졌다. 이후 자동 물 내림 장치, 절수형 변기, 전기식 비데 등 다양한 기술적 혁신이 이어지며 위생과 편의성 측면에서 현대인의 생활을 크게 변화시켰다. 이러한 발전은 단순한 생활 편의성을 넘어 공중 보건과 환경 관리에도 중요한 영향을 미쳤다.

우리나라 + 수세식 변기

우리나라에 수세식 변기가 본격적으로 도입된 것은 근대 개항기와 일제강점기를 거치면서였다. 조선 시대까지는 대부분의 가옥이 재래식 화장실을 사용했고, 개항 이후 서양식 건축물이 세워지면서 일부 고급 주택과 호텔, 관청 등에 서양식 변기가 설치되었으나, 일반 가정에는 여전히 재래식 화장실이 널리 쓰였다.

광복 이후와 1960~1970년대 경제 성장기를 거치며 아파트 단지가 보급되면서 수세식 변기의 사용이 빠르게 확산되었다. 특히 1988년 서울 올림픽을 계기로 위생 수준을 국제 기준에 맞추려는 노력이 본격화되면서 국민 생활과 주거 환경의 변화가 가속화되었다. 21세기 들어 비데와 절수형 변기가 대중화되었고, 우리나라는 첨단 위생 기기 분야에서 세계적인 선도국으로 자리매김하게 되었다.

17~18세기 프랑스 귀족 사회에서 하이힐은
신분과 패션, 실용성을 동시에 보여 준다.

수세식 변기의 역사에는 흥미로운 이야기가 많다. 엘리자베스 1세는 해링턴
이 만든 초기 수세식 변기를 실제 이용한 것으로 알려졌는데, 수세식 변기는
물 사용량이 지나치게 많거나 조절이 잘 되지 않았고, 변기에서 물이 넘쳐나
궁전 내부를 물바다로 만드는 일이 잦아 결국 외면했다는 기록이 있다.

17~18세기 파리는 상하수도 시설이 매우 열악했던 탓에 일반 시민들은
집안에서 발생한 배설물을 창문 밖으로 던져 해결했는데, 그래서 거리는 늘
오물과 진흙이 뒤섞인 진창이었고, 비까지 오면 상황은 더 끔찍했다. 당시 상
류층과 귀족 여성들은 긴 드레스와 바닥에 끌리는 옷 때문에 거리의 오물이
나 진흙이 옷자락에 묻을까 질겁하며 다녔는데, 이 때문에 등장한 것이 굽 높

은 신발, 즉 오늘날 하이힐과 유사한 신발이었다. 높아진 굽 덕분에 길거리의 오물을 피할 수 있었고, 이동도 훨씬 자유로웠으니, 하이힐은 원래 패션이나 신분을 표시하는 목적도 있었지만, 실용적 이유, 즉 위생 문제가 중요한 동기 중 하나였던 것이다.

수세식 변기의 보급은 인류 건강사에서 획기적인 의미를 가진다. 무엇보다 전염병 확산을 크게 줄였다는 점이 가장 중요하다. 하수도를 통한 위생적 처리 덕분에 콜레라, 장티푸스 등 수인성 전염병이 현저히 감소했으며, 이는 공중보건 개선에 결정적인 기여를 한 동시에 개인의 생활 수준과 품위를 높였고, 도시의 위생 환경을 근본적으로 변화시켰다. 현대에 이르러 수세식 변기는 단순한 위생 기구를 넘어 삶의 질과 문화적 상징으로 자리 잡았다.

디자인, 절수 기술, 전자식 비데의 등장은 인간의 생활을 더욱 편리하게 만들었고, 이는 '문명의 척도'로 평가받기도 한다. 수세식 변기는 단순히 배설물을 처리하는 도구가 아니며, 그것의 역사는 위생과 문명의 진화를 보여 주는 압축된 서사이다. 고대의 실험적 시도에서 중세의 침체, 근대의 혁신을 거쳐 현대의 첨단 기술에 이르기까지, 변기의 역사는 인류가 보다 건강하고 쾌적한 삶을 위해 끊임없이 도전해 온 기록이다. 오늘날 우리가 버튼 하나로 간편하게 물을 내릴 수 있는 것은, 수천 년 동안 이어진 수많은 발명가들의 노력과 지혜가 만들어 낸 결실이다.

Part 3
과학·기술

1
___

포드부터 이케아까지
나사와 드라이버

우리는 흔히 반도체를 '산업의 쌀'이라고 부르지만, 나는 주저 없이 나사야말로 진정한 산업의 쌀이라고 부르고 싶다. 반도체 없는 설비나 장치는 많지만 나사나 볼트, 너트가 없는 물건은 가정에서든 직장에서든 본 적이 없기 때문이다. 나사와 그것을 조이고 풀기 위한 드라이버는, 일상에서는 너무 흔해 별 관심을 끌지 못하지만, 이들이야말로 인류 문명을 지탱하는 진정한 숨은 일꾼들이다. 부품을 고정하고 힘을 전달하며, 세밀한 조립을 가능하게 한 이 조용한 부품과 도구 덕분에 산업혁명 이후의 기계 문명은 비약적으로 발전했다.

오늘날 우리 손끝에서 익숙하게 돌리는 나사 하나에도 고대 압착기의 물리적 원리, 르네상스 장인의 손끝 기술, 그리고 근현대 산업의 정밀 가공 기술이 함께 녹아들어 있다. 나사와 드라이버는 작지만 결코 시소하지 않은 기술의 결정체이다.

나사와 드라이버의 기원

나사의 기원은 놀랍게도 기원전 3세기경 고대 그리스의 수학자 아르키메데스로 거슬러 올라간다. 그는 물을 퍼 올리는 장치인 '아르키메데스 나사'를 고안했는데, 이는 오늘날의 체결용 나사와는 달랐지만, '나선형 구조로 힘을 전달한다'는 아이디어의 시작이었다.

고대 로마 시대에도 나무와 금속으로 만든 원시적인 나사가 사용됐다. 이들은 아르키메데스 나사와 마찬가지로 물건을 고정하는 용도보다는 포도주나 올리브기름을 짜내는 압착 장치에서 힘을 전달하는 용도로 쓰였을 뿐이고, 부품을 고정하거나 서로 체결할 때는 못이나 끼워 맞춤, 쐐기 박기 등의 방법을 썼다. 당시에는 나사산을 손으로 깎거나 대충 새겼기 때문에 정밀성은 떨어졌지만, '회전 운동으로 점진적 압력을 가한다'는 원리는 이미 인류의 생활 속에 깊숙이 들어와 있었던 셈이다.

중세에 들어서면서 나사는 점차 무기 제작과 건축에 사용되기 시작

아르키메데스 나사. 출처: 챔버스 백과사전.

했다. 초기 화승총이나 대포에는 강력한 압력이 필요했는데, 이를 견디기 위해서는 금속판을 나사로 단단히 고정해야 했다. 그러나 그때는 나사산을 정밀하게 가공할 수 있는 도구가 마땅치 않아, 장인이 하나하나 수작업으로 만들었고, 따라서 같은 나사가 두 번 다시 나오지 않는 경우가 많았다.

드라이버, 즉 나사를 돌려 주는 도구는 15세기 독일에서 처음으로 기록에 등장한다. 단순히 납작한 쇠막대기를 깎아 만든 형태로, 당시에는 모든 나사가 일자형 나사였으므로 드라이버도 끝 모양이 단순한 일자형이었다. 나사와 드라이버가 본격적으로 대중화된 것은 인류가 정밀 금속 가공 기술을 확보한 이후의 일이다.

대량 생산, 대형 기계, 표준화된 나사

18세기 후반 산업혁명은 나사의 세계를 완전히 바꾸어 놓았다. 증기기관, 방직기, 철도, 선박 등 대형 기계의 발전은 정밀하고 강력한 체결 부품을 요구했다. 기존의 대충 깎아 만든 나사로는 대량 생산된 기계 부품을 안정적으로 조립할 수 없었기 때문에, 나사 규격의 표준화와 기계화가 절실했다. 그러던 중 1841년에 영국의 조지프 휘트워스(Joseph Whitworth)가 나사산의 각도와 간격을 표준화한 세계 최초의 체계적인 나사 규격을 발표했다. 이른바 BSW(British Standard Whitworth) 규격으로, 이는 영국 산업 전반에 빠르게 확산되었다.

한편, 미국에서는 1860년대 윌리엄 셀러스(William Sellers)의 주도로 나사산의 규격을 단일화하려는 움직임이 있었다. 그는 '셀러스 나사'

를 제안하며, 각 나사산을 60도로 설계하는 방식으로 표준화했다. 이런 표준화 덕분에 공장에서는 동일한 나사를 대량 생산할 수 있었고, 어떤 기계든 정해진 드라이버만 있으면 빠르게 조립·수리할 수 있게 되었다. 이는 곧 포드 자동차의 컨베이어 시스템 같은 대량 생산 체계의 토대가 되었고, 20세기 산업화를 가속하는 핵심 요소로 작용했다.

나사는 전통적인 단순한 일자형에서 출발해, 1930년대에는 조그만 전파사에서 일하던 헨리 필립스(Henry F. Phillips)가 발명한 십자형 나사가 대중화되었다. 이 구조는 드라이버가 중심을 벗어나지 않도록 설계되어, 자동차 산업에서 조립 속도를 크게 향상시켰다. 나사가 다양해짐에 따라 드라이버도 함께 발전했다. 필립스는 십자형 나사뿐 아니라 그것을 조이기 위한 십자형 드라이버까지 특허를 출원했다. 이어서 육각형, 심지어는 보안용으로 설계된 삼각형과 Y자형까지, 다양한 머리 모양의 나사와 그에 맞는 드라이버가 순차적으로 등장했다.

체계화, 표준화, 세분화

오늘날 나사와 드라이버는 그 종류와 규격이 상상을 초월할 정도로 다양하다. 자동차 한 대에는 평균적으로 2만 개 이상의 나사가 쓰인다고 알려져 있으며, 스마트폰 한 대에도 수십 개의 초소형 나사가 숨어 있다.

나사의 규격은 일반적으로 세 가지 요소, 즉, 나사산이 있는 부분의 직경, 머리 부분을 제외한 나사 몸통의 길이, 그리고 나사산 사이의 간격인 피치(pitch)로 표기된다. 예를 들면, M6×30-1.25는 미터법(M)을 따르는 나사로, 나사 부분의 직경 6mm, 길이 30mm, 나사산 간격이

1.25mm인 나사이다. 미터법을 따르는 나사의 피치는 지름별로 표준 값이 정해져 있다. 예를 들면 직경이 4mm, 6mm, 8mm인 나사의 표준 피치는 각각 0.7mm, 1.0mm, 1.25mm이다. 이러한 표준 피치가 적용된 경우에는 M6×30과 같이 피치 표기를 생략하는 것이 관례다.

미터 규격 이외에도 미국에서는 UNC/UNF(Unified National Coarse/ Unified National Fine, 미국식 굵은 나사·가는 나사), 영국에서는 BSW 규격이 널리 사용되어 왔다. 오늘날에는 이러한 체계를 통합·표준화한 ISO 미터 나사 규격이 국제 표준으로 자리 잡아 가장 널리 활용되고 있다. 나사의 머리 형태 역시 매우 다양해, 볼트형을 비롯한 십자형, 육각형, 별 모양 등 수십 가지가 존재한다. 또한 사용 목적에 따라 나사산의 형상도 달라져, 목재용·금속용·플라스틱 전용 등으로 세분화되어 설계된다.

드라이버도 여기에 맞추어 계속 발전했다. 일자형·십자형은 가장 기본이고, 육각 렌치, 별 모양, 삼각형, Y자형 드라이버 등은 가전제품과 전자 기기에서 흔히 볼 수 있다. 특히 스마트폰을 비롯한 일부 전자 기기 제조사들은 분해와 임의 수리를 어렵게 하기 위해 일반 공구로는 풀 수 없는 이른바 '보안 나사'를 채택하기도 한다.

1930년대 미국 자동차 공장에서 필립스 십자 나사가 도입되자, 작업자들은 이전보다 훨씬 빠른 속도로 자동차 부품을 조립할 수 있게 되었다. 초기에는

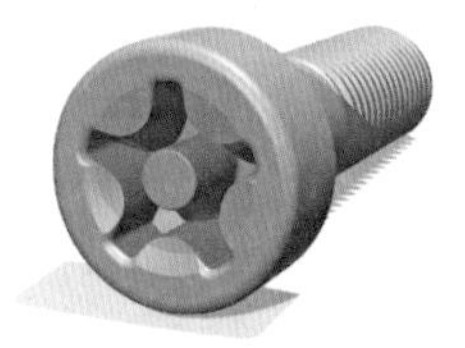

펜타로브 나사.

드라이버 끝이 쉽게 마모되어 '나사머리 뭉갬' 현상이 빈번히 발생했으나 필립스는 드라이버 강도를 높이는 합금강을 도입해 문제를 해결했고, 이는 오늘날까지 이어지고 있다.

20세기 중반 이케아(IKEA)가 전 세계로 확장할 때, 나사와 드라이버는 브랜드 성공의 숨은 열쇠였다. 소비자들은 상자를 열고 수십 개의 나사와 씨름하며 밤새 가구를 조립했는데, 이 과정 자체가 일종의 문화 체험이 되었고, 가구 조립은 가족을 끈끈하게 만드는 협동의 시간이 되었다.

전자제품에서도 나사는 늘 논쟁거리였다. 애플은 자사 제품을 쉽게 분해하지 못하도록 '펜타로브(Pentalobe)'라는 오각형 나사를 사용했다. 이는 소비자가 직접 수리하는 것을 막기 위한 전략이었는데, 오히려 '자유롭게 수리할 수 있는 권리 운동(Right to Repair)'을 촉발시켜 전 세계적으로 화제가 되었다. 작은 나사 하나가 기술, 소비자 권리, 기업 전략까지 뒤흔든 셈이나.

나사와 드라이버의 영향력은 단순히 물건을 고정하는 데 그치는 것이 아니라 산업 발전에 결정적인 영향을 끼쳤다. 표준화된 나사는 대량 생산 시스템의 토대가 되었고, 자동차·항공·전자 산업의 성장에 기여했다. 나사 없이는 컨베이어 벨트식 생산 라인도 불가능했을 것이다. 또한 나사와 드라이버는 생활 속 자립성과 창의성을 키웠다. DIY 가구, 취미용 키트, 자전거 수리, 전자 기기 분해 학습 등은 모두 나사와 드라이버 덕분에 가능하다. 작은 도구 하나로 누구나 기계를 이해하고 고칠 수 있는 시대가 열린 것이다. 마지막으로 이 두 단짝은 공구 기술의 발전을 이끌었다. 전동 드라이버, 임팩트 렌치,

자동 토크 조절 장치는 오늘날 건설 현장과 공장에서 생산성을 획기적으로 높이는 데 크게 기여했다.

언젠가 자동차를 운전하던 중 안경테에 박혀 있던 아주 작은 나사 하나가 빠지면서 안경 렌즈가 차 바닥으로 떨어진 적이 있었다. 다행히 곧바로 선글라스를 찾아 착용할 수 있었지만, 그렇지 않았다면 자칫 위험한 상황으로 이어질 뻔한 순간이었다. 안경테에 쓰이는 나사는 워낙 작아 한 번 바닥에 떨어지면 찾기조차 쉽지 않다. 우리 주변에는 이런 작은 나사부터 수력발전소 터빈을 고정하는 성인 허벅지만 한 볼트까지 그 가짓수를 헤아릴 수 없이 다양하고 무수히 많은 나사 또는 볼트들이 사용되고 있다.

그것들은 제자리에 단단히 고정되어 있으면 우리의 일상과 안전을 묵묵히 지켜 주는 든든한 방패지만, 만약 하나라도 풀려 있거나 있어야 할 곳에 없다면, 낭패도 그런 낭패가 없다. 어쩌면 우리는 너무도 당연하게 여겨 온 주변의 작은 것들에 대해 때로는 한 번쯤 눈길을 멈추고 그 존재와 가치를 돌아볼 필요가 있는지도 모른다. 바로 그런 사소한 요소들이 모여 우리의 삶을 지탱하기 때문이다.

2

모래와 불, 인류의 호기심이 만든 투명한 마법
유리

'유리'라고 하면, '투명하다', '깨지기 쉽다' 등의 이미지가 가장 먼저 떠오른다. 일상에서 우리가 흔히 보는 유리 제품은 실제로 깨지기 쉬운 유리병, 유리컵, 유리창 등이기 때문이다. 그런데 '깨지기 쉽다'는 유리의 일반적인 이미지와 달리, 폴더블(foldable) 스마트폰의 화면을 보호하는 아주 얇은 유리막은 스크래치가 잘 나지 않을 뿐 아니라 땅에 떨어뜨려도 쉽게 깨지지 않고, '폴더블폰'이라는 이름 그대로 심지어 휘거나 접어도 부러지거나 깨지지 않는다. 깨질까 두려워 늘 조심스럽게 다뤄야만 했던 유리를 이제는 종이처럼 둘둘 말거나 접을 수 있는 시대가 되었다니 정말 놀라운 일이다.

유리는 인류가 인위적으로 만들고 일상적으로 쓰는, 가장 신비로운 물질 중 하나이다. 모래, 석회석, 소다처럼 지극히 평범한 재료들이 불 속에서 함께 녹아들어 이토록 특별한 물질로 변하는 과정은 수천 년 전 우연히 발견되었고, 이후 오랜 세월에 걸쳐 발전해 온 과학 기술의 산물이다. 다시 말해 유리는 우연한 발견에서 출발해 인간의 지식과 기술이 더해지며 완성된, 우연과 과학 기술의 합작품이라 할 수 있다.

불 속에서 태어난 투명한 돌

자연적으로 유리가 생성되는 것은 지구의 나이만큼이나 오래전부터 종종 있었던 일이다. 기술적으로 설명하자면, 유리는 여러 광물이 섞인 혼합물이 수백에서 천 수백 ℃에 이르는 높은 온도에서 거의 물처럼 녹은 뒤 빠르게 냉각되면서 만들어지는 물질이다. 이때 필요한 온도는 유리의 조성과 종류에 따라 크게 달라진다. 이런 천연 유리는 화산이 폭발하거나 번개가 내리친 곳, 또는 운석이 떨어진 곳 등에서 발생한 순간적인 고온과 급격한 냉각으로 자연스럽게 생성될 수 있다.

인간에 의해 인위적으로 만들어진 유리의 기원은 무려 기원전 5000년경 메소포타미아로 거슬러 올라간다. 로마의 정치인이자 박물학자였던 플리니우스(Gaius Plinius Secundus, 23~79)의 기록에 따르면, 유리는 본래 '용융된 모래'에서 우연히 생겨났다고 한다. 페니키아[1] 상인들이 해변에서 음식을 조리하기 위해 나트론 암석(Natron, 천연 탄산소다 광물)으로 대충 화덕을 만든 뒤 그 위에 냄비를 얹고 불을 지폈는데, 음식을 먹고 나서 화덕 주변에 생성된 투명한 물질을 발견했다는 것이다. 즉, 화덕의 열기로 녹아내린 탄산소다가 해변의 모래와 반응해 유리를 형성한 것이었다. 본 사람이 없으니 진짜인지 가짜인지는 알 수 없지만, 이 이야기는 실제로 유리가 형성되는 과학적 원리와 잘 부합하고, 인류가 유리를 처음 본 순간의 경이로움을 상상하기에 충분하다.

최초의 유리는 오늘날의 유리처럼 맑은 투명체가 아니라, 불규칙하

---

1 페니키아는 고대 시리아와 레바논 해안 지대에 위치했던 고대 문명이다.

고 불투명한 색 유리였다. 유리가 맑지 않고 불투명한 이유는 유리 안에 기포(氣泡)나 불순물이 많기 때문인데, 당시 기술로는 이런 기포나 불순물을 제대로 처리할 수가 없었다. 그렇더라도 유리는 1000℃가 넘는 높은 온도에서만 만들어지는 매우 귀한 물질이었으므로, 이집트에서는 유리로 만든 구슬과 향수병이 왕실 무덤에서 다수 발견되었다. 사람들이 유리를 보석처럼 여겨 장식품과 부장품(副葬品)으로 사용했던 것이다. 이집트인들은 녹인 유리를 점토 막대에 감고 불꽃을 이용해 병과 같은 모양을 만든 뒤 서서히 냉각해 분리하는 '가열 코어 기법(Hot-Core Technique)'을 사용했다. 그러나 그 제작법은 비밀스럽게 전해졌고, 유리는 오랫동안 귀족과 제사장의 전유물로 남았다.

창문으로 그리고 예술로, 유리의 르네상스

기원전 1세기경, 로마 제국의 시리아 지방에서 혁신적인 기술이 등장했다. 바로 '유리 불기(Glass Blowing)'이다. 녹은 유리물을 파이프 끝에 바르고 입으로 불어 모양을 만드는 이 기술은 유리 제품의 제작 속도를 획기적으로 높였다. 덕분에 유리는 귀한 사치품에서 점차 일상 용기로 자리 잡기 시작했다.

　로마의 주택에는 이미 창문용 유리판이 등장했고, 목욕탕과 상점에서도 유리가 사용되었다. 당시 만들어진 유리는 오늘날처럼 맑고 투명하지는 않았지만, 바깥세상과 실내를 나누는 첫 '유리 벽'이 되기에는 충분했다. 로마 붕괴 이후, 유리 기술은 이슬람 세계로 옮겨졌다. 중세의 시리아와 알렉산드리아는 유리공예의 중심지로, 그들의 작품은 베네치아 상인들에 의해 유럽 전역으로 퍼져 나갔다.

13세기 이탈리아의 베네치아는 유리의 도시였다. 특히 인근의 무라노(Murano) 섬은 세계 유리의 수도로 불렸다. 베네치아 공화국은 유리 제작 기술을 국가 기밀로 취급하며 장인들이 섬을 떠나지 못하도록 통제했다. 이 시기에 등장한 크리스털 유리(crystal glass)는 불순물이 적은 고순도의 모래를 주원료로 사용해 당시로서는 거의 완벽에 가까운 투명도를 구현했다. 그 결과 샹들리에, 거울, 유리잔과 같은 고급 유리 제품이 빠르게 발전하며 유럽 전역으로 명성을 떨쳤다. 르네상스 시대의 화가와 건축가들은 유리창을 통해 들어오는 빛의 효과에 매혹되었고, 예술과 과학 모두 유리의 힘을 빌리기 시작했다.

한편 유리 용융물 안에 고질적으로 남는 기포를 제거해 제품의 투명도를 높이는 기술을 청징(淸澄)이라고 하는데, 이미 로마 시대 문헌에는 '유리를 맑게 하는 첨가물'에 대한 언급이 등장하지만, 이런 청징 기술이 본격적으로 발전한 것은 르네상스 시대에 이르러서였다. 무라노 섬의 유리 장인들은 맑고 투명한 유리를 만들기 위해 정제된 원료와 황산염(sodium sulphate), 비소 화합물(arsenic compounds) 등 청징을 위한 첨가물을 적극적으로 도입했다. 놀랍게도 이런 물질들은 오늘날의 유리 사업에서도 여전히 청징 목적으로 사용되고 있다.

먼 하늘부터 인간의 몸속까지

16세기 이후 유리는 과학혁명의 열쇠가 되었다. 갈릴레이는 유리 렌즈로 망원경을 만들었고, 안토니 판 레이우엔훅(Antonie van Leeuwenhoek)

은 현미경으로 미생물의 세계를 처음 들여다보았다. 유리가 없었다면 현대 과학의 문은 열리지 않았을 것이다. 그 투명한 유리 렌즈를 통해, 먼 하늘이라는 아주 거대한 세계와 인간의 몸속이라는 아주 작은 세계로 동시에 들어갈 수 있게 된 것이다.

19세기 들어 유리는 드디어 대량 생산의 시대를 맞이했다. '플로팅 기술(floating technique)'[2]이 개발되면서 거대한 유리판을 매끈하게 생산할 수 있게 되었고, 창문은 물론, 유리병, 전등, 안경 등이 대중화되었다. 1851년 런던 만국박람회에서는 유리로 지어진 거대한 전시관 '크리스털 팰리스(Crystal Palace)'가 공개되어 세상을 놀라게 했다. 플로팅 기술 덕분에 유리의 대량 생산이 가능해져, 유리는 더 이상 사치품이 아니라 서민도 사용할 수 있는 보편적인 근대 문명의 얼굴이 되었다.

깨지지 않는 내 손 안의 첨단 유리

20세기 이후 유리는 산업의 핵심 소재로 진화했다. 광섬유(optical fiber)는 통신의 혁명을 일으켰고, 안전유리·방탄유리·열 차단 유리는 도시 문명 속 안전을 보장했다.

21세기에 들어 유리는 전자 기기의 핵심 소재로 자리 잡았다. 스마트폰과 태블릿의 디스플레이, OLED 패널, 태양광 패널, 반도체 공정용

---

2 1,000℃ 이상에서 녹인 유리 용융물을 유리보다 비중이 큰 고온의 액체 금속 위에 부으면, 기름이 물 위에 떠 퍼지듯 유리 용융물이 평탄한 액체 금속 표면에서 자연스럽게 퍼지며 매우 평평한 유리판이 만들어진다. 이때 주로 사용되는 액체 금속은 주석이며, 오늘날 건축용 창유리는 대부분 이 공법으로 생산된다.

1851년 런던 만국박람회를 묘사한 채색 석판화. 유리와 철로 지어진 크리스털 팰리스 내부에서 열린 개막식 장면을 표현하고 있다.

기판 등 현대의 첨단 전자 산업은 유리 기술을 기반으로 발전해 왔다. 특히 미국 코닝사의 고릴라 글래스(Gorilla Glass)와 같은 고강도 강화유리는 1mm가 채 안 되는 얇은 두께에도 불구하고 긁힘과 낙하 충격에 강해, 휴내용 전자 기기의 표준 소재로 널리 활용되고 있다.

유리가 더욱 얇아져 두께가 수십 ㎛(마이크론)에 이르면(참고로 머리카락 굵기는 100㎛, 약 0.1mm이다) 유리는 전혀 다른 물리적 성질을 보이는데, 재료 자체의 성질이 바뀌는 것은 아니지만, 유리의 고질적인 약점인 경직성(硬直性, stiffness)을 극복하고 유연성이 나타나게 된다. 이는 굵은 통나무는 잘 휘어지지 않는 반면, 가느다란 나뭇가지는 쉽게 휘어지는 것과 같은 물리적 원리다. 이러한 초박형 유리는 굽히는 과정에서 쉽게 휘거나 부러지거나 깨지지 않아, 폴더블 스마트폰의 디스플레이 보호 유리로 활용되고 있다.

우리나라 + 유리

우리나라에서 유리는 삼국 시대 이전부터 존재했다. 신라의 금관총과 황남대총에서 출토된 푸른색 유리구슬은 중앙아시아나 페르시아 지역과의 교역 흔적으로 여겨진다. 백제는 특히 유리공예 기술이 뛰어나, 일본 아스카 시대의 유리 유물과 기술적 유사성이 확인된다. 고려 시대에 유리는 불교 의식용 유리구슬, 청자 장식 등에 사용되었으며, 조선 시대에는 한양에 유리 공방이 설치되어 궁궐의 창호, 장식품 등을 제작했다.

근대 이후 일본의 영향을 받아 공업용 유리 생산이 시작되었고, 1960~1970년대 산업화 시기에는 유리병, 창유리, TV 브라운관 등의 대량 생산이 이루어졌다. 오늘날 우리나라는 건축용, 광학용, 반도체용 특수 유리 분야에서 세계 선도국 중 하나로 꼽힌다.

고대에 유리는 보석의 일종으로 여겨졌고, 중세 유럽에서도 유리로 만든 제품은 매우 귀중한 물건이었다. 특히 12~16세기까지는 평평한 판유리를 만드는 기술이 충분히 발달하지 못해, 창문용 유리는 입으로 불어서 만든 작은

유리 조각을 이어 붙여 만들었는데, 이는 오늘날의 스테인드글라스와 유사한 방식이다. 이런 유리 제조 과정은 숙련된 장인의 수작업에 의존해야 했고 실패율도 높아, 유리 제품은 극히 고가의 사치품으로 취급되었다. 그래서 귀족이나 부유한 상인들의 저택에 유리창이 달려 있다는 사실은 큰 부의 상징으로 여겨졌다.

당시의 기록과 그림 자료를 보면, 영국과 프랑스의 일부 귀족들은 이사할 때는 물론이고 장기간 지방으로 여행을 떠날 때조차 자기 집 창문의 유리를 떼어 함께 가져갔다고 한다. 집보다 유리가 더 비쌌던 시대였으니, 가구는 두고 가도 창유리는 챙기는 것이 합리적인 선택이었던 셈이다. 이러한 관습은 15~17세기 영국에서도 이어졌다. 실제로 당시의 대저택 유적을 보면 창틀만 덩그러니 남고 유리창이 빠져 있는 경우가 적지 않은데, 이는 세월에 깨진 흔적이라기보다 주인이 집을 떠나며 가장 값비싼 '이삿짐'을 챙겨 간 결과였다.

유리는 단순한 물질이 아니라, 인류가 빛을 다루는 진화의 방식이다. 유리가 없었다면 망원경으로 별을 볼 수 없었고, 현미경으로 세포를 볼 수도 없었다. 또한, 자동차에서 밖을 바라보며 운전할 수도 없고, 컴퓨터나 스마트폰 화면도 존재하지 않았을 것이다. 유리는 자연과 인간 사이의 경계를 투명하게 만든 재료로, 우리의 시야를 넓히고, 주거를 바꾸며, 예술과 과학을 동시에 성장시켰다. 빛이 들어오는 창문에, 얼굴을 비쳐 주는 거울에, 그리고 손끝의 스마트폰 화면까지, 이 모든 곳에 유리가 있다. 모래와 불, 그리고 인간의 호기심이 만나 만들어 낸 이 투명한 마법은 지금도 여전히 인류 문명의 중심에서 반짝이고 있다.

3

시간을 붙잡은, 시간에 붙잡힌
시계

아주 오래전부터 인간은 시간을 재기 위해 시계를 만들어 왔지만, 정작 '시간이란 무엇인가'라는 질문에는 오늘날까지도 명확한 답을 내리지 못하고 있다. 독일 작가 미하엘 엔데(Michael Ende)의 소설 『모모』에서 회색 신사들이 빼앗으려 했던 것 역시 단순한 '분'과 '초'가 아니었다. 그들이 노린 것은 인간이 느끼고 경험하며 살아가는 고유한 순간들, 다시 말해 시계와 계산으로는 결코 환산할 수 없는 삶의 시간 그 자체였다. 철학적인 질문은 차치하고라도, 사람들은 신에게 제사 드릴 시각을 파악하기 위해, 또는 일터에 늦지 않게 나가기 위해, 그리고 약속을 지키기 위해 시간을 측정해야만 했다.

고대의 해시계와 물시계는 자연의 변화를 통해 시간을 읽어 내려는 인간의 첫 시도였고, 중세에 등장한 톱니와 태엽 장치는 인간이 직접 시간의 흐름을 '조율'하려는 기술적 모험이었다. 산업혁명을 거치며 시계는 점점 더 정밀해지고 대량 생산되었으며, 도시의 노동과 교통, 개인의 일과마저 시계가 정해 주는 시대가 열렸다. 시계의 역사는 결국 시간을 측정하고 다루려는 인간의 기술적 여정이자, 우리가 시간을 어떻게 인식하고 경험하며, 무엇을 위해 시간을 사용하는 존재인지를 되묻게 하는 이야기이다.

시간의 그림자에서 태어난 시계

인류가 시간을 인식하기 시작한 것은 태양의 그림자를 관찰하면서부터였다. 고대 이집트에서는 기원전 3500년경, 긴 막대를 세워 그 그림자의 위치로 시각을 측정한 해시계가 등장했다. 해시계는 해가 지면 무용지물이었으므로, 인류는 곧 물과 모래의 흐름으로 시간을 재는 물시계와 모래시계를 만들어 냈다. 이 시기의 시계는 아직 '기계'라기보다 '자연의 리듬을 빌린 도구'였다.

중세 유럽에서는 수도원의 기도 시각을 알리기 위해 기계식 시계가

아테네 고대 아고라 박물관에 소장된 두 개의 물시계로, 위쪽 시계는 기원전 5세기 후반의 진품이고, 아래쪽 시계는 점토로 만든 진품을 복원한 것이다.

체코 프라하 구(舊) 시청 건물 외벽에 설치된 천문시계.

만들어졌다. 13세기경 톱니바퀴와 도르래, 추로 작동하는 거대한 시계 탑이 세워졌으며, 런던의 솔즈베리 대성당(Salisbury Cathedral)이나 프라하의 천문시계는 그 정교함으로 지금까지도 유명하다.

하루가 24시간에 가까워지다

14세기 후반, 시계 기술은 추의 낙하를 일정하게 제어하는 탈진기(脫進機)를 개발하며 비약적인 발전을 이룬다. 탈진기는 톱니바퀴가 한순간에 한 칸씩만 전진하도록 회전을 일정하게 끊어 주는 장치로, '째깍째깍' 하는 소리와 시간의 주기를 만들어 냈고, 오늘날까지도 기계식 시계의 심장으로 남아 있다.

17세기에 들어서면서 시간 측정은 비약적인 전환점을 맞았다. 네덜란드의 과학자 크리스티안 호이겐스(Christiaan Huygens)는 진자의 등시성에 주목해 진자시계를 발명했고, 그 결과 시계의 오차는 하루 수십 분에서 1분 이내로 획기적으로 줄어들었다. 이 정밀성은 18세기 대항해 시대에 결정적인 의미를 갖게 된다. 바다 위에서 배의 위치를 정확히 파악하려면 위도뿐 아니라 경도를 알아야 했는데, 이는 출항지의 기준 시각을 정확히 유지하는 시계 없이는 불가능했다. 이 문제를 해결한 인물이 바로 영국의 시계 제작자 존 해리슨(John Harrison)이다. 그는 여러 차례의 시행착오 끝에 극도로 정밀한 항해용 시계인 크로노미터(chronometer)를 완성했고, 이를 통해 항해 중에도 경도를 계산할 수 있는 길을 열었다. 정확한 시간 측정은 곧 안전한 항해로 이어졌고, 해리슨의 시계는 대항해 시대의 항로 개척과 해상 제국 형성에 결정적인 역할을 하게 되었다.

19세기에는 휴대용 회중시계가 상류층의 상징이 되었고, 산업혁명은 이를 대량 생산이 가능한 공장제 시계 산업으로 전환시켰다. 스위스는 이 시기부터 정밀 시계의 중심지가 되었으며, 파텍 필립(Patek Philippe), 롤렉스(Rolex) 등 전설적인 브랜드가 이 무렵 태동했다.

공유된 시간, 하나 된 세계

20세기에 들어서자 시계는 인간의 손목 위로 올라왔다. 제1차 세계대전 당시 병사들이 편의를 위해 손목에 시계를 차기 시작했고, 전쟁 후에는 손목시계가 일상적인 패션으로 자리 잡았다. 1920~1930년대에는 자동 태엽 시계, 1950년대에는 방수 시계, 1969년에는 일본의 세이코(Seiko)가 세계 최초의 쿼츠(quartz) 시계인 '아스트론(Astron)'을 발표하며 시계의 패러다임이 바뀌었다. 수정(水晶) 진동자의 규칙적인 진동을 이용한 이 시계는 기존 기계식 시계보다 훨씬 정확하고, 생산 단가도 낮아 세계 시계 산업의 중심을 스위스에서 일본으로 옮겨 놓았다.

서로 먼 지역 간 교류가 활발해지고 시계가 점점 정밀해질수록, 인류는 시계가 지역별로 각각 다른 시각을 가리키는 문제에 부딪혔다. 중세까지만 해도 도시마다 태양의 위치를 기준으로 각자 시각을 쟀기 때문에, 도시 간 시각 차이는 수분에서 수십 분까지 차이를 보이기도 했다. 예를 들면 영국 런던이 정오이면 리버풀은 12시 20분, 캔터베리는 11시 50분이었다. 당시에는 전화나 라디오도 없었고 급행열차도 없었으니, 지역별로 시각이 들쭉날쭉 달라도 서로 확인할 방법도 없었고, 상관할 바도 아니었다.[3] 하지만 19세기에 철도와 전신망이 발달하면서, 이런 시간 차이는 사회적으로 큰 혼란을 초래했고, 이를 해결하기 위해 19세기 중반부터 '표준시' 개념이 논의되기 시작했다.

1840년, 영국의 그레이트 웨스턴 철도(Great Western Railway)는 열차 운행의 혼란을 줄이기 위해 모든 역의 시계를 그리니치 천문대(Greenwich Observatory) 기준으로 통일하는 '철도 시간(Railway Time)'을 도입했다. 이는 지역마다 달랐던 시간을 하나의 기준으로 맞춘 최

---

3   유발 하라리, 『사피엔스』, 김영사. 오늘날 위 세 도시는 모두 같은 표준 시각을 적용하고 있다.

초의 근대적 시도였다. 이 흐름은 1884년 미국 워싱턴에서 열린 국제 자오선 회의(International Meridian Conference)로 이어졌다. 이 회의에서 전 세계의 경도를 24등분하고, 그리니치를 본초 자오선(Prime Meridian)으로 삼기로 공식 결정함으로써, 각 지역이 1시간 단위의 표준시를 사용하는 체계가 확립되었다. 우리나라는 1908년 일본 표준시(JST, GMT+9)를 도입했으며, 해방 이후에도 이를 유지해 오늘날의 한국 표준시(KST)로 이어지고 있다.

현대에는 원자시계와 위성 GPS가 초 단위 이하까지 표준시를 관리하며, 각국의 천문대와 국제도량형국(BIPM)이 협력해 '협정 세계시(UTC)'를 유지한다. 표준시의 도입은 단순한 시간 통일을 넘어, 세계 경제와 교통, 과학 기술을 하나의 시계 아래 묶은 혁명이었다. 인류는 이때 비로소 '공유된 시간'이라는 개념을 가지게 된 것이다.

21세기에는 스마트폰과 스마트워치가 등장해 시계는 단순히 시간을 알려 주는 기계를 넘어, 건강 관리·통신·엔터테인먼트의 중심 장치로 진화했다.

우리나라 + 시계

우리나라에서 '시간의 흐름을 재는 도구'는 삼국 시대부터 존재했다. 신라 시대에는 '누각(漏刻)'이라는 물시계가 있어 시간의 흐름을 눈금이나 타종 소리로 알렸다. 조선 세종 시대에는 장영실이 자동 물시계인 '자격루(自擊漏)'와 해시계 '앙부일구(仰釜日晷)'를 제작해 왕과 백성들이 시각을 공유하게 했다.

근대적 의미의 시계는 19세기 말 개화기에 들어왔다. 1883년 인천 제물포 개항과 함께 서양식 시계가 수입되었고, 경성(서울)의 종루(鐘樓)에는 서양식 탑시계가 설치되었다. 일제강점기에는 일본제 시계가 대거 보급되었고, 해방 이후 1950~1960년대에는 세이코(Seiko), 시티즌(Citizen) 등 일본 브랜드가 시장을 주도했다.

이후 1970년대에 들어서면서 국내에서도 오리엔트 코리아(Orient Korea), 로만손(Romanson) 등의 시계 업체가 설립되며 본격적인 시계 산업의 기반이 마련되었다. 전자식·디지털 시계의 확산은 시계를 더욱 저렴하고 대중적인 물건으로 만들었고, 이는 시간 관리의 일상화를 가속했다. 오늘날에는 고급 기계식 시계와 스마트워치가 공존하는 시장이 형성되어, 시계는 기능적 도구이자 취향과 기술을 드러내는 문화적 산물로 진화하고 있다.

시계가 각 가정과 개인에게 널리 보급되기 이전에는, 대부분의 나라에서 마을이나 도시의 공공장소에 설치된 시계나 각종 소리를 이용해 시간을 알려주었다. 고대 이집트와 로마에서는 광장이나 관청에 해시계나 물시계를 설치해 시민들이 그림자의 위치나 물의 흐름으로 대략적인 시각을 가늠했으며, 필요할 때는 관리가 북이나 종을 쳐 시간을 알리기도 했다. 중국에서는 한나라 시기부터 밤 시간을 다섯 구간으로 나눈 '경(更)' 제도가 운영되었고, 야경병이 북이나 징을 두드려 시각의 경과를 알렸다. 이런 방식은 이후 일본과 우리라나에도 전해져, 근대 이전까지 밤 시간을 구분하고 관리하는 중요한 제도로 자리 잡았다.

중세 유럽에서는 수도원의 종소리가 하루의 리듬을 이끌었고, 도시 곳곳의 교회 종탑은 정시마다 종을 울려 시민들에게 시각을 알렸다. 이슬람 세계에서는 모스크의 첨탑에서 무앗진[4]이 기도 시간을 외쳐 대중에게 시각을 전했다. 조선의 보신각 종소리는 정오와 통행금지 시각을 알리는 공식적인 시보 역할을 했고, 일제강점기 초기에는 오포(午砲)를 쏴서 정오를 알렸다. 경성의 정오를 알리던 오포는 1924년 6월 20일 정오를 끝으로 멈췄고, 이후 사이렌으로 대체되었다.

고함을 치거나, 북·종·포·사이렌 등으로 시각을 알리던 나라들은 라디오가 보급되기 시작한 1920년대 중반부터는 점차 라디오 시보(時報)로 시각을 알렸다. 영국의 BBC 방송국은 1924년 2월 5일에 전 세계 최초로 시보 방송을 내보내기 시작했다. 스마트폰이 GPS로 시간을 알려 주는 시대에도, 뉴스의 맨 앞자리는 여전히 '삐—삐—삐—'로 시작하는 시보의 몫이다. 전쟁 발발 소식보다 앞서는 이 짧은 신호는, 시간의 정확성이 정보의 내용만큼이나 중요하다는 사실을 상징적으로 보여 준다.

시계의 등장은 단순한 기술 혁신을 넘어, 인간의 사고방식과 사회 구조를 바꿔 놓았다. 중세 이전의 인간은 해의 움직임이나 종소리에 따라 느슨하게 일했지만, 시계가 생기면서 '시간은 돈'이라는 개념이 생겨났다. 산업혁명

---

4   무앗진(Mu'azzin)은 이슬람 사원(모스크)에서 기도 시간을 알리는 사람이다. 무앗진은 단순히 '종을 쳐서 시간을 알리는 사람'에 머무르지 않고, 종교적 권위를 지닌 직책으로 여겨진다.

은 정확한 근무 시간을 요구했고, 시계는 규율과 효율의 상징이 되었다. 또한 시계는 '개인의 시간'을 만들어 냈다. 사람들은 손목시계를 통해 언제 어디서나 자신만의 리듬을 관리하게 되었고, 현대에는 스마트워치가 심박수와 수면 시간까지 기록하며 자기 관리의 도구로 확장되었다. 무엇보다 시계는 인류가 자연의 흐름을 넘어, 시간 그 자체를 관리하려는 의지를 상징하는 발명품이다. 해시계에서 스마트워치에 이르기까지, 시계는 인류가 우주 속에서 자신이 존재하는 순간을 의식하고, 그 흐름을 기록하려는 오랜 욕망의 결정체라 할 수 있다.

4

번개가 전해 준 신비로운 힘
전기

우리나라 역사상 최악의 폭염으로 기록되었을 2025년 여름, 전력 수요가 급증한 가운데 전국 곳곳에서 전력 설비 고장 등의 원인으로 정전이 발생했다. 한밤중에도 30℃를 오르내리는 열대야가 연일 이어지는 가운데, 정전은 단지 불편한 정도를 넘어서 정상적인 생활을 불가능하게 할 정도의 공포였다.

아파트에 사는 사람들은 푹푹 찌는 실내를 벗어나, 역시 덥기는 마찬가지이며 불빛도 없는 캄캄한 아파트 놀이터 같은 곳에서 밤을 새워야 했고, 덕분에 모기는 사람들 곁에 붙어 앉아 만찬을 즐겼다. 전기가 끊기니 엘리베이터도 운행을 멈춰, 고층에 사는 주민들은 수십 층을 걸어서 내려와야만 했다. 전기 펌프에 의존하는 대부분의 아파트는 전기가 끊기니 수돗물도 따라서 끊겼다.

일상생활의 하루이틀 불편함이야 그렇다 쳐도, 현대 문명 사회는 전기에너지에 전적으로 의존하고 있으므로 만약 정전이 장기화된다면 교통, 금융, 의료, 통신 등 모든 분야가 마비되어 그 피해는 짐작할 수도 없다. 전기는 인류의 모든 일상생활과 현대 문명을 가능하게 해 주는 대

체 불가능한 에너지이며, 현대 문명 자체가 '전기 문명'이라 해도 과언
이 아니다.

하늘 신의 분노를 길들이다

전기는 인간에게 늘 신비로운 힘으로 여겨졌다. 뭔가 존재하는 것 같기
는 한데 볼 수도 만질 수도 없었기에 더욱 그러했다. 고대 그리스의 철
학자 탈레스는 보석의 일종인 호박을 문지르면 가벼운 물체가 달라붙
는 현상을 관찰했는데, 이 현상을 호박의 그리스어인 '일렉트론($\mathring{\eta}\lambda\epsilon\kappa\tau\rho\sigma\nu$)'을 따서 그대로 '일렉트론'이라 불렀다. 즉, 정전기라는 개념을 따
로 구별해 인식한 것이 아니라, '호박에서 일어나는 특별한 힘'이라는
뜻에서 호박의 이름이 그대로 붙여졌으며, 이는 훗날 '전기'의 영어 단
어인 'electricity'의 어원이 되었다.

　18세기 중엽, 전기는 여전히 신비로운 힘이었고, 번개와 같은 자연
현상과의 관계도 명확히 밝혀지지 않았다. 정치가이지 외교관, 과학사,
작가 등 여러 분야에서 명성을 쌓은 벤저민 프랭클린은 번개에 관한 실
험도 했는데, 그는 '번개야말로 거대한 전기의 방출 현상'이라는 가설을
세웠고, 이를 증명하기 위해 고안한 것이 바로 그 유명한 연 실험이다.

　1752년 번개가 치던 어느 날, 그는 아들과 함께 연을 날렸다. 연은
비에 젖지 않도록 비단으로 만들었고, 끝에는 금속선(철사)을 길게 달아
하늘의 전하를 끌어오도록 했다. 그리고 금속선 맨 아래쪽에는 실험을
위해 쇠로 만들어진 열쇠를 매달아 두었는데, 이 열쇠가 전기를 모으는
축전기 역할을 했다. 이윽고 연이 번개 구름 아래로 올라가자, 습기를 머

금은 연줄을 따라 전하가 내려와 열쇠에 모였고, 프랭클린은 열쇠에 손을 가까이 대자 작은 불꽃이 튀는 것을 관찰했다. 이 실험을 통해 그는 번개가 정전기와 본질적으로 같은 전기 현상임을 입증했다. 실상 이 실험은 극도로 위험한 것이었는데, 프랭클린은 운 좋게 살아남았지만 몇몇 과학자들은 이와 같은 실험을 시도하다 번개에 맞아 목숨을 잃기도 했다.

곧이어 프랭클린은 이 지식을 바탕으로 피뢰침을 고안했다. 피뢰침은 건물이나 선박에 떨어지는 번개의 전하를 땅이나 바닷물로 안전하게 흘려보내 화재를 예방하는 장치로, 실제 많은 주택과 선박을 낙뢰로 인한 화재와 파괴로부터 보호하는 데 크게 기여했다. 하늘 신의 분노로 여겨지던 번개가, 인간의 지혜로 길들여진 순간이었다.

프랭클린 이후에도, 전기는 여전히 순간적인 방전으로만 얻을 수 있는 힘이었으며, 안정적인 전기 공급은 꿈 같은 일이었다. 그러던 중 1800년에 이탈리아의 물리학자 알레산드로 볼타(Alessandro Volta)가 획기적인 전기 장치를 발명했다. 그는 구리판과 아연판을 번갈아 쌓고, 그 사이에 소금물이나 묽은 산에 적신 천 조각을 끼웠다. 이 장치가 바로 오늘날 배터리의 시초가 된 '볼타 전지'이다. 볼타의 전지는 과학사에서 결정적인 도약이었다. 이제 실험자들은 한순간의 불꽃이 아니라, 원하는 만큼 지속적으로 흐르는 전기를 손에 넣을 수 있게 되었다. 그 결과 전기분해, 화학 반응 연구, 전기 자극 실험 등 근대 전기화학과 전자기학의 문이 활짝 열렸다. 오늘날 전압의 단위는 볼타의 업적을 기려 '볼트(Volt)'로 불리고 있다.

거대한 전기 혁명의 시대

19세기는 문자 그대로 '전기의 시대'였다. 그전까지 전기는 과학자들의 호기심을 자극하는 실험의 대상이었으나, 이 시기에 들어 인류 생활을 바꾸는 동력이 되었다.

먼저 1820년 덴마크의 물리학자 외르스테드(Hans Christian Ørsted)는 전류가 흐르는 도선 옆에 나침반을 두었을 때 바늘이 움직이는 현상을 발견했다. 전기와 자기의 관계가 드러난 순간이었다. 1831년에는 영국의 물리학자 마이클 패러데이(Michael Faraday)가 전선으로 감은 코일 근처에서 자석을 움직이면 전류가 발생한다는 사실, 즉 '전자기 유도 법칙'을 발견했다. 이 원리는 발전기와 전동기의 이론적 기초가 되었고, 동시에 전기를 저장하고 활용하려는 시도가 이어졌다. 한편 볼타 전지의 발명 이후 19세기 중반에는 다니엘 전지와 그로브 전지 같은 개량형 전지가 등장하면서 안정적인 전류 공급이 가능해졌다.

실용화 단계에서 가장 큰 공헌자는 토머스 에디슨괴 세르비아계 미국인 발명가이자 물리학자, 전기공학자인 니콜라 테슬라(Nikola Tesla)였다. 에디슨은 1879년 백열전구를 개발했고, 뉴욕에 직류(DC) 전력 공급망을 구축했다. 뉴욕 맨해튼의 펄 스트리트(Pearl Street) 일대가 전등으로 환하게 밝혀지자, 사람들은 밤에도 안심하고 거리를 거닐 수 있게 되었다.

하지만 직류 방식은 장거리 송전 시 전압이 급격히 떨어지는 단점이 있었다. 이런 에디슨의 직류 방식에 맞선 인물이 바로 테슬라였다. 그는 교류(AC) 시스템을 고안하고, 조지 웨스팅하우스(George Westinghouse)

와 협력해 장거리 송전 기술을 상용화했다. 1893년 시카고 박람회에서 교류 전기가 전시되어 박람회장을 화려하게 밝히자, 교류 방식의 효율성과 실용성은 널리 입증되었다. 이후 나이아가라 폭포 수력발전소가 교류 방식으로 완공되면서, 교류는 세계 전력 시스템의 표준으로 자리 잡았다. 이제 전기는 단순한 과학적 발견에서 벗어나 사회 전체의 구조를 바꾸는 인프라로 발전했으며, 이는 과학자의 실험, 발명가의 도전, 기업가의 투자, 그리고 대중이 함께 만들어 낸 거대한 혁명이었다.

진화하는 문명의 심장, 발전소

상업적인 발전소의 시작은 1882년, 미국 뉴욕의 펄 스트리트에 세워진 석탄 화력발전소였다.[5] 에디슨이 주도한 이 발전소는 증기기관으로 발전기를 돌려 전기를 생산하고, 이를 케이블로 주변 건물에 공급했다. 공급 범위는 몇 블록 남짓이었지만, 인류 최초로 집단적 전력 공급이 가능해진 사건이었다.

　곧이어 교류 송전 기술이 자리 잡으면서 발전소의 성격은 급격히 변화했다. 직류 발전소가 소규모, 제한된 지역의 전력 공급에 머물렀던 반면, 교류 발전소는 장거리 송전이 가능했으며, 1895년 완공된 나이아가라 폭포 수력발전소가 대표적이다. 폭포의 거대한 수량을 이용한 이 발

5　1882년 세계 최초의 상업용 발전소로 평가받은 펄 스트리트 화력발전소 이전에도 전기를 생산하는 설비는 존재했다. 1878년에 영국 노섬벌랜드(Northumberland) 지역의 호수에 최초의 소규모 수력발전소가 지어졌는데, 이 발전소는 전력을 판매할 목적은 아니었고 개인 저택의 조명을 밝히기 위한 용도였다.

전소는 수십 km 떨어진 도시까지 전기를 보냈고, 이는 '자연의 힘을 길들여 도시 문명을 돌린다'는 상징적 의미를 가졌다.

20세기에는 발전소의 종류가 다양해졌다. 석탄과 석유를 태우는 화력발전은 공업화를 뒷받침하는 핵심 에너지원이 되었고, 댐을 이용한 수력발전은 전력뿐 아니라 치수와 농업용수 공급에도 기여했다. 1950년대 초부터 미국에서 원자력 발전에 대한 본격적인 연구가 시작되었고, 이어 1954년 6월, 소련에서 세계 최초로 전력망에 연결된 원자력발전소인 '오브닌스크 원자력발전소'가 가동되었다. 이 발전소는 원자력이 실험 단계를 넘어 실제 전력 생산에 활용될 수 있음을 보여 주며, 원자력 발전의 시대를 여는 계기가 되었다. 원자력은 안전성과 환경 문제를 둘러싼 논란에도 불구하고, 오늘날까지도 여러 나라에서 주요 발전 방식 가운데 하나로 유지되고 있다.

우리나라의 발전소 역사는 1898년 인천의 소규모 화력발전소와 평양의 수력발전소로 시작되었다. 이후 일제강점기에 대규모 수력발전소가 북한 지역에 건설되었고, 해방 이후 남한은 발전소 부족으로 심각한 전력난을 겪었다. 그러나 1960년대 이후 경제개발 계획과 함께 화력·수력·원자력 발전소가 본격적으로 건설되자 전국에 안정적으로 전기가 공급되기 시작했다. 특히 1978년 4월에 첫 전력 송출을 시작한 고리 원자력발전소는 우리나라가 에너지 자립으로 나아가는 중요한 분기점이 되었다.

오늘날 발전소는 신재생 에너지를 결합한 복합 발전소, 지역 열병합 발전소, 스마트 그리드와 연결된 차세대 발전소 등 에너지 효율과 환경 문제를 동시에 고려하는 방향으로 진화하고 있다. 발전소는 문자 그대로 문명의 심장부이며, 인류가 어둠을 몰아내고 도시와 산업을 움직이는 데 필요한 거대한 엔진이라 할 수 있다.

우리나라 + 전기

우리나라에 전기가 처음 들어온 날은 1887년 3월 6일, 경복궁 건청궁에서 고종 황제가 직접 전등을 밝힌 순간이었다. 향원정 연못가에 설치된 발전기는 당시 동양에서 가장 성능이 뛰어난 것으로, 750개의 백열등을 켤 수 있는 규모였다. 이 발전기는 미국 에디슨 전기회사의 윌리엄 멕케이(William McKay)가 설치했으며, 석탄을 연료로 하고 물을 끓여 그 증기로 발전기를 돌렸다.

1898년에는 한성전기회사가 세워져 전차와 가로등을 운영했다. 종로 거리에 전차가 등장하고 밤거리에 전등이 켜지자 시민들은 경이로움을 느꼈다. 그러나 당시 전기는 아직 부유층과 일부 기관의 전유물이었고, 일반 대중에게까지 보급되는 데는 시간이 필요했다. 일제강점기에는 일본인 주도의 전력 회사들이 들어섰고, 수력 자원이 풍부한 북부 지역을 중심으로 대규모 발전소가 건설되었다. 그 결과 해방 직후 남한은 만성적인 전력 부족에 시달렸으나, 1960~1970년데 경제개발 계획이 추진되면서 화력과 수력, 이어 원자력발전소까지 건설되며 전력 생산 능력이 크게 향상되었다. 이런 과정을 거쳐 전기는 전국적으로 보급되었고, 오늘날 우리나라는 세계적 수준의 전력 인프라와 전력 기술을 갖춘 국가로 성장했다.

한때 전기는 신의 영역으로 여겨졌던 만큼, 그 역사에는 기묘한 일화가 많이 남아 있다. 에디슨과 테슬라의 '전류 전쟁'은 그 대표적 사례다. 에디슨은 교류의 위험성을 강조하기 위해 길거리에서 개와 말을 교류 전기로 감전시키는 시연을 하기도 했다. 심지어 최초의 전기 사형 기구(전기의자)를 교류 전기로 작동시켜, 사람들에게 공포심을 심어 주었다. 테슬라는 이에 아랑곳하지 않고 극장의 수많은 관객 앞에서 자기 몸에 교류 전기를 흘려 보내는 퍼포먼스를 선보이며 교류 전기의 안전함을 보여 주었다. 이를 본 관객들은 경악했고, 그를 '인간 번개'라고 부르기도 했다.

테슬라가 감전되지 않았던 데에는 과학적 원리가 숨어 있었다. 그가 시연에 사용한 것은 일반 가정용 60Hz 교류가 아닌, 약 100kHz 전후의 고주파 교류 전류였다. 고주파 전류는 피부 표면을 따라 흐르는 '표피 효과(skin effect)'를 일으켜 인체 깊숙이 침투하지 않는다. 즉, 전류가 몸속 장기를 지나지 않고 피부를 타고 흘러가기 때문에 치명적 충격을 주지 않는 것이다. 테슬라는 이 원리를 이해하고 있었기에 수천 볼트의 전압을 흘려도 큰 위험 없이 쇼맨십을 발휘할 수 있었다.

물론 그가 다루던 장치는 매우 정교하게 설계된 것이었고, 일반인이 따라 했다면 큰 사고로 이어졌을 가능성이 높다. 그의 이런 '전기 쇼'는 대중에게 교류 전기의 안전성을 과시하려는 전략이었으며, 무대 위에서 보인 그의 멀쩡한 모습은 사람들의 불안을 잠재우고 교류 전기의 대중화를 이끄는 데 결정적인 역할을 했다. 한편 에디슨은 테슬라와의 경쟁 과정에서 교류 방식이 특히 위험하다는 인상을 강조했으나, 전기의 위험성은 교류와 직류의 구분만으로 설명될 수 있는 문제가 아니다. 실제로는 직류 역시 전압이 수백 볼트에 이르거나, 전압이 상대적으로 낮더라도 전류의 세기가 커질 경우 인체에 치명적인 위험을 초래할 수 있다. 감전의 위험성은 전류의 형태보다 전압, 전류의 크기, 인체를 통과하는 경로, 노출 시간 등 물리적 조건에 의해 결정되기 때문이다.

전기는 인류 문명을 근본적으로 바꿔 놓았다. 밤을 낮처럼 밝혀 사회와 경제 활동의 시간을 연장했고, 산업 현장에서는 기계를 돌려 대량 생산을 가능케 했다. 가정에서는 냉장고, 세탁기, 전기밥솥 등이 일상생활을 바꾸었고, 의학에서는 MRI와 심장박동기 같은 최첨단 장비가 생명을 구했다. 통신의 혁명도 전적으로 전기 덕분이었다. 전신, 전화, 라디오, 텔레비전, 그리고 오늘날의 인터넷과 스마트폰까지 모두 전기의 흐름 위에서 가능했다. 현대인의 하루는 눈을 뜨는 순간부터 전기에 기대며, 도시의 불빛, 교통, 컴퓨터, 인공지능까지 모두 전력망이라는 보이지 않는 혈관 위에 놓여 있다. 전기는 단순한 에너지원이 아니라, 온 세상을 돌며 인류 문명의 심장을 뛰게 하는 혈액과도 같다.

5

눈앞에서 펼쳐지는 먼 곳의 이야기
텔레비전

우리나라에서 텔레비전은 오랫동안 가장 영향력 있는 미디어였다. 한때 국민의 일일 평균 텔레비전 시청 시간은 3시간에 이를 정도였고, 텔레비전은 대부분의 가정에서 거실의 중심을 차지하며 소파의 방향까지 결정하는 존재였다. 많은 사람이 그 화면을 통해 울고 웃고, 뉴스와 오락, 광고를 함께 소비하며 일상의 리듬을 공유했다.

오늘날에는 스마트폰과 온라인 영상 플랫폼의 확산으로 미디어 소비가 분산되었고, 개인화된 시청 방식이 보편화되었음에도 불구하고 텔레비전은 여전히 가족이 함께 시청하는 공통의 화면이자, 사회적 사건과 공적 담론이 집약되는 매체로서 독자적인 위치를 차지하고 있다. 이런 점에서 텔레비전은 미디어 환경이 변화한 지금까지도 인간의 생활 방식과 사회적 소통을 가장 깊숙이 바꾸어 온 발명품 가운데 하나라고 평가할 수 있다.

우리가 시청자의 한 사람으로서 텔레비전을 말할 때는, 그것이 과거의 CRT TV이건, 지금의 LCD TV이건, 보통은 'TV 수신기(受信機)'를 지칭한다. 그러나 우리가 TV 수신기를 통해 뭔가를 시청할 수 있는 것은 방송국이나 사건 현장에서 영상·소리 신호를 확보해 송출하는 장치(촬영 및 송신기)와 이 신호를 수신해 다시 영상으로 재생하는 장치(수신 및 디스플레이), 즉 포괄적인 'TV 시스템'이 100여 년 전에 발명된 덕분이다.

인류의 삶을 바꾼 다른 많은 발명품이나 발견에 비해 비교적 역사가 짧은 이 TV시스템의 시작은 한 천재의 발명에서 비롯된 것이 아니라, 서로 다른 나라의 공학자, 과학자 들의 연구와 실험의 성과가 축적된 결과이며, 이는 비교적 짧은 시간에 오늘날의 TV 시스템으로 발전했다.

'움직이는 그림'이 현실로

텔레비전의 뿌리는 전신, 전화, 사진 기술이 태동하던 19세기 후반으로 거슬러 올라간다. 당시 사람들은 '소리를 전송하듯, 영상도 전송할 수는 없을까?'라는 상상을 품었다. 영상을 전송하려면 먼저 영상을 전기적인 신호로 바꾸는 것이 첫 번째 과제였는데, 1884년 독일의 기술자 파울 니프코(Paul Nipkow)가 '니프코 원판(Nipkow Disk)'을 제안함으로써 영상을 송신하는 가능성을 열었다.

니프코가 제안한 장치는 얇은 금속 원판에 나선형으로 작은 구멍들이 뚫려 있고, 원판이 모터로 빠르게 회전하면서 피사체의 각기 다른 부위에서 나온 빛이 각 구멍을 통과한다. 그러면 회전하는 원핀은 이미지를 한 줄씩, 순차적으로 '스캔' 하게 되는 것이다. 구멍을 통과한 빛은

---

6 광전관은 아인슈타인이 발견한, 빛과 전자 간의 광전효과를 이용해 빛을 전기 신호로 전환하는 장치이다. 아인슈타인은 광전효과를 발견한 공로로 1921년에 노벨물리학상을 수상했다.

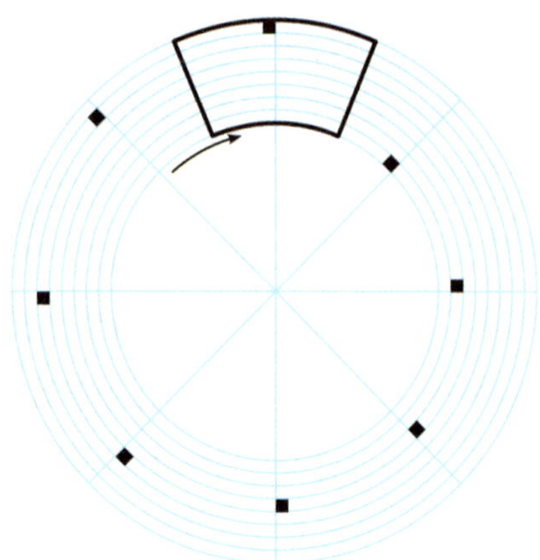

니프코 원판의 원리를 설명하는 개략도.[7]

'광전관(光電管, photoelectric cell)'[6]에 닿아 빛의 밝기에 따라 전기 신호로 변환되고, 이 전기 신호는 유무선으로 TV 수신기로 보내진다.

이 이론적 설계는 매우 혁신적이었지만, 당시에는 필요한 부품(광전관, 증폭기, 정밀 모터 등)들이 발명되기 전이었으므로 실제로 구현할 수는 없었다. 그러나 영상을 점 단위로 분해해 송신한다는 아이디어는 후대 발명가들에 의해 결국 구현되었고, 오늘날에도 TV 화면을 재생하는 '주사(走査, scanning)'의 근본 원리가 되고 있다.

한편, 러시아의 전기공학자였던 콘스탄틴 페르스키(Constantin Perskyi)는 1900년에 파리 세계박람회 중 개최된 '국제 전기 회의'에 제

---

7 원판이 빠르게 회전하면 위의 부채꼴 영역의 영상이 스캔되면서 영상신호를 추출할 수 있다. 상세한 설명은 en.wikipedia.org/wiki/Nipkow_disk 참조.

출한 논문에서 'Tele(멀리)'와 'Vision(보다)'이라는 단어를 합쳐 '텔레비전
(Television)'이라는 단어를 처음으로 만들어 사용했다. 페르스키는 자신
의 논문에서 니프코 등의 연구를 언급하면서 "언젠가 전기적 수단으로,
영상을 원거리로 실시간 전송할 수 있을 것"이라고 예견하기도 했다.

전자식 TV의 탄생

니프코의 기본 원리와 페르스키의 예견은 지금으로부터 100년 전인
1920년대 중반, 전자공학의 발전에 힘입어 마침내 현실화되었다. 이 시
기에 등장한 것은 오늘날의 전자식 텔레비전과는 다른 형태의 기계식
텔레비전이었으며, 영상 신호를 점 단위로 분해해 전송하고 재구성한
다는 기본 발상이 실제 장치로 구현되기 시작한 단계였다.

스코틀랜드의 엔지니어 존 로지 베어드(John Logie Baird)는 1920년
대 중반, 니프코가 고안한 회전 원판 방식에서 착안한 기계식 주사 장치
를 이용해 영상을 한 줄씩 스캔하고, 이를 광전관을 통해 전기 신호로
변환해 송신한 뒤, 수신 측에서 다시 빛으로 재현하는 일련의 실험에 성
공했다. 그리고 1926년 1월 26일, 런던의 한 백화점에서 사람의 얼굴
을 전송하는 공개 실험을 시연했다. 그가 전송한 사람 얼굴 영상은 30
줄(line) 해상도로 매우 낮았고, 그가 시연한 텔레비전은 니프코 원판과
광전관을 이용한 반(半)기계적인 텔레비전이었지만, 사상 최초로 멀리
떨어진 곳까지 영상을 전송하는 데 성공한 것만으로도 대중을 열광시
키기에 충분했다.

기계식 텔레비전이 성공을 거둔 지 얼마 지나지 않아, 회전 원판과

같은 기계적 장치를 완전히 배제한 전자식 텔레비전이 등장했다. 1927년 9월 7일, 미국의 발명가 필로 판스워스(Philo T. Farnsworth)는 자신이 개발한 전자식 촬영관인 '이미지 디섹터(Image Dissector)'를 이용해 세계 최초로 완전 전자식 영상 전송에 성공했다. 영상의 송신과 수신 모두 전자빔과 진공관 기술을 사용했으며, 어떠한 회전판이나 기계적 부품도 없었기 때문에 이 실험은 '완전 전자식 텔레비전의 효시'로 평가받는다.

1930년대에는 전자식 TV 기술이 폭발적으로 발전했다. 1931년, 미국 RCA사의 블라디미르 즈보리킨(Vladimir Zworykin)은 아이코노스코프(Iconoscope) 촬상관[8]을 개발해 전자식 TV 시스템 상용화의 길을 열었다. 1936년 영국의 BBC는 세계 최초로 정규 텔레비전 방송을 시작했고, 1939년 뉴욕 만국박람회에서는 NBC가 미국 최초의 공식 방송을 선보였다. 당시에는 이미 음극선관(Cathode-Ray Tube, CRT)[9]이 발명된 후였기 때문에, 아이코노스코프 촬상관으로 촬영하고 BBC가 송출한 방송은 수신하는 쪽에서는 CRT가 장착된 TV 수신기로 수신 및 시청할 수 있었다.

---

8 아이코노스코프 촬상관은 텔레비전 방송을 송출할 때 사용되는 핵심 부품이다. 방송국 같은 곳에서 영상을 촬영하는 부품으로, 오늘날의 카메라 센서(CCD)의 원형으로 볼 수 있다.

9 음극선관(陰極線管)은 전자를 쏘아 마스크에 충돌시켜 영상을 표시하는 일종의 진공관이다. 여러 가지 디스플레이 기술 중 역사가 가장 긴 기술로, 최초의 버전은 1897년 독일의 물리학자 페르디난트 브라운(Karl Ferdinand Braun)이 발명해 '브라운관'으로도 불린다.

흑백 TV

제2차 세계대전은 텔레비전 산업 발전을 일시적으로 멈추게 했다. 생산 설비가 군수품 제조로 전환되면서 TV 개발은 중단되었지만, 전쟁 중 개발된 전자관, 레이더, 송신 기술은 전후 TV 기술에 그대로 응용되었다. 전쟁이 끝나자마자, 텔레비전은 평화의 상징으로 급부상했다. 1946년 미국에서 본격적인 상업 방송이 재개되었고, 1950년대 초에는 미국 가정의 절반 이상이 텔레비전을 보유하게 되었다. 흑백 화면을 통해 정치 토론, 드라마, 스포츠, 다채로운 광고가 사람들의 일상 속으로 들어오면서, TV는 이제 더 이상 단순한 오락 기구가 아니라 새로운 대중문화의 중심이 되었다.

총천연색 컬러 TV

1954년, 미국 RCA가 컬러 TV 방송을 시작했다. 처음에는 비싼 장비와 표준 규격의 혼선으로 보급이 더뎠지만, 1960년대 들어 NTSC(National Television System Committee) 방식이 국제 표준으로 자리 잡으며 세계 각국이 컬러화에 나섰다. 그리고 1969년, 인류 최초의 달 착륙이라는 역사적 순간이 TV를 통해 전 세계에 생중계되었다. 비록 달 표면에서의 첫 발걸음은 흑백 화면으로 전달되었지만, 이 사건은 텔레비전이 인류의 공동 경험을 실시간으로 공유하는 매체임을 극적으로 보여 주었다. 이때를 두고 "인류가 달에 선 순간, 모든 인류는 TV 앞에 있었다"는 상징적인 말이 생겨났다. 이 시기 일본의 소니(Sony), 유럽의 필립스(Philips), 미국의 RCA 등 전자 기업들이 기술 경쟁을 벌이며 브라운관(CRT)의 해상도는 점점 높아졌고, 리모컨과 비디오테이프가 등장해 TV는 가정의 중심 가전으로 완전히 자리 잡았다.

평면 TV, 화면을 넘어 플랫폼이 되다

1980년대 후반, 마이크로칩과 트랜지스터 기술의 발달로 TV는 점점 작아지고 가벼워졌다. 1990년대에는 위성방송과 케이블 TV가 확산되며 채널 수가 폭발적으로 증가했다. 아날로그 전파 대신 디지털 신호가 본격적으로 도입되면서 화질은 선명해지고, 자막, 다중 음성 등 다양한 부가 기능이 추가되었다. 2000년대 들어서는 브라운관이 사라지고 평면 TV의 시대가 열렸다. LCD와 플라즈마, 이후 OLED와 QLED 같은 신기술이 등장하면서 텔레비전은 불과 몇 센티미터 두께의 얇은 '빛의 벽'으로 진화했으며, 이제는 단순한 방송 수신기를 넘어, 인터넷·스트리밍·게임과 연결된 거대한 미디어 허브가 되었다.

우리나라 + 텔레비전

우리나라에 TV가 처음 소개된 것은 1950년대 초 한국전쟁 전후로, 주한 미군이 사용하던 방송 장비와 수상기를 통해서였나. 다만 이 시기의 텔레비전은 미군 기지 내부에서 제한적으로 활용되었을 뿐, 일반 대중이 접할 수 있는 매체는 아니었다.

1956년 5월, 국내 최초의 TV 방송국(현 KBS의 전신)이 무선호출 부호[10] 'HLKZ-TV'를 가지고 서울 남산에서 시험 방송을 시작하며 텔레비전 방송 시대가 열렸다. 초기에는 수상기 200여 대가 전부였고, 그것도 대부분 미군이나 상류층의 전유물이었지만, 1961년 KBS TV가 정식 개국한 후에는 서민 가정에도 조금씩 확산되었다.

1969년 MBC 개국, 1980년 컬러 방송 도입을 거치며 TV는 급속히 보급되었다. 1990년대에는 케이블 방송, 2000년대에는 디지털 방송이 자리 잡았고, 2012년에는 우리나라가 세계 최초로 지상파 아날로그 방송을 전면 중단하며 완전한 디지털 전환을 이룩했다. 현재 우리나라의 텔레비전 산업은 삼성전자와 LG전자를 중심으로 세계 시장을 선도하는 위치에 서 있다.

오늘날에는 대부분의 가정이 한 대 이상의 TV를 보유하고 있지만, 1970년대만 해도 TV가 있는 집은 동네에 몇 집 되지 않았다. 방송 시간도 지금처럼 하루 종일 이어지지 않아, 대체로 오후 5시부터 밤 11시까지만 전파를 탔다. 그 시절 TV가 있는 집은 자연스레 동네의 사랑방이 되었고, 오후 5시가 되면 동네 꼬마들이 옹기종기 모여 앉아 오후 5시부터 시작하는 어린이 프로를 시청하느라 정신이 없었다. 그러니 TV가 있는 집 아이는 자기 마음에 들지 않는 동네 친구에게 TV를 보여 주지 않겠노라 위세를 떨기도 했다.

　해가 지고 어둑어둑해지면 동네 어른들도 하나둘씩 모여들어 연속극이나

10　방송 무선호출 부호는 전 세계에서 무선국을 구분하기 위해 각 기기와 방송국에 부여된 국제 공통 식별 체계이다. 우리나라 방송국의 호출 부호가 'HL'로 시작하는 것은 1947년 9월 3일, 미군정이 ITU(국제통신전기연합)로부터 해당 접두어를 부여받았기 때문이다. 예를 들어 KBS1 TV는 초기에는 HLKZ-TV를 사용했으며, 디지털 방송 전환 이후에는 HLKA-DTV(서울 기준)를 사용하고 있다. MBC TV 역시 초기에는 HLKV-TV를 사용했고, 현재는 HLKV-DTV로 운용 중이다. 특히 'HLKZ-TV'는 우리나라 최초의 텔레비전 방송국의 호출 부호이자 공식 명칭이었다. 참고로 일본 방송국의 호출 부호는 'JO'로 시작한다.

흑백 브라운관 TV.

뉴스를 함께 시청하곤 했다. 이렇듯 당시에는 TV가 단지 '안방극장'이 아니라 '동네 극장'으로 귀한 대접을 받았다. 동네 극장이라 해도 브라운관 화면 크기는 고작 20인치에 불과했으니, 오늘날 일반 가정집의 LED TV가 보통 60~70인치, 경우에 따라서는 100인치를 훌쩍 넘는 것에 비하면 정말 귀여운 사이즈였다. 이 작은 TV를 동네 사람들이 모여 앉아 같이 보며 함께 울고, 웃고 했다. 당시 TV는 매우 귀한 고가의 재산이었기 때문에 미닫이 문이 달린 별도의 전용 수납장에 소중히 모셔지곤 했다.

텔레비전은 인류의 공동 기억을 창조한 발명품이다. 인간이 달에 착륙한 순간, 베를린 장벽이 무너진 밤, 올림픽과 월드컵의 환호, 재난의 비극까지, 모든 인류가 같은 장면을 동시에 보게 된 최초의 매체가 바로 TV였다. 가정에서는 온 가족이 TV를 중심으로 한데 모였으며, 정치·경제적으로는 여론을 형성하는 강력한 도구가 되었다. TV 광고는 소비문화를, 드라마와 예능은 사회적 가치관을 형성했다. 오늘날과 같은 스트리밍 시대에도 '텔레비전'이라는 단어는 여전히 '세상을 바라보는 창'으로 쓰인다. 그것은 TV가 단순한 기계가 아니라, 인류가 서로를 바라보고 이해하려 노력한 기억의 매개체이기 때문이다.

6

안전한 냉기를 찾아서
냉장고

냉장고, 세탁기, 에어컨 등은 흔히 '백색 가전'이라고 불리며, 현대인의 일상 속에서 가장 믿음직한 조력자로 자리 잡아 왔다. 집 안 구석구석을 둘러보면, 이 기계들은 마치 오래 전부터 그 자리를 지켜온 듯 제자리에서 자연스럽게 우리의 하루를 지탱해 주고 있다.

백색 가전이라는 말은 과거 미국의 제너럴일렉트릭이 판매하던 제품들이 대부분 흰색이나 베이지색 계열이었던 데에서 비롯되었지만, 그 안에는 단순한 색의 개념을 넘어 시대의 생활상이 녹아 있다. 깨끗하고 단정하며, 언제나 그 자리에 있을 것만 같은 신뢰감. 백색 가전은 그런 인상을 오래도록 간직해 왔다.

그중에서도 냉장고는 백색 가전의 대표 주자로서, 오늘날 주방의 중심에 당당히 자리 잡고 있다. 과거에는 난지 식재료를 차갑게 보관하는 상자에 불과했지만, 지금의 냉장고는 그보다 훨씬 더 넓은 영역으로 그 역할을 넓혀 가고 있다. 이제는 냉장고가 알아서 안에 남아 있는 식재료를 파악하고, 저녁에 어떤 요리를 만들면 좋을지, 또는 무엇을 더 사면 좋을지 추천해 주는 시대가 되었다. AI가 제안하는 레시피는 어느새 자연스럽게 저녁 식탁의 메뉴가 되고, 냉장고의 세련된 디자인은 공간의 분위기까지 바꾸어 놓았다. 냉장고의 이런 눈부신 기술 발전은 불과 지난 수십 년 사이에 집중적으로 이루어졌다. 그러나 인류는 그보다 훨씬 오래전부터, 사막의 무더위 속에서도 음식을 오래 보존하기 위한 방법을 끊임없이 연구해 왔다.

귀족을 위한 얼음 저장소

냉장고라는 기계가 등장하기 전에도 인간은 식품을 신선하게 보관하기 위해 먼 옛날부터 다양한 지혜를 발휘해 왔다. 고대 메소포타미아와 이집트에서는 지하 저장고를 만들고, 겨울철에 얼음을 채취해 저장한 뒤 여름에 사용했다. 중국에서는 기원전 1천 년경 이미 얼음을 저장하는 빙실(氷室)을 두었고, 로마 제국 역시 눈과 얼음을 산에서 운반해 귀족들의 식탁에 올렸다.

그러나 이는 귀족이나 부유층에 국한된 사치였다. 일반적으로는 고기나 생선을 보존하는 데 염장(鹽藏)과 훈제 외에는 다른 방법이 없었다. 그러나 염장 역시 돈이 많이 드는 일이었으니, 13세기 말 기준으로 고기 5페니(옛날 화폐 기준) 어치를 염장하는 데 소금 2페니가 소요되었다고 한다. 상하기 쉬운 우유는 발효시켜 보존했는데 그 덕분에 각 지역마다 독특한 발효 방식이 발전했다. 훨씬 더 사치스럽고 맛있는 음식을 보존할 때는 설탕으로 절이기도 했다.

우리나라에서도 비슷한 얼음 저장 문화가 발전했다. 특히 조선 시대 한양에는 국가 차원에서 얼음을 보관하던 서빙고(西氷庫)와 동빙고(東氷

庫)가 있었다. 매년 겨울 한강에서 얼음을 채취해 두꺼운 흙벽과 이중 지붕으로 만든 이 창고에 저장했다가 여름철 왕실과 관청에서 사용할 수 있도록 했는데, 서빙고와 동빙고는 각각 지금의 서울 이촌동 지역과 옥수동 지역에 위치했으며, 둘 다 국가가 철저히 관리하는 '공식 냉장고'였다. 이는 우리나라가 일찍이 계절적 자원을 이용해 냉장 기술을 제도화한 사례로 평가된다.

근대 냉장 기술의 발전

17세기 과학혁명 이후 '차갑게 만든다'는 행위가 점차 과학적으로 연구되기 시작했다. 1626년 영국의 정치가이자 철학자였던 프랜시스 베이컨(Francis Bacon)은 공직에서 물러난 후 다양한 과학 실험을 하며 여생을 보냈는데, 눈을 이용해 닭고기를 보관하는 실험을 반복적으로 하다 결국 폐렴으로 사망했다는 일화가 전해지기도 한다.

18세기 후반에는 스코틀랜드의 의사이자 화학자였던 윌리엄 컬런(William Cullen)이 최초로 인공적인 냉각 실험에 성공했는데, 이는 현대 냉장 기술의 시초로 평가된다. 이후 19세기 초 미국의 발명가 올리버 에번스(Oliver Evans)가 증기기관을 동력으로 이용한 증기 압축 방식을 구상했고, 발명가 제이컵 퍼킨스(Jacob Perkins)가 이를 실현해 최초의 냉동기를 발명했다.

19세기 들어 얼음 채취 및 유통은 거대한 산업으로 성장했다. 미국 보스턴의 사업가 프레더릭 튜더(Frederic Tudor)는 겨울철에 호수에서 얼음을 대량으로 잘라내어 단열재로 싸서 남미, 인도, 동남아까지 수출하며 '얼음 왕(Ice King)'으로 불렸는데, 당시 인도까지 운송된 얼음은 현지 상류층 사이에서 엄청난 사치품으로 취급되었다. 예를 들어 1830년대 인도 캘커타에서는 미국산 수입 얼음 1파운드가 현지 노동자의 하루 임금에 맞먹을 정도로 비쌌고, 쿠바 아바나에서는 얼음 한 덩어리가 사탕수수 노동자들이 며칠간 일해 벌어야 살 수 있을 만큼 고가였다고 하니, 얼음은 단순한 식품 보관재가 아니라 권력과 부를 드러내는 '하얀 금'이었던 셈이다. 그래서 당시에는 "부자는 여름에도 얼음을 얻지만, 가난한 사람은 겨울에만 얼음을 얻는다"는 말이 유행했다고 한다.

한편, 천연 얼음은 운송 과정에서 녹아 손실이 크고, 위생 문제도 있었다. 공장 매연이나 가축 배설물로 오염된 얼음을 음식과 함께 사용하면 전염병이 번질 위험이 컸다. 이런 한계가 기계식 냉장고의 필요성을 자극했다.

미국에서는 19세기 중반까지 겨울철에 강과 호수에서 채취한 얼음을 저장해 두었다가, 여름철에 도시는 물론 국내외로 운송해 사용하는 관행이 널리 이루어졌다. 얼음은 처음에는 주로 말의 힘을 이용한 얼음 절단기(ice plow)로 채취했는데, 이는 얼음 위에 홈을 내어 규격화된 얼음 덩어리를 잘라내는 방식이었다. 1850년대 중반부터는 증기기관이 얼음 절단과 운반 과정에 도입되기 시작하면서, 얼음 채취의 효율이 크게 향상되었고, 그에 따라 얼음의 생산량과 소비량도 급증했다. 실제로 뉴욕시는 1856년에 약 10만 톤의 얼음을 소비한 것으로 기록되며, 이후 수요가 빠르게 증가해 1870년대 후반에는 연간 소비량이 100만 톤에 근접한 것으로 알려져 있다.[11]

　　19세기 말, 얼음 생산과 냉각에는 여전히 증기기관을 동력원으로 한 기계식 냉동 장치가 사용되었으며, 암모니아와 이산화황 같은 물질이 냉매로 널리 활용되었다. 이러한 대형 냉장 설비는 주로 맥주 양조장, 육류 가공·냉동 창고, 유제품 업체 등 산업 현장에 도입되면서, 공업적으로 얼음을 대량 생산하는 체계를 가능하게 했다. 그러나 이들 설비는 유독성 냉매의 위험성, 거대한 규모 등의 문제로 가정용으로 보급되기에는 한계가 있었다. 대신 당시 가정에서는 '아이스박스(icebox)'라 불린 목재 상자 형태의 냉장 박스를 사용했다. 아이스박스는 내부를 아연이나 주석으로 마감하고, 코르크·톱밥 등 단열재를 채워 위쪽에 넣은 얼음의 냉기를 활용해 식품을 보관하는 방식이었다.

　　얼음으로 식품을 보존하는 방식은 우리나라에서도 1970년대까지 널리 이용되었다. 그 당시에는 우리나라에도 가정용 냉장고가 보급되었지만, 비싼 냉장고를 구입할 형편이 되지 않은 서민들은 큼지막한 스티로폼 상자에 상하기 쉬운 음식을 넣고 그 안에 얼음을 넣어 보존했다. 내가 어렸을 때만 해도 동네마다 얼음 가게가 있었는데, 아버지를 따라 며칠에 한 번씩 얼음을 사러 가곤 했던 기억이 난다.

냉장고의 대중화를 앞당긴 두 얼굴의 '프레온'

20세기 초, 전기가 보급되면서 전기식 냉장고 개발이 본격화되었다. 1913년 미국의 프레드 울프(Fred W. Wolf)는 세계 최초의 가정용 전

11　비 윌슨, 『포크를 생각하다(식탁의 역사)』, 까치.

세계 최초의 가정용 전기냉장고 DOMELRE의 광고 전단.

기냉장고 'DOMELRE(Domestic Electric Refrigerator의 약자)'를 발명했고, 1920년대에 들어서면서 켈비네이터(Kelvinator), 프리지데어(Frigidaire), 제너럴일렉트릭 등이 상업적으로 성공한 가정용 냉장고를 출시했다. 초기에는 가격이 비싸 부유층의 전유물이었으나, 1930년대 대량 생산 체제가 확립되면서 냉장고는 중산층으로 확산되었다.

냉장고의 대중화에는 또 하나의 중요한 전환점이 있었다. 초기 가정용 냉장고는 암모니아, 메틸클로라이드, 이산화황과 같은 독성·가연성 냉매를 사용했는데, 이들 물질은 누출 시 중독이나 폭발 사고를 일으켜 실제로 인명 피해를 낳기도 했다. 이러한 안전 문제를 해결하기 위해 1928년 미국 제너럴일렉트릭(GE)에서 토머스 미즐리(Thomas Midgley Jr.) 등이 개발한 염화플루오린화탄소(CFC) 계열 냉매, 즉 '프레온(Freon)'이 새로운 표준으로 자리 잡게 되었다. 프레온은 기존 냉매에 비해 화학적으로 안정적이고 가연성이 없으며, 냄새나 자극이 거의 없어 당시 기준에서는 인체에 안전한 물질로 인식되었다. 프레온의 도입은 냉장고와 에어컨의 안전성·신뢰성을 크게 향상시켜, 냉동·공조 산업의 급속한 성장을 이끌었다.

제2차 세계대전 이후에는 대량 생산과 전력 보급이 확대되며 선진국을 중심으로 가정용 냉장고가 필수 가전으로 자리 잡았다. 1960년대 이후에는 냉동실이 분리된 2도어 구조, 자동 성에 제거 기능, 에너지 효율을 개선한 모델이 잇달아 등장하며 오늘날의 냉장고와 유사한 형태가 확립되었다. 한편 프레온이 오존층 파괴의 주범으로 밝혀지면서, 1987년 채택된 몬트리올 의정서를 계기로 CFC 계열 냉매는 단계적으로 퇴출되었다. 이후 현재까지는 HFC, HFO, 프로판(R-290) 등 오존층 파괴 가능성이 낮거나 없는 냉매가 대안으로 사용되고 있다.

20세기 초까지만 해도 미국에서 얼음 배달원은 아이들 사이에서 인기가 높았다. 얼음을 배달하다가 부스러기를 떨어뜨리면 아이들이 달려와 주워 먹곤 했는데, 말하자면 여름날의 즉석 '간식'이었다. 또, 1920~1930년대 미국에서는 냉장고가 부의 상징이었기 때문에, 일부 신혼부부들은 냉장고를 실제로 사용하기보다는 거실에 전시하듯 놓고 손님에게 자랑하기도 했다.

한편 일본에서는 전후 경제 성장기에 냉장고, 세탁기, TV를 '3종 신기'라 불렀다. 당시 신혼집에 냉장고를 들이는 것은 단순한 생활의 편의가 아니라 현대인의 라이프 스타일을 보여 주는 상징적인 연출이었다. 냉장고가 단순히 음식을 저장하는 도구가 아니라 사회적 지위와 생활 수준을 드러내는 물건이 었던 것이다.

냉장고의 등장은 인류의 생활을 근본적으로 바꾸어 놓았다. 가장 큰 변화 는 식생활의 다양화와 안정성이다. 사람들은 더 이상 계절과 지역에 크게 구 애받지 않고, 멀리서 온 식품을 신선하게 소비할 수 있게 되었다. 이는 국제 무역과 세계 식문화의 확산에 결정적 역할을 했으며, 식중독과 부패로 인한 건강 문제도 크게 줄어들어 위생 수준 향상에도 기여했다. 냉장고는 가정의 식습관뿐 아니라 식품 산업, 유통, 외식 문화 전반에 지대한 영향을 미치며, 냉장고 없는 주방은 상상할 수도 없게 만들었다.

7

여름에도 쉼 없이 일하고, 배우고, 즐겨라
에어컨

한여름의 열기는 인간의 삶을 오래도록 지배해 왔다. 바람을 불러들이기 위해 집을 북향으로 짓고, 마당에 물을 뿌리거나 물동이를 그늘에 두어 잠시나마 식힌 공기를 즐기던 시절도 있었지만, 도시가 팽창하고 기계와 인구가 만들어 내는 열기가 점점 더 심해지면서, 사람들은 단순한 자연의 도움만으로는 더위를 이겨 내기 어려워졌다. 이런 절박함 속에서 등장한 것이 바로 에어컨이다. 에어컨은 처음에는 산업 현장의 환경을 안정시키기 위한 장치로 고안되었지만, 그 효용이 분명해지자 가정과 사무실, 교통수단으로까지 빠르게 퍼져 나갔다.

내가 어렸을 때만 해도 에어컨이 여름철의 필수 설비는 아니었다. 집이나 학교 교실의 천장에 달린 한두 대의 선풍기로 한여름의 무더위도 충분히 견딜 수 있었다. 그 당시에도 일부 부잣집 거실에는 에어컨이 떡 하니 자리를 차지하고 있긴 했으나 그런 집이 많지 않았고, 에어컨은 그저 부의 상징일 뿐이었다. 그러나 지구온난화로 인해 한 해의 절반이 여름이 되어 버린 지금, 한여름의 폭염과 계속되는 열대야는 에어컨을 더 이상 선택이 아닌 생존을 위한 필수 장치로 만들었다. 사막의 오아시스 같은 이 에어컨 기술은 100여 년 전, 기라성 같은 당대의 과학자, 발명가들을 다 제치고, 20대의 젊은 청년이 인류에게 준 선물이다.

친환경 여름나기

더위를 식히려는 인류의 시도는 오래전부터 있어 왔다. 고대 이집트에서는 갈대 돗자리에 물을 적셔 증발열로 열기를 식혔고, 로마 귀족들은 분수와 수로 등 물을 활용한 설계를 통해 실내 온도를 낮추었으며, 일부 저택에서는 지하 공간이나 통풍로를 이용해 차가운 공기를 끌어들이기도 했다. 이런 방식들은 오늘날의 에어컨처럼 기계를 사용한 냉방은 아니었지만, 자연의 물리적 원리를 건축과 생활 환경에 적극적으로 결합한 초기의 기후 적응 기술이라 할 수 있다. 아니러니하게도 이런 전통적 냉각 방식은 현대의 친환경 건축에서 다시 주목받고 있다.

중국 한나라 시절에는 청동으로 만든 거대한 수동식 선풍기가 등장했으며, 조선 시대에는 얼음을 저장한 석빙고가 여름철 왕실과 귀족의 냉방 장치로 사용되었다. 하지만 이런 방식은 어디까지나 '자연의 시원함'을 빌려 오는 것이었다. 공기의 온도와 습도를 인공적으로 조절하는 시대는 한참 후에야 도래했다.

19세기 산업혁명 시기에는 공장 내부의 열기와 습기가 심각한 문제로 떠올랐다. 증기기관이 돌고, 기계가 움직이는 건물 내 공간은 사람들에게 지옥과 같았다. 이 무렵 과학자들이 주목한 것은 '냉각의 과학화'였다. 미국의 의사 존 고리(John Gorrie)는 1840년대 말, 병원 환자를 위해 엔진으로 구동되는 인공 냉각기를 고안했다. 하지만 장치는 너무 크고 비효율적이었다. 냉기를 실질적으로 '통제 가능한 에너지'로 만든 사람은, 1902년 미국의 젊은 엔지니어 윌리스 캐리어(Willis Haviland Carrier)였다.

윌리스 캐리어가 실현한 냉기의 혁명

1902년 여름, 뉴욕 브루클린의 인쇄회사 새킷-윌헬름스(Sackett-Wilhelms)는 큰 문제에 봉착했다. 여름철의 습기가 종이를 뒤틀리게 만들어 인쇄된 제품의 색상이 일정하지 않았던 것이다. 당시 25세였던 캐리어는 뉴욕 코넬대학을 갓 졸업한 신입 엔지니어로, 공업용 송풍기, 난방·습도 제어 장치 등을 생산하는 버펄로 포지(Buffalo Forge)사에서 근무하고 있었고, 바로 이 인쇄회사의 문제를 해결하는 프로젝트에 투입되었다.

캐리어는 공기 중의 수분 함량이 온도에 따라 달라지는 성질에 주목했다. 따뜻한 공기는 더 많은 수증기를 머금을 수 있고, 차가운 공기는 그렇지 않다. 그는 '공기를 식히면 공기 중의 수분이 응결해 제거된다'는 원리를 응용하기로 했다. 즉, 암모니아를 냉매로 사용해 금속 파이프 속에서 기화시키면 주위의 열을 흡수한다, 인쇄공장 내부의 더운 공기가 이 차가운 냉각 코일을 통과하면서 온도가 떨어신나, 실내 공기기 냉각되면 그 안의 수증기가 응결되어 제거된다, 금속 파이프 안에서 기화된 암모니아는 인쇄공장 외부의 압축기를 통해 다시 액체가 되는데 그때 발생하는 열은 팬을 이용해 공장 외부로 방출된다. 이는 오늘날에도 에어컨의 기본 원리로서 작용하고 있는 완벽한 원리이다.

캐리어는 이 원리로 인쇄소 실내의 온도를 낮추었을 뿐 아니라, 습도까지 안정적으로 조절할 수 있게 되었다. 그는 이 장치를 '기온과 습도를 과학적으로 조절하는 장치'라 정의했고, 1906년에는 '공기의 처리 장치'라는 특허를 받았다. 당시 이 장치는 산업용이었고, 특히 인쇄, 담배, 방직, 제약 공장 등 습도에 민감한 산업 분야에서 폭발적인 반응을 얻었다. 캐리어는 이후 동료 엔지니어들과 함께 캐리어 엔지니어링 회사를 설립해 본격적으로 냉방 산업의 길을 열었다.

문명화된 공간, 가속화된 도시화

캐리어의 발명은 1920년대 중반, 산업 현장뿐 아니라 도서관, 대형 백화점과 극장, 병원 등으로 빠르게 퍼져 나가며 산업 전반의 생산성을 혁명적으로 향상시켰다. 1925년 뉴욕의 리볼리 극장(Rivoli Theater)은 윌리스 캐리어가 설계한 냉방 시스템을 도입한 세계 최초의 본격적인 냉방 상영관으로 평가받는데, 당시 극장을 찾은 관객들의 반응은 가히 폭발적이었고, 극장은 여름 내내 매진을 이어 갔다. 이 사건은 대중에게 에어컨이 있는 공간이 곧 '문명화된 공간'이라는 인식을 심어 주었다. 이후 1930년대에는 사무실, 호텔, 병원 등으로 에어컨 보급이 확대되며, 냉방은 점차 우리의 일상 깊숙이 침투하기 시작했다.

한편, 1930년대 미국의 고급 승용차 전문 브랜드였던 패커드 자동차 회사는 1939년 시카고 자동차 전시회에서 캐리어의 회사가 공급한 에어컨을 장착한 자동차를 세계 최초로 선보였다. 이 시점부터 냉방은 산업의 영역을 넘어 '개인화된 기술'로 진화하기 시작했다. 그러나 제

2차 세계대전이 시작되면서 냉매와 금속 자원이 군수용으로 전용되어 민간 보급은 잠시 중단되었다. 전쟁이 끝난 뒤 미국의 경제가 폭발적으로 성장하자 가정용 창문형 에어컨(실내기와 실외기가 한 몸으로 붙어 있는 '일체형 에어컨')이 등장하며 본격적인 대중화가 이루어졌다.

1950년대의 미국 가정에서 에어컨은 더 이상 사치품이 아니었다. 중산층이 구매할 수 있을 만큼 가격이 저렴해지면서, 냉방은 미국식 생활의 상징으로 자리 잡았고, 남부의 무더운 지역들, 특히 텍사스, 플로리다, 애리조나 등지에서는 인구가 급격히 증가하기도 했다. '에어컨이 만든 도시화'라는 표현이 등장할 정도였다. 여름에도 쾌적한 실내에서 일하고 생활할 수 있게 되자, 사람들의 일상 리듬과 도시의 구조도 변화했다.

1960~1970년대에는 일본 기업들이 냉방 기술의 주역으로 떠올랐다. 다이킨(Daikin), 도시바(Toshiba), 파나소닉(Panasonic) 등이 소형 압축기와 효율적인 냉매 시스템을 개발하면서 가정용 스플릿형 에어컨[12]이 전 세계로 보급되었고, 이 시기 우리나라, 대만, 유럽 등지에서도 냉방 문화가 급속히 확산되었다.

냉매 기술의 진화도 주목할 만하다. 초창기 냉매인 암모니아나 이산화황은 독성이 강했지만, 1930년대 듀폰사가 개발한 프레온은 안전성과 효율을 크게 높였다. 그러나 프레온이 오존층을 파괴한다는 사실이

12　스플릿형 에어컨은 창문형 에어컨과 달리 실내기와 실외기가 분리된 구조로, 오늘날 가장 일반적으로 사용되는 에어컨의 형태를 갖추고 있다.

밝혀지자, 1990년대 이후에는 친환경 냉매(HFC, HFO 등)로의 전환이 이루어졌으며, 이 과정에서 전 세계 냉동 공학자들은 기술과 환경의 균형을 모색하게 되었다.

오늘날의 에어컨은 단순히 온도를 낮추는 기계가 아니라, 스마트 기기와 결합된 생태 시스템으로 진화했다. 온·습도 자동 조절, 공기 청정, 에너지 절약 기능까지 통합된 '공기 관리 장치'로 발전한 것이다. 사무실, 병원, 지하철은 물론, 데이터센터, 심지어 우주선까지, 이제 에어컨은 현대 문명의 기본 인프라로 당당히 자리매김하게 되었다.

1902년 여름, 윌리스 캐리어는 인쇄 공장의 습도 문제로 인한 고객의 민원을 해결할 방법을 고민하던 중, 한 철도 플랫폼에서 안개가 피어오르는 장면을 바라보게 되었다. 그는 공기 중에서 수분이 응결되는 모습을 관찰하며 공기를 제어하면 습도 또한 조절할 수 있을 것이라는 착상을 얻었고, 이 통찰은 현대적인 공기 조절 기술, 나아가 에어컨 산업의 출발점이 되었다.

한편, 에어컨은 정치 문화도 바꿨다. 1920년대까지 미국 의회는 여름만 되면 워싱턴 D.C.의 살인적인 폭염을 피해 휴회했는데, 1928년 미국 국회의사당에 에어컨이 설치되자 회의는 여름에도 계속 이어졌고, 워싱턴은 더 이상 '여름이면 텅 비는 도시'라는 별명과 어울리지 않는 도시가 되었다. 역사가들은 이를 두고 "에어컨이 미국의 입법 일정을 바꾸었고, 나아가 정치의 리듬까지 재구성했다"고 평가한다. 즉, 에어컨은 권력의 계절 구조까지 바꾼 발명품이었던 셈이다.

에어컨은 단순히 시원한 바람을 내는 기계가 아닌 문명과 산업의 구조 자체를 바꾼 기술이었다. 에어컨 덕분에 사람들은 사계절 내내 일정한 온도에서 일하고 생활할 수 있게 되었다. 무더위에 취약했던 산업 생산성이 향상되었고, 병원과 연구소에서는 정밀한 온도 조절로 의학과 과학의 발전이 가속되었다. 도시의 인구 집중도 에어컨의 보급 덕분에 가능했다. 과거에는 열대나 사막 기후 지역은 거주에 부적합했으나, 냉방 기술이 이를 극복했다. 또한 에어컨은 미국 남부와 중동, 동남아시아 지역의 도시 성장을 가능하게 한 핵심 기술 가운데 하나로, 고온다습한 기후에서도 안정적인 주거와 산업 활동이 가능해지면서 도시화가 가속화되었다. 반면 냉방기의 대중적 보급은 막대한 전력 소비와 온실가스 배출이라는 부작용도 낳았다. 그러나 이러한 문제의식은 고효율 냉방 기술과 친환경 냉매 개발을 촉진하며, 기술이 스스로의 한계를 극복하도록 이끄는 동력이 되었다.

에어컨은 쾌적함을 향한 인간의 욕망을 과학으로 구현한 상징이다. 불과 한 세기 전까지만 해도 더위는 인간이 감내해야 할 운명이었으나, 이제는 버튼 하나로 조절 가능한 대상이 되었다. 윌리스 캐리어의 발명은 단순한 기계의 탄생을 넘어, 인간의 생활 리듬과 문명의 작동 방식을 바꾼 '냉각 장치'라 할 수 있다. 여름에도 일하고, 배우고, 여가를 누릴 수 있는 세상을 가능하게 한 기술, 그것이 바로 에어컨이다.

8

인류의 과거, 현재, 미래를 보여 주는 창
카메라

풍경은 변하고 사람은 나이를 먹어 결국 죽음에 이르지만, 우리 인간은 오래전부터 눈앞에 펼쳐진 풍경과 사랑하는 이의 모습을 그대로 붙잡아 두고자 애썼다. 동굴 벽화나 초상화는 그 갈망을 향한 인류 초기의 시도였고, 시간이 흐를수록 더 정확하고 더 빠른 기록 방식을 원하는 열망은 커져만 갔다.

빛을 다루는 원리가 규명되고, 작은 상자를 통해 세상을 포착할 수 있다는 발상이 현실이 되면서, 카메라는 인류의 기억 방식 자체를 바꾸기 시작했다. 처음에 카메라는 부피가 크고 다루기 어려운 장치였지만, 기술의 진보는 이를 더 작고 가벼우며 누구나 사용할 수 있는 도구로 만들어 주었다. 이제 손바닥만 한 카메라, 나아가 스마트폰 속으로 쏙 들어와 버린 카메라 덕분에 아름다운 풍경, 사랑하는 사람들과의 추억은 더 이상 우리의 가슴속이 아닌 사진 속에 새겨지게 되었다.

어둠 속의 빛, 카메라의 시작

카메라의 역사는 곧 기억을 영원히 붙들기 위한, 인간의 끊임없는 도전의 역사다. 카메라의 뿌리를 거슬러 올라가면 고대 그리스와 중국까지 가닿는다. 기원전 5세기경, 중국의 철학자 묵자(墨子)는 자신의 책인 『묵경(墨經)』에 "작은 구멍을 통해 들어온 빛이 어두운 방 안 벽에 거꾸로 된 상을 만들어 낸다"고 기록했다.

서양에서는 그로부터 100여 년 뒤인 기원전 4세기에 아리스토텔레스가 비슷한 기록을 남겼으니, 묵자는 카메라 옵스큐라(camera obscura)[13]의 원리를 아리스토텔레스보다도 먼저, 즉 세계 최초로 발견하고 설명한 인물인 셈이다. 조금 옆으로 새자면, 묵자 사상의 대표적인 갈래는 '겸애(兼愛, 모든 이를 차별 없이 사랑함)'와 함께 '실용(實用)'으로서, 그는 사변적·형이상학적 사유보다는 눈으로 확인하고 삶에 이롭게 쓸 수 있는 지식을 더 가치 있게 보았다. 인간을 사랑하고 실용적 지식을 중시했던 그가 처음으로 카메라 옵스큐라 현상을 발견한 것은 우연이 아니었을지 모른다.

당시 카메라 옵스큐라는 단순한 장치였지만, 르네상스 시대에 이르러 화가와 과학자들에게 필수적인 도구가 되었다. 렌즈를 장착한 카메라 옵스큐라는 초상화나 풍경화를 그릴 때 형태를 정확하게 옮겨 그리는 데 큰 도움을 주었고, 레오나르도 다빈치도 이 장치를 연구했다.

13　카메라 옵스큐라는 라틴어 'camera obscūra(어두운 방)'에서 유래한 단어로, 우리말로는 '암(暗)상자'로 번역된다. 광선이 작은 구멍을 통과해 어두운 방(또는 상자)의 반대편에 비치면 외부 시야에 비해 상하좌우 반전이 일어나서 투영되는 현상이다. 'camera obscura'가 줄어들어 오늘날의 'camera'가 되었다.

1755년에 그려진, 카메라 옵스큐라 원리를 설명하고 있는 삽화.

빛과 화학의 만남, 사진의 탄생

빛을 붙잡는 데 성공했지만, 그 이미지를 영구히 남기는 방법은 오랫동안 인류의 과제였다. 1826년, 프랑스의 발명가 조제프 니세포르 니에프스(Joseph Nicéphore Niépce)는 오늘날 현존하는 가장 오래된 사진으로 알려진 〈르 그라의 창문에서 본 풍경〉이라는 작품을 남겼다. 노출에만 무려 8시간이 걸렸지만, 이는 '빛을 고정한 최초의 시도'로 기록된다.

그는 카메라 옵스큐라의 광학 원리와 헬리오그래피(Heliography)[14]

---

14 헬리오그래피는 니세포르 니에프스가 발명한 세계 최초의 사진 기법으로, 태양광에 의해 역청(아스팔트)이 굳는 현상을 이용해 그림을 그리는 기술이다. 그리스어로 '태양(Helios)'과 '그리다(Graphos)'의 합성어이며, 빛을 받은 부분은 굳고, 받지 않은 부분은 녹아 없어져서 굳은 부분만이 남는 원리이다.

의 화학 원리를 함께 사용했다. 즉, 빛에 민감한 역청(아스팔트)으로 금속 판을 코팅한 뒤 어두운 상자 안에 세워 두고, 렌즈를 통해 들어온 빛에 8시간 이상 노출시켜 이미지를 만들었다. 빛이 닿은 부분의 역청은 굳고, 빛이 닿지 않은 부분은 아직 끈적거리므로 라벤더 오일로 씻어 내 최초의 영구적인 사진을 만들어 낸 것이다. 이후 프랑스의 미술가이자 사진가였던 루이 자크 망데 다게르(Louis-Jacques-Mandé Daguerre)가 이를 발전시켜, 1839년 '다게레오타입(daguerreotype)'을 발표했다. 이 기술은 은판 위에 화학 반응으로 이미지를 남겼고, 노출 시간이 단 몇 분으로 대폭 단축돼 상업적 성공을 거뒀다.

한편 영국의 문인이자 박물학자였던 윌리엄 탤벗(William Henry Fox Talbot)은 1841년에 '칼로타입(Calotype)'이라 불리는 사진 기법을 발표 했다. 이는 종이에 감광제로 요오드화은(AgI)을 도포해 말리고, 카메라 옵스큐라를 이용해 사진을 찍은 뒤, 질산은(silver nitrate, $AgNO_3$)-갈산 (gallic acid, $C_7H_6O_5$) 수용액으로 현상, 티오황산나트륨(sodium thiosulfate, $Na_2S_2O_3$) 용액으로 정착해 사진을 완성하는 기술이었다. 칼로타입은 하 나의 원판에서 여러 장의 사진을 인화할 수 있는 '네거티브-포지티브' 방식을 확립하며 이후 필름 사진의 기술적 기반이 되었다.

필름 카메라 전성시대

19세기 후반, 사진술은 귀족과 부유층의 전유물에서 대중적 취미로 확산되었 다. 그 중심에는 미국의 기업가 조지 이스트먼(George Eastman)이 있었다. 그는 1888년 코닥(Kodak)이라는 브랜드를 내세우며 간편한 롤필름 카메라를 출시했다. "You press the button, we do the rest(당신은 버튼만 누르세요, 나머지는 우리가 다 합니다)"라는 광고 문구는 일반인도 쉽게 사진을 찍고 현상할 수 있음을 강조했다. 이스트먼의 발명으로 카메라는 '기술적 장치'에서 '일상의 추억을 남기는 도구'로 새롭게 바뀌었다. 20세기 초에는 독일의 라이카(Leica)가 소형 35mm 카메라를 선보여, 이동성과 화질을 동시에 잡았다. 보도사진과 예술사진 모두 새로운 시대를 맞이한 것이다.

디지털 혁명

20세기 후반, 전자공학과 반도체 기술의 발달은 필름 시대를 끝내고 디지털카메라 시대를 열었다. 1975년 코닥의 엔지니어 스티븐 새슨(Steve J. Sasson)이 최초의 디지털 카메라 시제품을 만들었는데, 당시 해상도는 0.01메가픽셀에 불과했다. 이후 기술은 빠르게 발전해 1990년대에는 디지털카메라가 상업적으로 보급되기 시작했다. 필름 전문회사였던 코닥에서 최초의 디지털카메라를 발명했으나 그 발명품으로 인해 정작 코닥은 사양길로 접어들었으니 이는 기업 흥망사의 아이러니가 아닐 수 없다.

2000년대 이후 휴대전화와 카메라가 결합하면서, '누구나 사진작가가 되는 시대'가 열렸다. 오늘날 카메라는 스마트폰의 필수 기능이 되었고, 사진은 글보다 더 빠르게 의사소통을 가능케 하는 새로운 언어가 되었다.

1889년 11월, 한 잡지에 실린 코닥 카메라 광고.

라이카 35mm 카메라 1925년 모델. 출처: Ernst-Leitz-Stiftung, Wetzlar

우리나라 + 카메라

우리나라에 사진이 처음 들어온 것은 19세기 중반이었다. 1860년대 개항과 함께 외교관과 상인, 선교사들이 조선에 들어오면서 사진술이 알려졌고, 이들에 의해 촬영된 조선의 풍경과 인물 사진은 오늘날까지 중요한 역사 기록으로 남아 있다. 사진가 가운데에서는 고종 황제의 초상을 촬영한 김규진이 초기 사진가이자 궁중 사진사로 널리 알려져 있으며, 흔히 우리나라 최초의 사진작가로 거론된다. 20세기 초에는 일본을 통해 사진관 문화가 확산되었고, 결혼식이나 졸업식 같은 중요한 순간마다 가족사진을 찍는 풍습이 자리 잡았다.

1960~1970년대에는 독일 라이카, 일본 니콘, 캐논 카메라가 대중적으로 쓰였으며, 국산 브랜드도 이에 도전했지만 큰 성공을 거두지는 못했다. 이후 우리나라는 디지털 혁명기에 삼성, LG, 팬택 등 전자업체를 중심으로 디지털카메라와 카메라폰 개발에 뛰어들었다. 특히 삼성전자의 갤럭시 시리즈는 전 세계 모바일 카메라 시장에서 큰 영향력을 발휘하며, 우리나라를 스마트폰 카메라 강국으로 만들었다.

카메라의 역사에는 여러 흥미로운 일화가 전해진다. 그중 하나가 1878년 미국에서 이루어진 '움직임의 순간 포착' 실험이다. 사진가 에드워드 머이브리지(Eadweard James Muybridge)는 말이 달릴 때 네 발이 모두 공중에 뜨는 순간이 있는지를 확인하기 위해 연속 촬영을 시도했고, 그 결과를 사진으로 입증하는 데 성공했다. 이 연속 사진은 움직임을 분해해 기록할 수 있음을 보여 주며, 훗날 영화 탄생으로 이어지는 중요한 계기가 되었다.

한편 20세기 초, 일부 사람들은 사진기가 영혼을 훔친다고 믿어 사진 촬영을 완강하게 거부하기도 했다. 새로운 시각 기술이 등장할 때마다 사람들은 그것을 이해하기보다 두려움이나 신비의 대상으로 받아들이곤 했다. 이런 일화들은 카메라가 단순한 기술 장치를 넘어 인간의 사고방식과 문화를 바꿔 온 과정을 보여 준다.

카메라는 단순히 장면을 기록하는 기계를 넘어, 인류의 기억을 형성하는 도구가 되었다. 가족사진은 개인의 역사를, 보도사진은 사회의 역사를 남긴다. 전쟁터에서 촬영된 한 장의 사진은 수천 마디의 말보다 강력한 힘을 지닌다. 또한 사진은 예술의 영역을 넓혀, 회화가 독점하던 시각예술을 대중화시켰다. 디지털 시대에는 SNS와 결합하며 '사진 공유 문화'가 확산되었고, 누구나 자신의 삶을 시각적으로 표현할 수 있게 되었다. 카메라는 인류가 과거를 기억하고, 현재를 소통하며, 미래를 상상하는 데 없어서는 안 될 창(窓)이 되었다.

Part 4
교통 · 통신

1

인류 문명을 굴린 두 바퀴의 혁명
자전거

나는 자전거를 좋아한다. 자전거 타기를 좋아할 뿐만 아니라, 어렸을 때 즐겨 타던 세발자전거부터 성인용 자전거까지 '자전거'라는 물건 자체를 매우 좋아한다. 자전거는 이미 6000년 전 세상에 등장한 '바퀴'의 원리에 가장 충실한 물건이며, 외부의 에너지를 이용하지 않고 오직 근육의 힘에만 의존하는, 아주 정직하고 인간미 넘치는 교통수단이기 때문이다.

200여 년 전, 말(馬)에 의존하지 않고 자력으로 움직일 수 있는, 숲속 좁은 길에서도 자유롭게 이동할 수 있는 장치를 갖고 싶어했던 어떤 자연주의자의 발상에서 자전거의 원형이 탄생했다.

지난 수십 년간 자전거 기술은 눈부신 발전을 거듭해, 엔진이나 모터 없이도 시속 40~50킬로미터에 이르는 속도를 낼 수 있는 자전거가 등장했다. 오늘날 이처럼 성능이 뛰어난 자전거를 비교적 저렴한 가격에 구입할 수 있다는 사실은 자전거를 사랑하는 이들에게 놀라움과 고마움을 동시에 안겨 준다.

브레이크 없는 두 개의 바퀴

자전거의 역사는 단순한 발명의 연대기가 아닌, 인간이 이동의 자유를 갈망해 온 과정과 사회 변화의 축소판이라 할 수 있다. 자전거의 기원은 19세기 초 유럽으로 거슬러 올라간다.

1817년, 독일의 산림 관리 공무원이자 발명가이기도 했던 카를 폰 드라이스(Karl von Drais)는 두 개의 바퀴를 직렬로 배치한 '라우프마쉬네(Laufmaschine)' 또는 '드라이지네(Draisine)'[1]라는 기구를 고안했다. 드라이스는 빠르게 걷거나 달릴 수 있는 보조 수단을 모색하던 중, 안장에 올라 두 발로 지면을 밀며 전진하는 장치를 고안했다. 비록 오늘날의 자전거처럼 페달은 없었지만, 두 개의 바퀴를 일렬로 배치하고 균형을 유지한 채 이동할 수 있음을 보여 준 인류 최초의 시도였다.

이후 1860년대 프랑스에서 페달이 달린 '벨로시페드(velocipede)'가 등장했다. 철제 바퀴와 목제 프레임으로 만들어진 이 자전거는 울퉁불퉁한 도로에서 덜컹거리는 소리를 내며 달려 '본셰이커(bone-shaker, 뼈를 흔드는 기계)'라는 별명을 얻었다. 이 발명은 인류가 자전거를 교통수단으로 인식하게 만든 중요한 전환점이었다. 특히 피에르 미쇼와 그의 아들 에르네스트가 이를 대량 생산하면서 자전거는 실험적 장치를 넘어 대중적 이동 수단으로 확산되기 시작했다.

1　'라우프마쉬네'와 '드라이지네'는 각각 독일어로 '달리는 기계', 'Drais가 만든 장치'라는 뜻이다. 'Draisine'는 독일어에서 출발한 단어이지만, 이후 영어권에서 자전거의 초기 모델을 일컫는 용어가 되었다.

신속하게, 안전하게, 즐겁게

1870년대에는 앞바퀴가 거대한 '페니파딩(Penny-farthing)' 자전거가 인기를 끌었다. 큰 앞바퀴 덕분에 더 빠른 속도를 낼 수 있었지만, 균형 잡기가 어려워 넘어지면 큰 부상을 입기 쉬웠다. 이런 한계를 극복한 것이 1880년대에 등장한 '안전 자전거'였다. 체인 구동 장치와 동등한 크기의 바퀴를 채택해 안정성과 효율성을 크게 높였고, 이는 현대 자전거의 직접적 조상으로 평가된다.

이 무렵 공기 주입식 고무 타이어가 발명되면서 승차감은 혁신적으로 향상되었다. 덕분에 자전거는 남녀노소 누구나 탈 수 있는 대중 교통 수단으로 자리 잡았다. 특히 여성들에게 자전거는 사회적 해방의 상징이 되었는데, 빅토리아 시대[2]의 여성들이 치마를 걷고 바지를 입은 채 자전거를 타는 모습은 당시 사회 질서에 도전하는 혁명적 장면으로 기록되었다. 미국의 노예제도 폐지 및 여성 참정권 운동가였던 수전 앤서니(Susan B. Anthony)[3]는 "자전거는 세상 그 어떤 것보다도 여성들을 자유롭게 만들었다"고 선언하기도 했다.

---

[2] 빅토리아 시대는 1837년 6월 20일부터 1901년 1월 22일까지 영국의 빅토리아 여왕이 통치한 시기이다. 이 시기에 대영제국은 최강대국이었으며, 산업혁명의 발달, 과학적 발견의 급격한 발전 등이 이루어졌다.

[3] 수전 앤서니는 1872년에 실시된 미국 대통령 선거에서 미국 여성 최초로 투표에 참여했다. 미국 수정 헌법 제15조에는 "미국 시민의 투표권은 인종이나 성별로 차별받지 않는다"고 쓰여 있었지만, 실제로는 아직 여성에게 참정권이 인정되지 않던 시절이었고 그녀는 당국의 제지에도 불구하고 투표를 강행해 결국 100달러의 벌금형을 부과받았다. 그녀는 148년이 지난 2020년에 사후(死後) 사면되었다.

1870년대 페니파딩 자전거. 앞바퀴가 매우 크고 뒷바퀴가 작은 초기 자전거의 모습이다.

19세기 말과 20세기 초, 자전거는 스포츠와 여가의 영역에서도 큰 인기를 끌었다. 1896년 아테네 올림픽에서는 자전거 경기가 정식 종목으로 채택되었고, 오늘날까지 이어지는 '투르 드 프랑스(Tour de France)' 같은 세계적인 대회도 이때 탄생했다. 이는 자전거를 단순한 교통수단이 아니라 경쟁과 흥미의 대상으로 확장시켰다.

또한 자전거는 군사적으로도 활용되었다. 제1차 세계대전 당시 일부 부대는 신속한 이동을 위해 자전거를 사용했으며, 제2차 세계대전에서도 보급이나 연락 임무에 자전거가 투입되었다.

이런 배경에는 19세기 말 등장한 '세이프티 자전거(safety bicycle)'의 영향이 컸다. 앞뒤 바퀴 크기가 거의 같고, 체인 구동 방식을 채택한 이

자전거는 기존의 자전거에 비해 훨씬 안전하고 효율적이어서 대중적 보급을 가능하게 했다. 그 결과 자전거는 엘리트 남성의 전유물에서 벗어나 여성과 노동자, 군인에 이르기까지 폭넓게 사용되었고, 근대 사회에서 이동, 여가, 전쟁 등을 동시에 아우르는 다목적 기계로 자리 잡았다.

자전거의 진화, 도시 구조의 변화

20세기에 들어서면서 자전거는 한층 정교해지고 다양하게 진화했다. 단순히 '더 빨리, 더 편하게' 수준을 넘어, 재료 공학과 기계 공학, 심지어 항공 우주 기술까지 접목되었다. 우선 프레임 재질의 변화가 눈에 띈다. 초창기 자전거는 목재와 무거운 강철로 만들어져 다루기 힘들었지만, 20세기 중반 이후에는 크롬-몰리브덴강 같은 합금강이 보급되며 내구성과 경량화를 동시에 만족시켰다.

1970년대 이후 알루미늄 프레임이 대중화되었고, 1990년대 들어서는 항공기 제작에 쓰이던 탄소섬유(Carbon Fiber)가 자전거 프레임에 도입되었다. 탄소섬유는 강철보다 몇 배 가볍고, 진동 흡수력도 뛰어나 사이클 선수들의 경기 기록에 혁신적 변화를 가져왔다. 오늘날에는 탄소섬유뿐 아니라 가볍고 내구성이 뛰어나며 부식에 강한 티타늄 프레임이 사용되면서, 자전거는 단순한 금속 구조물을 넘어 첨단 소새 공학과 정밀 설계가 결합된 고기술 제품으로 발전하고 있다.

구동계와 변속 기술 역시 크게 발전했다. 초기 자전거는 단일 기어만을 사용했지만, 산악 지형과 장거리 주행의 필요에 따라 다단 변속기가 도입되면서 주행 환경과 체력에 맞는 속도 조절이 가능해졌다. 오늘날에는 전자식 변속 시스템이 등장해 버튼 조작만으로도 빠르고 정밀한 기어 변속이 이루어진다. 브레이크 기술도 진화를 거듭했는데, 기존의 림(rim) 브레이크는 구조가 단순하지만, 빗길에서 제동력이 크게 저하되는 한계가 있었다. 이에 20세기 후반 오토바이와 자동차에서 사용되던 디스크 브레이크가 자전거에 도입되면서 자전거의 제동 성능과 안전성이 크게 향상되었다.

타이어와 바퀴 기술 역시 발전을 이어 왔다. 공기 주입식 고무 타이어를 기반으로 폭과 공기압을 달리한 다양한 모델이 등장했으며, 최근에는 펑크 발생 시에도 일정 거리 주행이 가능한 튜브리스(tubeless) 타이어가 보급되어 장거리 주행의 안정성을 높이고 있다.

마지막으로 전기 자전거(E-bike)의 등장은 자전거 기술의 새로운 지평을 열었다. 소형 배터리와 전기 모터를 결합해 오르막이나 장거리 주행에서 보조 동력을 제공하는 방식으로, 과거라면 힘들었을 구간도 전기 자전거를 이용하면 거뜬히 즐길 수 있게 되었다. 오늘날 유럽과 아시아에서는 전기 자전거가 대중교통의 한 축으로 자리 잡고 있으며, 고령화 사회에서 이동권을 보장하는 중요한 수단이 되고 있다. 자전거의 기술 발전은 단순히 속도와 편의성의 개선을 넘어, 사회와 환경, 심지어도시 구조까지 변화시키고 있다.

19세기 말 미국에서는 자전거 열풍이 거세게 일었다. 당시 신문에는 자전

거를 타고 프로포즈를 하거나, 심지어 자전거를 타고 세계 일주를 시도하는 모험가들의 이야기가 줄을 이었다. 영국 출신의 사이클 선수였던 토머스 스티븐스(Thomas Stevens)는 1884년 4월부터 1886년 12월까지 자전거로 지구를 한 바퀴 도는 데 성공했는데, 그가 자전거로 달린 거리는 무려 21,700km에 달했다.

자전거는 단순히 두 바퀴 달린 기계가 아니다. 산업혁명 이후 도시가 팽창하고 생활 반경이 넓어지면서, 자전거는 대중에게 이동의 자유를 선물했다. 값비싼 말이나 마차를 소유할 수 없었던 평범한 사람들도 비교적 저렴한 자전거 한 대만 있으면, 훨씬 먼 거리를 빠르고 효율적으로 이동할 수 있었다. 특히 여성들이 자전거를 타고 자유롭게 거리를 활보하면서 얻게 된 사회적 해방감은, 자전거가 단순한 교통수단이 아니라 사회 변화를 촉발하는 도구였음을 잘 보여 준다.

오늘날 자전거는 '지속 가능성'과 긴밀히 연결된다. 환경 문제와 기후 위기가 대두되는 상황에서 자전거는 가장 친환경적인 이동 수단 중 하나로 주목받는다. 예를 들어, 혼자 자동차를 타고 10km를 이동한다고 가정해 보자. 일반 승용차는 평균적으로 약 1리터의 휘발유를 소모하며, 이때 약 2.2kg에 달하는 이산화탄소가 배출된다. 반면 자전거는 사람의 근육 에너지를 사용한다. 같은 10km를 달리려면 대략 300kcal 정도의 에너지가 필요한데, 이는 바나나 두 개나 샌드위치 한 조각 정도로 보충 가능한 양이다. 자전거를 탈 때 호흡을 통해 이산화탄소가 배출되기는 하지만, 이는 생물학적 순환에 속하는 양으로 자동차 배출량과는 성격이 다르다. 실제 연구에 따르면 자전거 주행 시 탄소 배출량은 자동차의 10분의 1 이하에 불과하다.

이처럼 자전거는 단순히 값싼 이동 수단을 넘어, 환경 보전과 에너지 절약, 그리고 건강 증진이라는 세 가지 효과를 동시에 실현하는 완벽한 교통수단이다. 도시의 교통 체증과 대기오염 문제를 완화하는 데 기여하고, 지구적 차원의 탄소 감축 노력에도 실질적으로 도움을 주는 동시에 심폐 기능을 강화하고 체력을 높여 개인의 건강 증진에도 큰 역할을 한다. 자전거의 역사는 단순한 기술 발전의 연대기를 넘어, 자유롭게 이동하고자 한 인간의 욕망과 사회적 변화를 이끌어 온 힘, 그리고 환경과 건강을 지키려는 의지까지 아우르는 서사다. 바퀴 두 개 위에 새겨진 이 긴 여정은 아직 끝나지 않았으며, 자전거는 앞으로도 인류 문명과 함께 끊임없이 굴러갈 것이다.

2

바퀴 달린 컴퓨터의 꿈
자동차

인류는 아주 오래 전부터 더 멀리, 더 빠르게, 그리고 자유롭게 이동하고 싶은 욕망을 품었다. 말, 수레, 배, 증기기관차는 그 욕망의 연속선상에 있었지만 충분히 만족스럽지 않았다. 말은 빨랐지만 살아 있는 생명체라 쉬지 않고 멀리 갈 수 없었고, 수레나 배는 그리 빠르지도 않았다. 증기기관차는 빠르게 멀리 갈 수 있었지만 그 거대한 증기기관차를 아무 때고 내 마음대로 조종할 수는 없는 일이었다. 그렇게 사람들은 말이나 기관차의 도움 없이, 자체 힘으로 움직이고 내 마음대로 조종할 수 있는 자동차(自動車, automobile)를 꿈꾸었다.

인류의 오랜 꿈은 내연기관의 등장으로 마침내 현실화되었고, 이후 자동차 산업은 기술과 디자인, 연료 체계의 변화를 거듭하며 전 세계 생활 문화를 바꾸는 거대한 동력이 되었나. 사동차는 단순히 이동의 목적을 넘어 사회 구조를 재편하고, 도시의 확장과 산업화의 속도를 가속시켰다. 오늘날 우리는 전기차와 자율 주행이라는 새로운 전환점 앞에 서 있으며, 인간의 이동 방식은 또 한 번의 거대한 변혁을 맞이하고 있다.

인류 최초의 자동차, 인류 최초의 자동차 사고

빠르고 자유롭게 움직이고 싶었던 인류의 오랜 꿈. 그 꿈을 실현할 실마리가 보인 것은 18세기 후반이었다. 프랑스의 군인이자 기술자였던 니콜라 조제프 퀴뇨(Nicolas-Joseph Cugnot)가 1770년 완성한 증기자동차는 인류 최초의 자력 주행 차량으로 평가된다.

이 삼륜차는 거대한 증기보일러를 앞에 실었고, 증기의 팽창력으로 피스톤을 움직여 바퀴를 돌리는 원리였다. 포병 장비를 운반하기 위해 제작된 이 삼륜차는 시속 4km 정도로 주행할 수 있었지만, 기술 한계도 명확했다. 거대한 보일러는 위험했고, 증기압을 유지하기 어려웠으

1770년, 퀴뇨가 세계 최초로 발명한 증기자동차.

며, 한 번에 몇 분 밖에 달릴 수 없었다. 심지어 퀴뇨의 차량은 실험 중 벽에 부딪혀 멈춰 서기도 했는데, 이 사건은 인류 최초의 자동차 사고로 기록되었다.

퀴뇨가 발명한 최초의 증기자동차는 많은 약점을 갖고 있었지만, 이 발명도 하루아침에 이루어진 것은 아니었다. 그가 사용한 증기기관은 이미 17세기 말부터 발전해 온 기술의 결실이었다. 퀴뇨 이전에, 영국의 토머스 세이버리(Thomas Savery)는 1698년, 물을 끓여 생긴 증기로 펌프를 움직이는 장치를 발명했고, 1712년 토머스 뉴커먼(Thomas Newcomen)이 이를 개량해 증기 피스톤을 왕복 운동시키는 기관을 만들었다. 이 기술은 광산 지하에 고이는 지하수를 퍼내는 데 활용되면서 산업혁명의 문을 열었고, 인류 최초의 산업용 증기기관으로 기록되고 있다.

그 후 제임스 와트(James Watt)가 1769년에 증기의 응축 과정을 실린더와 분리한 혁신적인 증기기관을 개발해, 기존 기관의 한계를 극복하고 효율을 비약적으로 끌어올렸다. 퀴뇨는 이러한 발전된 증기기관의 원리를 바탕으로, 증기력으로 '바퀴를 돌리는' 아이디어를 처음으로 실현한 것이다. 퀴뇨 증기자동차 이전의 증기기관은 주로 물을 퍼올리는 펌프나 공장이 기계를 돌리는 데 활용되었다. 따라서 퀴뇨의 증기자동차는 비록 불안정했지만, 사람의 힘이나 말의 근육이 아닌 기계의 에너지로 이동하는 새로운 시대의 서막을 열었다.

내연기관의 시대 '달리는 기계'의 탄생

19세기 후반, 석유를 연료로 하는 내연기관이 등장하면서 진정한 자동차의 시대가 열렸다. 독일의 카를 벤츠(Karl Benz)는 1885년 세계 최초의 실용적인 내연기관 삼륜 자동차인 페이턴트-모터바겐(Patent-Motorwagen)을 세상에 내놓았다.

한편 독일의 고틀리프 다임러(Gottlieb Daimler)와 빌헬름 마이바흐(Wilhelm Maybach)는 1885년 내연기관을 탑재한 이륜차인 라이트바겐(Reitwagen)을 선보였고, 1890년에는 다임러 모토렌 게젤샤프트

1888년, 벤츠의 페이턴트-모터바겐을 묘사한 최초의 도판.

(Daimler-Motoren-Gesellschaft, DMG)를 설립해 사륜 자동차를 출시했다. 이들은 증기의 한계를 넘어선 가볍고 효율적인 동력을 실현했으며, 이를 통해 자동차는 비로소 실용성을 얻게 되었다. 벤츠의 페이턴트-모터바겐은 시속 15km 정도로 달릴 수 있었고, 손으로 조작하는 클러치와 체인 구동 방식 등 현대 자동차의 기본 구조를 이미 갖추고 있었다.

초기의 자동차는 단지 일부 부자들의 호기심을 자극하는 장난감 수준에 머물렀지만, 미국의 헨리 포드(Henry Ford)가 1908년 내놓은 '모델 T(Model T)'는 자동차의 대중화를 이루었다. 그는 컨베이어 시스템을 도입해 생산 시간을 획기적으로 줄였고, 차량 가격도 중산층이 감당할 수 있는 수준으로 낮췄다. 이후 자동차는 단순한 운송 수단이 아닌 산업혁명 이후 두 번째 혁명, 즉 모빌리티 혁명의 중심에 섰다. 1920~1930년대에는 제너럴 모터스(GM), 크라이슬러(Chrysler) 등이 성장하며 미국은 '자동차의 왕국'으로 군림하기 시작했다.

기술의 진화와 테슬라의 혁명

21세기에 들어서면서 내연기관 자동차는 새로운 도전에 직면했다. 환경오염과 기후변화 문제로 인해 전기차, 하이브리드차가 다시 주목받기 시작한 것이다. 사실 전기차의 역사는 19세기 말까지 거슬러 올라가며, 한때 전기차는 가솔린차보다 인기가 높았다. 그러나 배터리 기술의 한계로 내연기관에 밀려 사라졌던 전기차는, 일론 머스크(Elon Musk)가 이끈 테슬라(Tesla)의 등장과 함께 본격적으로 부활했다. 2008년 출시된 로드스터(Roadster)는 리튬이온 배터리를 이용해 한 번 충전으로

350km 이상을 달릴 수 있었고, 이후 'Model S'와 'Model 3'는 고성능과 대량 생산이라는 두 마리 토끼를 잡았다.

테슬라는 단순한 자동차 제조사가 아니라, 소프트웨어 업데이트와 자율 주행 기능으로 '바퀴 달린 컴퓨터'를 만들어 냈다. 이 변화는 전통적인 자동차 산업의 질서를 뒤흔들었고, 포드, 폭스바겐, 도요타 등 기존 기업들이 전기차 개발 경쟁에 뛰어들게 했다. 이에 따라 자동차 산업 전반에서는 배터리 내재화, 소프트웨어 조직 강화, 반도체와 인공지능 기술 확보 등이 핵심 경쟁 요소로 부상했으며, 완성차 기업과 IT 기업 간의 경계도 빠르게 흐려지고 있다.

우리나라 + 자동차

우리나라 자동차 산업은 일제강점기인 1929년, 미국 포드자동차의 일본 법인인 일본 포드자동차 주식회사가 경성부 영등포 지역에 자동차 조립 공장을 가동하면서 시작되었다. 당시 주요 생산 모델은 Ford Model A와 포드 트럭이었으며, 조립된 차량은 조선총독부, 일본군, 우편국, 경찰청 등 관용차 및 화물 운송용으로 납품되었다.

우리나라의 첫 자동차 회사는 자동차 정비업을 하고 있던 최무성이 1947년에 설립한 국제차량제작주식회사로, 이 회사는 1955년 8월 미군 폐차장 부품(지프 엔진, 프레임, 바퀴 등)을 모아, 첫 국산 승용차인 '시발(始發, Sibal)'을 내놓았다. 그러나 정부가 1962년에 자동차공업보호법을 제정하면서 대기업 중심의 자동차 산업 육성 정책이 시행되었고, 소규모 자본으로 운영되던 이 회사는 기술 개발과 설비 투자에서 밀려 1963년경 결국

1955년에 출시된 우리나라의 첫 자동차 시발(Sibal).

사업을 중단했다. 이 회사는 완전한 국산 기술은 아니었지만, 국산화의 의지와 현실적 도전에 첫발을 내디뎠다는 점에서 산업사(産業史)적으로 매우 중요한 의미를 가지며 그 후 설립된 대기업 중심의 자동차 회사들에 기술적, 정신적 선구자가 되었다.

1960년대에는 새나라자동차[4], 기아산업, 현대자동차 등이 설립되며 조립 산업이 본격화되었다. 특히 현대자동차는 1974년 이탈리아의 자

---

[4] 1962년에 닛산과 협력해 창립한 새나라자동차는 이후 주주가 여러 번 바뀌면서 사명이 신진자동차, 새한자동차, 대우자동차, 그리고 2002년부터는 한국GM으로 변경되었다.

동차 디자이너 조르제토 주지아로(Giorgetto Giugiaro)와 협력해 콘셉트 카 포니 쿠페(Pony Coupe)를 개발했다. 이 차량은 1974년 토리노 모터 쇼에서 공개되며 혁신적인 디자인으로 주목받았지만, 기술적·산업적 여건과 1970년대 석유 파동 등의 영향으로 양산에는 이르지 못했다. 대신 현대는 이 경험을 바탕으로 1975년 실용성을 강화한 독자 모델 포니 (Pony)를 출시했고, 이는 수출에 성공하며 우리나라 자동차 산업의 본격적인 국제화를 이끌었다.

1980~1990년대에는 연이은 히트작 엑셀(Excel)과 쏘나타(Sonata)가 세계 시장에 진출하면서 자동차 산업이 수출 효자 산업으로 부상했다. 2000년대에 들어서면서 현대차와 기아차가 글로벌 시장에서 인지도를 높이며 세계적 자동차 브랜드로 성장했고, 오늘날 우리나라는 세계 자동차 생산국 가운데 상위권을 차지하며 내연기관 기술은 물론 전기차와 수소전기차 분야에서도 선도적인 경쟁력을 갖춘 국가로 평가받고 있다.

세계 최고 명차의 대명사인 벤츠의 정식 명칭은 메르세데스 벤츠(Mercedes Benz)이다. 앞서 말한 바와 같이 벤츠는 독일의 기계공학자이자 발명가인 카를 벤츠가 1883년에 창업한 회사의 이름이다. 당시 오스트리아 출신의 자동차 사업가이자 레이싱 선수였던 에밀 옐리넥(Emil Jellinek)은 1890년대에 독일 다임러의 자동차를 판매하면서 큰 성공을 거두었는데, 그는 자신의 딸 이름인 메르세데스 옐리넥(Mercedes Jellinek)을 자신이 판매하는 자동차의 애칭으로 사용했다. 그는 또한 자신이 경주용으로 개조한 차들을 메르세데스라는 이름으로 출전시켜 대회에서 여러 차례 우승을 거두기도 했는데, 그 덕분에 메르세데스(Mercedes, 스페인어로 '은총'이라는 뜻)라는 이름은 곧 고성능, 신뢰성, 품격의 상징이 되었다.

1926년, 제1차 세계대전 이후 독일 경제가 침체되면서 벤츠와 다임러가 합병해 다임러-벤츠(Daimler-Benz AG)로 출범했고, 제품 브랜드명으로는 메르세데스-벤츠가 채택되었다. 메르세데스는 실제 자동차 개발에는 참여하지 않았지만, 그 이름은 세계에서 가장 유명한 자동차 브랜드의 대명사가 되었다. 다임러-벤츠사는 그 후 몇 차례 인수·합병을 거친 끝에, 2022년 이후에는 회사명을 그들의 대표 브랜드인 메르세데스-벤츠로 바꾸고 오늘에 이르고 있다.

자동차는 단순한 기계 이상의 의미를 가진다. 그것은 인간에게 여행과 공간의 자유를 선물했고, 도시의 형태와 사회 구조를 바꾸었다. 자동차의 보급은 도시의 구조와 생활 방식을 바꾸어 도로망 확장, 교외 주거지 형성, 쇼핑몰과 주유소 같은 새로운 공간 문화를 낳았고, 산업·관광·예술 등 사회 전반에 깊은 영향을 미쳤다. 오늘날 자동차 산업은 전 세계 경제에서 상당한 비중을 차지하며, 직간접직으로 수억 명의 고용을 떠받치고 있다. 자율 수행과 전기화가 가속되는 현재에도 자동차는 여전히 인류 문명과 함께 진화하는, 움직이는 기술의 결정체로 '더 멀리, 더 빠르게, 더 자유롭게' 달리고 있다.

3

인류의 시간과 공간을 재편하다
고속도로

인류의 역사는 곧 '길'의 역사였다. 로마인들은 '모든 길은 로마로 통한다'는 말처럼 제국 전역에 로마 가도(街道, Via Romana)를 건설했으며, 이 도로망은 '제국의 혈관'으로 불렸다. 이 도로들은 직선으로 뻗었고, 석재와 자갈로 다져진 튼튼한 구조 덕분에 2000년이 지난 지금도 일부가 남아 있다.

근대에 이르러 도시는 산업화와 함께 빠르게 팽창했고, 사람들은 더 먼 곳으로 더 짧은 시간 안에 이동하기를 원했다. 그러나 기존의 도로는 자연 지형을 따라 굽이져 있었고, 마차나 초기 자동차가 통행하는 데는 한계가 있었다. 물류 흐름이 국가 경쟁력을 좌우하게 되면서, 이동 속도를 높이기 위한 새로운 형태의 길이 필요해졌고, 이렇게 등장한 개념이 바로 고속도로였다. 고속도로는 단순히 자동차가 빨리 달릴 수 있는 길이 아니라, 도시와 도시를 하나의 생활권으로 묶고 경제 활동의 범위를 확장하는 핵심 기반 시설이었다. 이동 시간의 단축은 산업 구조를 바꾸고 사람들의 생활 패턴까지 변화시켰다. 오늘날 일반 도로는 모세혈관의 역할을, 고속도로는 각 국가의 동맥 역할을 수행하며 서로 촘촘하게 얽혀 있지만, '고속도로'라고 부를 만한 도로가 세상에 건설된 것은 불과 100여 년 전의 일이었다.

고속도로의 대명사 독일 아우토반

19세기 말 자동차가 보급되면서 사람들은 이전보다 훨씬 빠르게 이동할 수 있게 되었지만, 문제는 도로였다. 비포장 흙길은 진흙탕이 되었고, 마차용 도로는 차량의 속도를 견디지 못했다. 점점 더 많은 자동차가 등장하자 여러 나라는 새로운 형태의 도로를 모색하기 시작했다. 그리하여 '자동차 전용도로' 또는 고속도로라는 발상이 탄생했다.

일반 도로와 달리 고속도로는 법적으로 몇 가지 기준을 충족해야 한다. 우리나라 도로교통법 제2조에는 "고속도로란 자동차의 고속 운행에만 사용하기 위해 지정된 도로"라고 쓰여 있다. UN과 OECD, EU 등 국제기구에서 통용되는 기준에 따르면, 고속도로는 보행자, 자전거, 느린 차량의 진입을 금하고 오직 자동차 전용이어야 한다. 또한 평면교차를 금하고 오직 입체교차만 허용하며, 자유로운 진출입을 금하고 오직 지정된 인터체인지(IC)나 램프에서만 가능하도록 규정되어 있다. 즉, 고속도로는 '보행자, 자전거, 저속 차량의 통행이 금지된 폐쇄형 자동차 전용 도로'이다.

이러한 조건을 만족하는 고속도로의 원형은 1920년대 이탈리아에서 찾을 수 있다. 1924년, 밀라노와 바레세를 잇는 '아우토스트라다(Autostrada)'가 완공되었는데, 이는 세계 최초의 유료 자동차 전용 도로로 평가된다. 포장면은 콘크리트였으며, 보행자나 마차의 통행을 금지하고 자동차만 이용하도록 설계된 초기 형태의 자동차 전용 도로였다. 그러나 고속도로라는 이름을 세계적으로 각인시킨 것은 독일의 '아우토반(Autobahn)'이었다. 독일의 첫 아우토반은 1932년, 바이마르 공화국 시절 쾰른–본 구간에서 완공되었다. 이 구간은 약 20km로, '자동차만을 위한 도로'로 설계되었다. 1933년, 히틀러가 집권하자 그는 이 기존 노선을 나치의 업적으로 포장하고, 전국적인 아우토반 건설을 국가적 사업으로 추진하며 세계 최초의 대규모 고속도로망 건설을 추진했다. 당시 기술로는 놀라운 규모였고, 포장 두께와 곡선 반경, 경사 제한 등 오늘날까지도 이어지는 고속도로 설계의 기본 원형을 제시했다.

독일의 아우토반은 오늘날에도 고속도로의 대명사로 쓰이고 있다. 아우토반의 본래 목적은 군사적 전략 도로로서 신속한 부대 이동과 군수품 수송으로 알려져 있지만, 아우토반의 건설은 자동차 교통의 효율화, 대규모 토목 사업을 통한 실업 해소, 국가 선전 등 여러 목적이 복합적으로 작용한 결과였다. 또한 아우토반은 처음부터 전 구간에 속도 제한이 없는 도로로 설계된 것은 아니지만, 현재도 일부 구간에서는 법정 최고 속도가 설정되지 않은 상태가 유지되고 있다. 반면 우리나라와 미국, 일본 등 대부분의 국가에서는 고속도로의 최고 속도를 100~120km/h 수준으로 제한하고 있다.

전후 세계의 고속도로 경쟁

제2차 세계대전이 끝난 뒤 미국은 전쟁 중 얻은 기술과 물류 개념을 평화 시대로 옮겼다. 1956년, 아이젠하워(Dwight D. Eisenhower) 대통령은 연방 보조 고속도로법에 서명했다. 젊은 시절 그는 독일의 아우토반을 직접 보았고, 미국 전역에 이를 본뜬 시스템을 구축하고자 했다. 그 결과, 미국의 주간(州間) 고속도로는 6만 km가 넘는 세계 최대의 도로망으로 완성되었다. 이 고속도로는 단순히 자동차를 위한 길이 아니라, 물류 혁명과 도시 팽창, 교외 주거 문화의 확산을 이끌었다. 특히 군사적 동원과 민간 물류를 동시에 고려한 이 도로망은, 냉전기 미국의 안보 전략과 경제 성장 전략을 함께 떠받치는 기반 시설이 되었다.

또한 고속도로를 중심으로 한 교외 개발은 대도시의 공간 구조를 재편하며 새로운 생활양식을 정착시켰다. 동시에 장거리 화물 운송의 효율이 높아지면서 본격적으로 전국 단일 시장이 형성되었다.

일본은 1964년 도쿄 올림픽을 앞두고 메이신(名神) 고속도로를 개통하며, 전후 부흥의 상징으로 삼았다. 이 무렵, 유럽 각국도 자국형 고속도로를 건설하며 교통 인프라의 황금기를 맞았다. 프랑스의 오토루트(Autoroute), 영국의 모터웨이(Motorway), 스페인의 오토피스타(Autopista) 등 각국은 산업화의 상징으로 도로망을 확충했다.

우리나라 + 고속도로

우리나리의 고속도로 역사는 한바니로 '폐허 위의 기적'이라 불린다. 한국전쟁으로 인해 모든 것이 파괴된 후, 1955년에 첫 국산 차인 시발(始發, Sibal) 자동차가 등장했지만, 전국을 잇는 포장도로는 거의 없었고, 주요 도시 간 이동은 여전히 비포장 국도를 따라 먼지와 진흙을 헤치며 이루어졌다. 그러나 1960년대 초, 박정희 정부가 들어서면서 교통 인프라 확충이 근대화의 상징으로 인식되기 시작했다. 당시 정부는 산업화를 위해 반드시 물류의 대동맥이 필요하다고 판단했고, 그 핵심이 바로 고속도로였다.

우리나라의 첫 고속도로인 경부고속도로는 1968년 2월 1일에 착공해, 그해 12월 21일에 서울-수원 구간이 첫 개통되었다. 그리고 공사 착공 2년 5개월 만인 1970년 7월 7일에 서울-부산까지 총 연장 428km의 전 구간이 개통되었다. 경부고속도로 건설은 국가의 운명을 가르는 대규모 사업이었다. 건설비만 총 429억 원이 들었는데, 당시 국가 1년 예산이 약 1500억 원이었으므로 경부고속도로 건설이라는 단일 사업에 국가 예산의 약 1/3 가까이 투입된 셈이다. 이 공사에 연인원 892만 명과 165만 대의 장비가 투입되었고, 건설 과정에서 77명이 사망한 것으로 기록되어 있다.[5] 경부고속도로 개통으로 서울과 부산 간 이동 시간이 15시간에서 5시간으로 단축되었고, 물류비는 절반 이하로 감소하면서 경부고속도로는 국가 경제 성장의 핵심 동력이 되었다.

이후 호남·중부·영동고속도로 등 전국 주요 노선이 차례로 완공되며 우리나라의 고속도로망은 급속히 확대되었다. 1980년대에는 고속도로의 포장률이 높아지고, 2000년대 들어 전자 요금 징수 시스템(하이패스) 도입으로 통행 효율도 크게 개선되었다. 한편, 1968년에 서울-인천 간 22.4km로 시작한 우리나라의 고속도로는 56년 만인 2024년 2월에 수도권 제2순환 고속도로 중 포천-조안 구간이 개통됨으로써 총

---

5   주간경향, '경부고속 건설 중 사망 77명 맞나?'.

연장 5,000km를 돌파했다.[6]

　우리나라의 고속도로는 단순한 교통 시설을 넘어 산업화의 상징이자, 전국을 연결하는 경제적·문화적 동맥으로 자리 잡아 왔다. 건설 품질과 주행 속도, 유지·보수 체계, 요금 징수 및 지능형 교통 인프라 측면에서는 선진국과 비교해도 상위 수준에 속한다는 평가를 받는다. 그러나 도로망의 지역별 접근성 격차, 일부 지역의 인프라 부족, 교통사고율, 운전 문화와 법규 집행의 실효성 등에서는 여전히 개선이 필요한 것으로 지적되고 있다.

세계 고속도로 건설 100년사(史)에는 숨겨진 이야기가 많다. 흔히 독일의 아우토반을 히틀러가 만든 것으로 생각하지만, 사실 첫 계획은 바이마르 공화국 시절(1920년대)에 이미 시작되었다. 히틀러는 권력을 잡은 뒤 이 고속도로 건설을 '국가적 위업'으로 선전했지만, 실제 아우토반 첫 구간(쾰른-본)은 나치 이전에 완공되었다.

　1924년에 개통되어 세계 최초의 고속도로가 된 이탈리아의 아우토스트라다 데이 라기(Autostrada dei Laghi, '호수들의 고속도로'라는 뜻)는 개통 첫날, 말이 끄는 마차와 자전거까지 진입해 큰 혼란이 벌어졌다. 당시 사람들에게는 자동차 전용 도로라는 개념 자체가 없었기 때문이다. 세계 최초의 자

6　아틀라스뉴스, '고속도로 5천 km 시대'.

동차 전용 도로를 자동차보다 말이 먼저 달린 셈인데, 정부는 부랴부랴 도로 입구에 '자동차 외 통행 금지' 표지판을 세웠다고 한다.

고속도로는 단순한 교통 인프라를 넘어, 인류 문명의 이동 방식 자체를 근본적으로 바꾼 혁신이었다. 첫째, 시간의 개념을 재구성했다. 과거 이동의 단위가 '하루'였다면, 고속도로 시대에는 '시간' 단위로 축약되었다. 둘째, 경제 발전을 가속화했다. 물류비 절감과 산업 벨트의 형성은 도시와 공업지대를 유기적으로 연결하며 대량 생산과 대량유통 체제를 가능하게 했고, 이는 세계 무역의 실질적 기반이 되었다. 셋째, 문화의 지평을 확장했다. 휴게소 문화와 자동차 여행, 로드 무비는 이동 그 자체를 하나의 경험이자 문화로 전환시켰다. 그러나 동시에 고속도로는 환경 훼손과 교통사고, 도시 과밀화라는 새로운 사회적 과제를 함께 낳았다.

그럼에도 불구하고, 고속도로는 인류가 시간과 공간을 재편한 기술 문명의 강줄기임에 분명하다. 로마의 가도에서 독일의 아우토반, 그리고 우리나라 경부고속도로에 이르기까지, 그 위에는 한 가지 공통점이 있다. "봉산개도 우수가교(逢山開道 遇水架橋)"[7]라는 말처럼, 터널을 뚫고 다리를 놔서라도 '더 멀리, 더 빠르게, 더 자유롭게 가고자 했던 인간의 열망과 의지'가 그것이다.

---

[7] "봉산개도 우수가교"는 적벽대전에서 유비에게 패배하고 후퇴하던 조조가 수하의 부하들에게 호통을 치며 했던 말이다. '산을 만나면 길을 내고, 물을 만나면 다리를 놓아라', 즉 어떤 역경에도 굴하지 말고 반드시 극복하고 이겨 내라는 의미의 사자성어이다.

4

수평 주거에서 수직 주거로
엘리베이터

수평으로 성장하는 데 한계에 달한 도시는, 수직으로 성장하면서 새로운 공간 활용의 시대를 열었고, 그 중심에는 사람과 물건을 안전하게 위로 끌어올리는 장치가 있었다. 오늘날에는 너무 익숙해 그 존재를 의식하지 않지만, 엘리베이터의 등장은 인류가 건축의 한계를 넘어서는 데 결정적인 역할을 했다. 과거에는 몇 층만 올라가려 해도 힘을 들여 계단을 이용해야 했고, 높은 건물의 건축은 기술적으로는 가능하더라도 사람의 이동 문제 때문에 현실로 구현할 수가 없었다. 그러나 승강 장치가 안정적으로 작동하기 시작하자 건축은 수평 확장에서 수직 확장으로 방향을 바꾸었고, 도시의 스카이라인은 완전히 새로워졌다. 이제 엘리베이터는 단순한 기계 장치를 넘어 도시 생활의 속도와 구조, 그리고 현대 사회의 생활 방식까지 재편하고 있다.

사실, 사람이나 가축의 힘으로 물건을 들어 올리기 위한 장치는 고대 이집트 시대에도 있었지만, 요즘과 같은 전동식 엘리베이터가 세상에 나온 것은 150년이 채 안 된 일이다. 게다가 오늘날에는 모든 아파트에 엘리베이터가 설치되고, 무려 100층이 넘는 마천루 건물도 초고속 엘리베이터가 순식간에 오르내리는 시대가 되었다. 내가 어렸을 때는 아직 엘리베이터가 일상화되기 전이어서, 지방의 초등학교에서는 엘리베이터가 설치된 건물로 단체 견학을 가기도 했으니, 이 모든 것은 불과 수십 년 사이에 벌어진 변화이다.

도르래에서 플라잉 체어까지

고대 이집트의 피라미드 건설 현장에서는 거대한 석재를 들어 올리기 위해 도르래와 경사로가 사용되었고, 기원전 3세기에는 그리스의 아르키메데스가 밧줄과 도르래, 권양기를 활용해 원시적인 승강 장치를 고안했다고 전해진다. 로마 제국의 원형경기장, 특히 콜로세움에서는 지하에서 맹수나 무기, 전차를 경기장 위로 끌어올리는 복잡한 승강 장치가 가동되었다. 인간이나 동물의 힘을 동력으로 삼았기에 속도와 효율은 많이 떨어졌지만, 수직 이동이라는 아이디어 자체는 고대부터 실현되고 있었던 셈이다.

중세에도 성과 수도원에서는 원시적 승강기가 자주 활용되었다. 수도사들이 성벽 위로 곡물이나 물을 올리고, 요새 수비병들이 망루에 무기를 끌어올리는 데 도르래 장치를 이용했는데, 이런 장치들은 오늘날 엘리베이터의 먼 조상이라 할 수 있다.

18세기에 들어 증기기관의 발명과 함께, 인간의 수직 이동을 보조하는 기계식 승강 장치가 점차 등장하기 시작했다. 1743년 프랑스 베르사유 궁전에는 루이 15세를 위해 '플라잉 체어(Flying Chair)'라 불리는 승강 장치가 설치되었는데, 이는 왕이 궁전 안에서 사람들의 눈에 띄지 않고 위층으로 이동할 수 있도록 고안된 장치였다. 이 사례는 초기 엘리베이터가 단순한 물류나 노동의 수단이 아니라, 권력자의 편의와 사생활 보호를 위해 먼저 활용되었음을 보여 준다.

19세기 초에는 광산업이 발달하면서 석탄과 광물을 지상으로 운반하기 위한 증기기관식 승강기가 보급되었다. 그러나 안전장치가 없어 추락 사고가 빈번했고, 대중은 여전히 이를 위험한 장치로 인식했다. 이 시기 엘리베이터는 '꼭 필요하지만 무서운 도구'였다.

마천루 시대의 서막

19세기 중반, 미국의 발명가 엘리샤 오티스(Elisha Otis)가 개발한 추락 방지 안전장치는 엘리베이터 역사의 분수령이 되었다. 그는 1853년 이 장치를 공개한 뒤, 이듬해 뉴욕 전시회에서 자신의 발명품을 직접 시연했다. 무대 위에서 엘리베이터에 올라탄 그는 밧줄을 끊게 했고, 안전장치가 즉시 작동하면서 엘리베이터는 추락하지 않고 공중에서 멈춰 섰다. 이 장면은 관람객들에게 충격과 신뢰를 동시에 안겨 주었고, 엘리베이터가 안전한 이동 수단으로 자리매김하는 계기가 되었다.

1857년 뉴욕 브로드웨이 상점에 세계 최초의 승객용 엘리베이터가 설치되면서 엘리베이터는 도시 건축의 새로운 장을 열었다. 건물은 수평적 확장에서 수직적 확장으로 전환했고, 이는 곧 마천루 시대의 시작을 의미했다.

1880년, 독일의 물리학자이자 발명가로 훗날 지멘스(Siemens)를 설립한 에른스트 베르너 폰 지멘스(Ernst Werner von Siemens)가 전동식 엘리베이터를 개발하면서 또 한번의 혁신이 일어났다. 전기는 증기보다 빠르고 안정적이었으며, 유지 관리도 용이했다. 20세기 초에는 버튼만 누르면 자동으로 운행되는 '자동식 엘리베이터'가 등장해 승강기 조작원이 필요 없는 시대가 열렸다.

초고층, 초밀도 도시를 설계하다

19세기 말에서 20세기 초, 유럽 특히 독일과 체코, 영국 등에서 널리 보급된 '파터노스터(paternoster)'[8] 방식의 독특한 엘리베이터는 성인 2명이 탈 수 있는 작은 칸(캐빈) 여러 개가 사슬처럼 연결되어 끊임없이 한 방향으로 움직이는 구조였다. 마치 수직으로 움직이는 회전목마나 무한궤도처럼, 상행선과 하행선이 커다란 루프 안에서 연결되어 건물의 한쪽에서는 항상 올라가고, 다른 한쪽에서는 항상 내려오도록 설계되었으며, 건물의 최하층과 최상층에서는 상행선과 하행선이 서로 전환되었다. 파터노스터 엘리베이터는 정지 버튼이 없고, 문도 없었기 때문에 탑승자가 원하는 층에서 타이밍을 맞춰 걷듯이 올라타거나 내려야 했다.

당시에는 건물 내 수송 효율성을 높이고, 별도의 조작 없이도 연속적으로 사람들을 실어 나르는 장점이 있었기 때문에 대학, 관청, 도서관

---

8 파터노스터는 가톨릭교회에서 묵주 기도를 할 때 쓰는 구슬 목걸이를 뜻한다. 작은 칸(캐빈)이 사슬처럼 연결되어 순환하는 모습이 마치 묵주 기도를 할 때 목걸이 구슬을 하나씩 움직이는 모습과 같아 붙여진 이름이다.

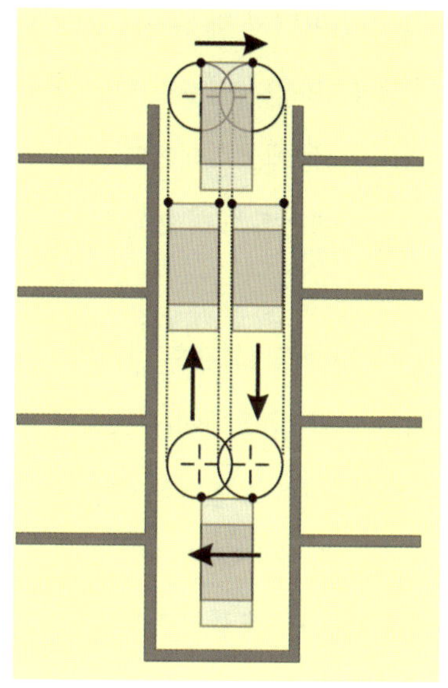

파터노스터 엘리베이터의 작동 원리 도식. 승강 칸이 연속적으로 순환하며 상승 구간과 하강 구간을 오가는 구조로, 정차 없이 일정 속도로 운행되는 것이 특징이다.

같은 공공건물에 파터노스터 엘리베이터가 많이 설치되었다. 그러나 엘리베이터 구조상 발을 잘못 디디면 걸려 넘어질 수 있었고, 몸 일부가 끼이는 사고도 자주 일어나, 20세기 후반 엘리베이터 안전 규제가 강화되면서부터는 설치가 거의 중단되었고, 기존에 있던 것들도 대부분 철거되었다. 다만 유럽 일부 도시(프라하, 함부르크, 브뤼셀 등)의 옛날 건물에는 여전히 이런 방식의 엘리베이터가 남아 있어, 역사적 유산이자 관광 명소처럼 운영되기도 한다.

1990년대 후반에 체코 프라하로 여러 차례 출장을 간 적이 있는데, 당시만 해도 프라하에는 이런 이상한 엘리베이터가 남아 있는 오래된 건물이 많았다. 처음으로 파터노스터 엘리베이터에 올라탔을 때, 문도 없이 멈추지도 않고 계속 오르내리는 엘리베이터가 매우 당황스러웠고, 발을 잘못 디뎌 넘어질 뻔한 적도 많았다. 그러나 멈추지 않고 연속해서 움직이기는 에스컬레이터도 마찬가지여서, 에스컬레이터의 첫 번째 계단에 발을 내딛는 느낌을 떠올리며 곧 자연스럽게 타고 내릴 수 있게 되었다.

20세기 중반 이후에는 초고층 건물의 등장에 맞춰 고속 엘리베이터가 개발되었고, 동시에 대기 시간을 줄이기 위한 집합 제어 시스템이 도입되었다. 21세기에 들어서는 두 개의 객실을 상하로 연결해 수송 효율을 높인 이중 데크 엘리베이터, 자기부상 원리를 적용해 수직 이동뿐 아니라 수평 이동까지 가능하게 한 차세대 엘리베이터가 등장했다. 이에 따라 엘리베이터는 더 이상 단순한 건물 내 이동 수단이 아니라, 초고층·초밀도 도시의 공간 구조와 동선을 설계하는 미래 도시 인프라의 핵심 기술로 자리매김하고 있다.

우리나라 + 엘리베이터

우리나라에 엘리베이터가 처음 도입된 것은 대한제국 시기이다. 1900년대 초 서울 정동의 손탁호텔과 경운궁(덕수궁)에 외국에서 들여온 승강기가 설치되었다는 기록이 남아 있다. 일반 대중이 이용할 수 있는 시설로 보급되기 시작한 것은 1910년대 일제강점기 때였고, 경성의 주요 은행, 백화점, 호텔, 관공서 건물에 엘리베이터가 설치되면서 근대적 편의 시설로 자리 잡게 되었다.

광복 이후 1960~1970년대 경제 개발이 본격화되면서 서울과 부산을 중심으로 고층 건물이 늘어났고, 엘리베이터는 도시 생활의 필수 장치가 되었다. 특히 1970년대 이후 대규모 아파트 단지가 조성되면서 주택용 엘리베이터 수요가 폭발적으로 증가했고, 이 과정에서 국내 기업들은 해외 기술 도입과 자체 연구 개발을 병행하며 엘리베이터 핵심 기술의 국산화에 성공했다. 그 결과 우리나라는 21세기에 들어 초고층, 초고속 엘리베이터 분야를 중심으로 세계 엘리베이터 산업에서 중요한 제조 및 기술 거점으로 성장했다.

오늘날 우리나라는 세계에서 가장 빠른 초고속 엘리베이터 기술을 보유한 나라로서, 현대엘리베이터는 2020년에 분속 1,260m의 초고속 엘리베이터 기술 개발에 성공했으며, 이는 당시 세계 최고 수준의 속도로 소개되었다. 이 속도는 세계 최고 높이 건물인 두바이 부르즈 할리파(높이 약 830m)를 46초 만에 주파할 수 있는 속도이다.

엘리베이터가 처음 등장했을 때, 사람들은 그 안에 갇혀 위아래로 움직이는 경험을 두려워했다. 뉴욕에서는 엘리베이터를 타면 질식한다는 소문까지 돌았다. 이런 괴담을 불식시키기 위해 초기 엘리베이터 객실은 마치 호텔 라운지처럼 꾸며졌다. 천장에는 샹들리에가 달리고 의자도 놓였으며, 심지어는 엘리베이터 안에서 직접 음악을 연주하기도 했다. 또 엘리베이터 안내원이 늘 버튼 앞을 지키고 서서 승객 대신 버튼을 눌러 주고, 건물의 정보를 제공하며, 짐까지 대신 날라 주는 '소셜 가이드' 역할을 했다. 그들의 제복과 정중한 태도는 승객의 불안을 잠재우는 효과가 있었다.

당시 사람들은 엘리베이터를 '건물 속의 작은 살롱'이라고 불렀을 정도이니, 버튼만 누르고 잠자코 기다리면 수십 초 내에 원하는 층에 내려 주는 오늘날의 무미건조한 엘리베이터와 비교하면, 초창기 엘리베이터는 오히려 더 화려하고 사교적인 공간이었던 셈이다. 우리나라에도 1990년대까지 속칭 '엘리베이터 걸'이라고 불렸던 엘리베이터 안내원들이 존재했으나, 엘리베이터가 완전 자동화되고 사회적 인식이 바뀜에 따라 이제는 사라진 직업이 되었다.

엘리베이터는 도시 문명의 공간 구조를 근본적으로 변화시켰다. 고층 건물과 마천루는 엘리베이터 없이는 성립할 수 없으며, 이 기술은 도시의 수직적 확장을 가능하게 했다. 그 결과 도시는 수평적 팽창의 한계를 넘어 인구 밀집 문제에 대응할 수 있었고, 한정된 토지 위에 더 많은 사람들이 거주하고 근무할 수 있는 물리적·사회적 토대를 마련했다. 또한 엘리베이터는 사회적 포용성을 높였다. 장애인, 노인, 어린이 등 보행 약자에게 안전한 이동 수단을 제공함으로써 건축물 이용의 평등을 보장했다. 현대의 스마트 빌딩에서는 AI가 탑승객 수와 이동 패턴을 분석해 최적의 운행을 구현하고, 초고속 엘리베이터는 1분에 수백 미터를 오르내리며 세계의 스카이라인을 바꾸고 있다. 결국 엘리베이터는 단순한 기계 장치를 넘어, 인간이 공간을 사용하는 방식 자체를 혁신한 현대 문명의 상징이라 할 수 있다.

5

지상에서 지하로, 터널 속의 혁명
지하철

도시는 늘 인구와 산업이 밀집하면서 공간의 한계를 마주했다. 지상 도로와 철도만으로는 증가하는 이동 수요를 감당할 수 없었고, 사람들은 더 빠르고 효율적인 이동 수단을 필요로 했다. 이런 문제를 해결하기 위해 탄생한 것이 바로 지하철이다. 단순히 '지하를 달리는 철도'라는 기술적 의미를 넘어, 지하철은 도시 구조와 생활 방식을 근본적으로 바꿔 놓았다. 도시의 심장부를 관통하며 사람과 물자의 흐름을 촘촘히 연결했고, 출퇴근 시간을 단축하며 도시 공간의 확장 가능성을 열었다. 또한 지하철은 도시 계획과 건축, 경제 활동까지 밀접하게 연결하며 현대 도시 문명의 상징이 되었다.

혼잡한 지상 도심을 피해 땅 밑으로 터널을 뚫고 그 안으로 증기기관차를 달리게 하자는, 한때는 엉뚱하게 여겨졌던 발상에서 출발한 지하철은 이제 전 세계 대도시에서 가장 안전하고 빠른 대중교통 수단으로 자리 잡았다. 이러한 변화는 유럽에서는 약 150년, 우리나라에서는 불과 50년이라는 비교적 짧은 시간 안에 이루어진 교통 혁명이라 할 수 있다.

밀폐된 터널을 달리는 증기기관차

지하철의 역사는 19세기 중반 산업혁명기의 영국 런던에서 시작되었다. 당시 런던은 세계에서 인구가 가장 많은 도시였으며, 산업과 상업의 중심지로서 엄청난 교통 체증을 겪고 있었다. 마차와 버스가 뒤엉킨 도로는 연중 내내 혼잡했고, 거리는 매캐한 연기와 소음으로 가득했다. 또 산업혁명 이후 곳곳에 세워진 제조공장으로 수많은 노동자들을 실어 나르기 위해 말 세 마리가 끄는 승합 마차가 등장했는데, 말 한 마리가 도로 위에 뿌리는 분변만 해도 연간 약 3톤에 달했다. 이처럼 막대한 양의 말 분변 문제는 새로운 교통 수단의 등장을 재촉한 중요한 요인 가운데 하나였다. 이러한 상황에서 지상의 혼잡을 피하기 위해 땅속에 철도를 건설하자는 발상은 당시로서는 가히 혁명적인 제안이었다.

1863년, 세계 최초의 지하철인 런던 메트로폴리탄 철도(Metropolitan Railway)가 마침내 개통되었다. 이 노선은 패딩턴 인근에서 패링던까지 약 6.5km를 연결했으며, 당시로서는 상상조차 어려웠던 지하 철도라는 새로운 이동 방식을 현실로 만들었다. 그러나 이 지하철은 오늘날처럼 전기로 움직이지 않았다. 터널 속을 달린 것은 다름 아닌 증기기관차였다. 밀폐된 터널 안에서 증기기관차가 뿜어내는 연기와 열기는 상상을 초월했다. 객차 안은 매캐한 연기로 가득 차 눈이 따갑고 숨 쉬기조차 힘들었으며, 한여름에는 달리는 사우나에 비유될 만큼 덥고 습했다. 그럼에도 불구하고 승객들은 교통 체증 없이 빠르게 이동할 수 있다는 사실에 환호했다.

이 혁신적인 교통수단은 곧 '언더그라운드(Underground)'라는 이름

1863년 개통을 앞두고 시운전 중인 런던 메트로폴리탄 철도의 모습이다. 증기기관차가 터널 안을 달리며 승객을 태운, 세계 최초의 지하철 운행 장면을 묘사한 19세기 삽화이다.

으로 불리며 런던 시민들의 일상 속에 스며들기 시작했다. 불편함과 위험을 감수하면서도 사람들이 지하철을 선택한 이유는 분명했다. 그것은 단순한 교통수단이 아니라, 도시가 스스로의 한계를 돌파하는 첫 번째 시도였기 때문이다.

도시의 정체성과 철학을 싣고 달리다

런던의 성공은 다른 도시들에 강렬한 자극을 주었다. 1896년에는 헝가리 부다페스트에서 유럽 대륙 최초의 전기 지하철이 개통되었는데, 이는 증기기관을 사용했던 초기 런던 지하철과 달리 처음부터 전기를 동력으로 삼아 연기와 환기 문제를 근본적으로 해결한 사례였다. 이후 지하철은 대도시의 필수 인프라로 빠르게 확산되어, 1900년 파리, 1902년 베를린, 1904년 뉴욕에서도 잇달아 개통되었다. 특히 뉴욕 지하철은 규모 면에서 압도적이었다. 도시 전체를 거미줄처럼 연결하는 방대한 노선망으로 뉴욕은 '24시간 잠들지 않는 도시'라는 별명을 얻게 되었다.

그런가 하면, 파리의 지하철은 아르누보 양식의 세련된 출입구 디자인으로 널리 알려지며, 지하철이 단순한 교통수단을 넘어 도시의 문화와 미학을 반영하는 공간이 될 수 있음을 보여 주었다. 20세기 중반 이후 지하철은 세계 대도시의 필수 기반 시설로 빠르게 확산되었고, 모스크바 지하철은 '지하 궁전'이라 불릴 만큼 화려한 장식으로 국가의 위엄과 이념을 드러냈다. 한편 도쿄 지하철은 세계에서 가장 복잡한 노선망을 갖추면서도 높은 정시성을 유지하는 시스템으로 발전하며, 지하철이 각 도시의 정체성과 운영 철학을 상징하는 인프라로 자리 잡았음을 보여 주었다.

우리나라 + 지하철

우리나라에 지하철이 처음 등장한 것은 1974년 8월 15일, 광복절 날이었다. 서울 지하철 1호선이 서울역과 청량리를 연결하며 개통되었고, 이는 우리나라 근대 교통사에서 상징적인 사건이었다. 당시 서울은 급격한 산업화와 도시화로 인구가 폭발적으로 증가하며 만성적인 교통 혼잡에 시달리고 있었고, 지하철 건설은 이러한 문제를 해결하기 위한 근본적 대안으로 선택되었다.

서울 지하철 건설은 당시 우리나라 경제력으로는 결코 쉬운 일이 아니었다. 일본, 프랑스 등 여러 나라의 기술 지원을 받아 가며 대규모 자본과 인력을 투입해 완성된 1호선은 개통 당시 서울 시민들에게 '미래 교통수단'으로 여겨졌으며, 낯선 지하 공간은 시민들의 호기심을 자극했다. 일부 사람들은 지하에서 숙식이 가능한지 궁금해 역 안에서 밤을 새우기도 했고, 지하철을 관광지처럼 구경하는 인파도 많았다. 또 1980~1990년대에는 '지하철 상인'이 등장해, 차 안에서 물건을 파는 일도 흔했다.

1980년대와 1990년대를 거치며 2호선, 3호선, 4호선이 차례로 개통되었고, 서울은 촘촘한 노선망을 갖춘 대도시로 성장하며 동아시아에서 가장 규모가 큰 지하철 도시 가운데 하나로 자리매김했다. 오늘날 서울 지하철은 서울 시내 기준으로 총 연장 약 380km에 이르며, 수도권 광역철도까지 포함하면 전체 노선 길이가 1,100km를 넘는 세계적 규모의 도시 철도망으로 성장했다. 또한 부산·대구·광주·대전·인천 등 주요 대도시에서도 지하철이 운영되면서, 도시 철도는 우리나라 일상생활과 도시 구조를 지탱하는 핵심 인프라로 자리 잡았다.

초기 지하철에는 지금은 상상조차 하기 힘든 해프닝이 적지 않았다. 런던의 증기기관 지하철은 매연이 너무 심해, 승객들이 기차를 타고 내릴 때마다 얼

굴이 숯가루로 뒤범벅이 되었다. 한 신문에서는 지하철역 내부를 두고 "마치 지옥의 입구 같다"고 표현하기도 했다. 반면, 이후 전동식으로 건설된 뉴욕 지하철은 독특한 문화의 산실이었다. 20세기 초부터 거리의 음악가와 곡예사들이 객차와 역사에서 공연을 펼치며, 지하철은 단순한 이동 공간을 넘어 자연스럽게 대중문화가 태어나고 확산되는 무대로 자리 잡았다.

지하철은 지하 깊은 곳에 터널을 뚫고 지반을 파헤치며 건설하기 때문에 건설 과정에서 대형 사고도 자주 발생했다. 특히 세계 최초의 지하철인 런던 메트로폴리탄 철도 건설 초기에는 터널 굴착 기술이 미숙했기 때문에 여러 사고가 발생했다. 터널 내부 붕괴로 인해 노동자 수십 명이 매몰되었고, 증기 기관차가 운행될 때 심한 연기는 물론, 화재가 나는 등의 사고로 많은 사망자가 발생하기도 했다.

지하철 건설의 역사에는 기술 발전의 그늘도 존재했다. 1913년 뉴욕 지하철 7번가 터널 공사 현장에서는 집중호우와 부실한 지반 조사로 터널 일부가 붕괴되어 노동자 10여 명이 매몰되는 사고가 발생했다. 당시 언론은 "도시의 지하를 파고드는 거대한 굴착 기계가 인간의 생명을 위협하고 있다"는 논조로 보도하며, 급속한 도시 개발의 위험성을 경고했다. 우리나라에서도 이와 유사한 사고가 있었는데, 1983년 서울 지하철 2호선 건설 과정에서 터널 굴착 중 지반이 붕괴되어 노동자 6명이 매몰되는 사고였다. 이 사건은 지하철 건설 현장의 안전 문제를 사회적으로 환기시키는 계기가 되었고, 이후 지반 조사 기준 강화와 터널 보강 공법, 안전 장비의 체계적 도입으로 이어졌다.

지하철의 발명은 인류 생활을 근본적으로 변화시켰다. 지하철은 도시 구조의 혁신을 가능케 했는데, 도심과 교외를 빠르게 연결해 '직장은 도심, 주거지는 교외'라는 생활 패턴을 확립했고, 이는 대도시 확장과 근대적 도시계획의 기반이 되었다. 한편 지하철은 문화와 사회 교류의 장으로서, 지하철 역은 단순한 교통 거점이 아니라 공연과 예술, 상업이 어우러지는 공간으로 진화했다. 모스크바의 화려한 역사, 파리의 예술적 디자인, 뉴욕의 버스킹 공연, 서울의 편의점과 문화 공간이 그 예다.

지하철은 시간에 대한 인류의 인식도 바꾸었다. 단시간에 먼 거리를 이동할 수 있게 되자 개인의 선택지가 넓어졌고, 도시의 활력이 배가되었다. 무엇보다도 지하철은 환경 문제 해결에 크게 기여했다. 자동차와 마차가 점령했던 도로 대신 수많은 인구가 지하철을 이용함으로써 교통 체증을 완화하고, 대기 오염을 줄이는 효과가 있었다. 오늘날에도 지하철은 탄소 배출을 줄이는 대표적인 친환경 교통수단으로 평가된다. 승용차로 혼자 약 10km를 이동할 경우 평균적으로 약 2kg 이상의 이산화탄소가 배출되는 반면, 같은 거리를 지하철로 이동할 경우 1인당 이산화탄소 배출량은 약 0.1~0.2kg 수준에 그친다. 자전거를 이용할 때보다는 다소 높지만, 수백 명에서 수천 명을 동시에 수송할 수 있는 지하철의 에너지 효율은 다른 교통수단과 비교하기 어려울 만큼 압도적이다.

이처럼 지하철은 오늘날 수십억 도시인을 실어 나르는 도시의 '혈관'으로 기능하고 있으며, 현재는 물론 환경 문제가 더욱 심화될 미래 사회에서도 인류의 도시 문명과 함께 지속적으로 진화해 갈 핵심 교통 인프라로 남을 것이다.

이카로스의 꿈을 현실로
비행기

인류는 오래전부터 새처럼 하늘을 나는 꿈을 꾸었다. 고대 그리스 신화 속 이카로스(Icaros)의 날개처럼, 인간은 자신의 몸을 공중으로 띄우고 자유롭게 하늘을 누비고자 하는 열망을 품었다. 그러나 수천 년간 이어져 온 이 꿈은 단순한 상상에서 머물지 않고, 지난 수 세기에 걸친 과학적 탐구와 기술적 도전을 통해 현실로 다가왔다. 나무와 천, 금속과 증기, 점차 발전한 엔진과 공기역학 지식은 인간을 땅에서 공중으로 이끌었고, 20세기 초 라이트 형제의 첫 비행은 그 오랜 열망의 첫 결실이었다. 비행기는 단순히 이동 수단을 넘어, 세상을 잇고 문명을 확장하는 도구가 되었으며, 사람들의 생활과 사고방식까지 변화시켰다.

"인간도 하늘을 날 수 있다"

중국에서는 이미 2000년 전, 연(鳶)과 폭죽을 이용한 비행 실험이 있었고, 13세기에는 화약 로켓이 등장했다. 15세기에 레오나르도 다빈치는 하늘을 나는 기계 '오니소프터(Ornithopter)'[9]와 헬리콥터 형태의 나선형 비행 장치를 설계했다. 비록 실현되지는 않았지만, 그의 설계도는 훗

1903년 12월 17일, 인류 최초로 비행에 성공한 라이트 형제. 동생인 오빌 라이트가 비행기에 탑승해 조종하고 있고, 형인 윌버 라이트가 옆에서 함께 달리고 있다.

날 항공공학의 모태가 되었다.

18세기 후반, 프랑스의 몽골피에(Montgolfier) 형제가 뜨거운 공기를 이용한 열기구를 띄우자 인류는 처음으로 하늘을 직접 경험했다. 1783년 파리에서 열린 공개 시연에서 열기구는 양, 오리, 닭을 태운 채 수백 미터 상공으로 올라갔다. 몇 달 뒤에는 사람이 탄 열기구가 성공적으로 비행에 성공하며, 인류는 역사상 처음으로 스스로의 힘으로 하늘에 떠오른 존재가 되었다. 그러나 19세기 말까지 하늘을 나는 것은 여전히

9　새나 갈매기처럼 날개를 상하로 파닥거리면서 날던 초창기의 비행기를 오니소프터(날갯짓 비행체)라고 한다.

꿈에 머물렀다. 많은 발명가들이 글라이더를 만들어 활공에는 성공했지만, 추진력과 조종성의 문제를 해결하지 못했다. 독일의 오토 릴리엔탈(Otto Lilienthal), 미국의 새뮤얼 랭글리(Samuel Langley), 프랑스의 클레망 아데르(Clément Ader) 등이 잇따라 비행 실험을 시도했지만, '지속 가능한 비행'에는 이르지 못했다.

그러던 중 미국 오하이오의 자전거 수리공 형제 오빌 라이트(Orville Wright)와 윌버 라이트(Wilbur Wright)가 등장했다. 이들은 날개의 곡률, 바람의 압력, 중심 이동 등 공기역학을 체계적으로 실험했고, 자체 제작한 풍동(風洞)에서 데이터를 축적했다. 1903년 12월 17일, 노스캐롤라이나주 키티호크(Kitty Hawk)에서 형제가 제작한 비행기 '플라이어 1호(Flyer I)'가 12초 동안 36m를 날았으며, 같은 날 네 차례의 시도 끝에 마지막 비행에서는 59초 동안 약 260m를 날아, 인류 최초의 동력 비행으로 공식 인정되었다. 나무와 천으로 만든 이 작은 비행기는 이후 산업, 군사, 문화 전반에 걸친 거대한 변화를 예고했다.

전쟁이 가속한 비행기의 진화

비행기의 급격한 발전은 평화가 아닌 전쟁의 포화 속에서 이루어졌다. 제1차 세계대전 동안 비행기는 처음엔 정찰용으로 쓰였지만 곧 전투기와 폭격기로 진화했다. 조종사들은 맨몸으로 하늘에서 싸웠고, 기관총을 프로펠러와 동기화시키는 기술이 개발되면서 진정한 공중전 시대가 열렸다. 제1차 세계대전 당시 독일의 전투 비행사 만프레트 폰 리히트호펜(Manfred von Richthofen), 일명 '붉은 남작'은 공식적으로 80회 이상의 전투에서 승리하며 공중전의 전설로 남았다.

제2차 세계대전에서는 비행기가 전쟁의 승패를 결정짓는 핵심 무기가 되었다. 영국의 스핏파이어(Spitfire), 일본의 제로 전투기(Zero Fighter), 미국의 B-17 플라잉 포트리스(Flying Fortress), B-29 슈퍼포트리스(Superfortress) 등이 전선의 하늘을 지배했다. 특히 독일이 개발한 메서슈미트 Me 262(Messerschmitt Me 262)는 세계 최초로 실전에 투입된 제트 전투기로, 기존의 프로펠러 항공기 속도를 압도하며 항공 기술의 패러다임을 근본적으로 바꾸었다. 전쟁이 끝난 뒤, 비행기는 폭격과 파괴의 상징에서 벗어나 대륙과 대륙을 잇는 교통수단으로 전환되기 시작했으며, 이는 항공기가 군사 기술을 넘어 인류를 연결하는 평화의 도구로 재정의되는 출발점이 되었다.

도로 위보다 더 붐비는 하늘길

1940년대 후반부터 민간 항공은 급속히 성장하기 시작했다. 1952년 영국의 드 하빌랜드 코멧(De Havilland Comet)은 세계 최초의 제트 여객기로 상업 운항을 시작했으나, 반복적인 고고도 비행으로 인한 기체 금속 피로와 창문 구조 결함 때문에 연이은 사고를 겪으며 운항이 중단되었다. 이 사건은 항공기 압력 객실 설계와 피로 시험의 중요성을 일깨우며, 현대 항공 안전 규정과 인증 제도의 기초를 마련하는 계기가 되었다. 이후 1958년 등장한 보잉 707(Boeing 707)은 향상된 구조 설계와 신뢰성을 바탕으로 대서양 노선을 안정적으로 운항하며 본격적인 제트 여객기 시대의 개막을 알렸다. 1960~1970년대에는 거대한 보잉 747

이 등장했는데, '점보 제트(Jumbo Jet)'로 불린 이 기종은 400명 이상의 승객을 태우고 대륙 간을 비행하며 항공 여행의 대중화를 실현했다.

한편 1976년에는 영국과 프랑스가 공동 개발한 초음속 여객기 콩코드(Concorde)가 등장해 런던-뉴욕을 단 3시간 30분 만에 비행하며, 기존 제트 여객기의 절반 이하 시간으로 이동이 가능함을 입증했다. 그러나 높은 운항 비용과 소음, 연료 효율 문제, 그리고 2000년 발생한 여객기 추락 사고 이후 강화된 안전 부담이 겹치면서 결국 2003년 운항이 종료되었다. 이 시기 비행기는 단순한 교통수단을 넘어 국가의 기술력과 산업 역량, 나아가 자존심을 상징하는 존재가 되었다. 세계 각국은 자국 항공사를 '하늘의 대사관'처럼 인식했으며, 항공산업은 냉전 시대에 군사력과 과학기술을 과시하는 국가 간 총성 없는 경쟁의 무대로 기능했다.

21세기에 접어들며 비행기는 더 조용하고 효율적인 시스템으로 진화했다. 보잉 787 드림라이너(Boeing 787 Dreamliner)와 에어버스 A350(Airbus A350)은 탄소섬유 복합 소재를 사용해 무게를 줄였고, 컴퓨터 제어로 연료 소모를 최소화했다. 또한 자동조종, 인공지능 항법 시스템, 실시간 기상 회피 기능이 표준화되면서, 조종사는 감시자이자 관리자의 역할을 맡게 되었다.

한편 드론은 '비행'의 개념을 다시 정의하며, 군사용 정찰과 정밀 타격뿐 아니라 농업 방제, 택배, 재난 구조, 영화 촬영 등 민간 영역에서도 폭넓게 활용되고 있다. 최근에는 하늘을 나는 택시(Air Taxi)와 수직 이착륙 전기항공기(electric Vertical Take-Off and Landing, 'eVTOL') 개발이 활발히 진행되고 있어, 인류의 하늘은 이전보다 훨씬 더 붐비고 복잡해질 것으로 예상된다.

우리나라 + 비행기

우리나라의 비행 역사는 일제강점기 독립운동의 상징처럼 시작되었다. 1922년, 비행사 안창남이 일본에서 비행술을 배워 서울 상공을 비행했을 때, 시민들은 하늘을 올려다보며 눈물을 흘렸다. 그는 '대한독립 만세'를 외치며 조국의 하늘을 날았고, 그 장면은 식민지 시대 국민들에게 강렬한 감동을 주었다.

광복 이후 1949년에 대한민국 공군이 창설되었고, 한국전쟁 기간에는 미 공군을 중심으로 한 유엔군의 항공 지원이 전쟁의 향방에 결정적인 역할을 했다. 이후 1980년대부터 국내 항공산업 기반이 단계적으로 구축되었고, 이 흐름 속에서 축적된 기술과 조직이 1999년 한국항공우주산업(KAI)으로 통합되었다. 이러한 산업적 토대를 바탕으로 1990년대 이후 KT-1 훈련기와 T-50 고등 훈련기 등이 본격적으로 개발·양산되며 우리나라는 독자적인 군용 항공기 개발 능력을 확보하게 되었다.

2020년대에는 KF-21 보라매 전투기의 시제기(試製機)가 성공적으로 비행하며, 우리나라는 독자 개발 초음속 전투기를 보유한 세계적인 항공기 개발국 반열에 올라섰다. 이와 함께 우리나라는 군용·민간 항공기 부품을 비롯해 위성, 무인기(드론) 분야에서도 경쟁력을 축적하며, 항공우주 전반에 걸친 '하늘의 기술 강국'으로 자리매김하고 있다.

라이트 형제는 역사상 최초로 유인 비행에 성공한, 유인 비행기 발명자로 알려져 있다. 그러나 라이트 형제보다 앞서 최초의 '동력 비행기'를 완성한 사람이 있었다. 그가 바로 미국의 천문학자이자 해군 출신 과학자 새뮤얼 랭글리이다. 그는 1896년과 1897년에 'Aerodrome No.5'와 'Aerodrome No.6'라는 무인 동력 비행기 모델을 성공적으로 띄웠다. 이 비행기들은 증기나 가솔린 엔진으로 추진되었지만 조종사가 탑승하지 않은 무인 기체였기 때문에, 인류 최초의 유인 동력 비행의 영예는 결국 라이트 형제에게 돌아갔다.

1927년, 미국의 비행사이자 군 출신 장교였던 찰스 린드버그(Charles Lindbergh)는 단발 엔진 비행기 '스피릿 오브 세인트루이스(Spirit of St. Louis)'를 몰고 뉴욕에서 파리까지 5,800km의 거리를 33시간 30분 동안 단독 비행하며 인류 최초의 대서양 횡단 비행에 성공했다. 그의 눈앞에는 끝없이 펼쳐진 바다뿐이었지만, 그는 스스로 길을 개척하는 개척자의 의지로 하늘을 가르며, "하늘에는 길이 없지만, 나는 그 길을 만들었다"는 전설 같은 말을 남겼다.

1930년, 영국의 비행사 에이미 존슨(Amy Johnson)은 여성으로서는 처음으로 영국 런던에서 호주 북부 다윈(Darwin)까지 약 1만 8,000km를 단독 비행하며 세계를 놀라게 했다. 수 주에 걸친 이 여정은 기상 정보와 항법 장비가 극히 제한된 시대에 이루어진 도전으로, 그녀의 비행은 단순한 장거리 기록을 넘어, 하늘은 남성만의 영역이 아니라는 사실을 증명한 상징적인 사건으로 받아들여졌다.

비행기의 등장은 인류의 공간 개념을 완전히 바꾸었다. 대륙과 대륙, 문화와 문화를 잇는 하늘의 길이 열리며 지구는 하나의 거대한 네트워크가 되었다. 19세기에는 몇 달씩 걸리던 여행이 이제는 하루면 충분하다. 비행기는 무역과 관광을 폭발적으로 성장시켰고, 의료·구호 활동에서도 결정적 역할을 했다. 자연재해 현장이나 전쟁 지역에서도 비행기는 생명을 구하는 마지막 희망이 된다. 또한 항공기 개발 과정에서 탄생한 경량 합금, 복합 소재, 항법 시스템은 자동차·통신·우주산업의 기초 기술로 확산되었다. 탄소 배출, 소음, 군사적 긴장 등의 부정적 영향에도 불구하고, 비행기는 인간이 자신의 한계를 넘어 하늘에 도전해 온 역사이자, 오랜 신화 속에서만 존재하던 '이카로스의 꿈'을 현실로 만든 상징으로 남아 있다.

7

자전거, 자동차, 비행기를 완성한 검은 기술
타이어

공항에서 비행기 출발 시각을 기다리며 창밖을 보면 각양각색의 비행기가 쉴 새 없이 활주로를 뜨고 내리는데, 비행기의 날개야 워낙 독보적인 물건이라 오히려 새로울 것이 없지만, 나는 종종 비행기의 바퀴에 시선이 쏠리곤 한다.

아파트 건설 현장 주변을 지나다 보면, 20톤급 대형 덤프 트럭이 거대한 흙더미를 싣고 이동하는 모습을 흔히 볼 수 있다. 이런 트럭에는 보통 6개의 바퀴가 달려 있어 바퀴 하나당 약 3~4톤의 하중을 견뎌야 한다. 그런데 기종에 따라 바퀴가 18~22개 달려 있는 보잉 747-400이나 에어버스 A380 같은 대형 여객기의 경우 최대 이륙 중량이 400~500톤에 달하므로 착륙 시 바퀴 하나가 분담하는 하중은 약 20~25톤에 이른다. 육상 차량과는 비교하기 어려울 만큼 막대한 무게다. 게다가 비행기가 이륙하거나 착륙할 때의 속도는 시속 약 250~300km, 기종과 상황에 따라서는 그보다 더 빠르기도 하다. 결국 고무로 만들어진 항공기 타이어는 이착륙 순간 수십 톤의 하중을 떠안은 채 고속 주행에서 발생하는 극심한 마찰을 견뎌야 한다. 여기에 한여름에는 섭씨 수십 도에 이르는 활주로의 열기와 지상 약 10km 상공에서 영하 40도 이하로 떨어지는 혹한까지 감내한다. 이런 조건 속에서도 항공기 타이어가 묵묵히 제 역할을 해내며 비행의 안전을 지탱하고 있다는 사실은, 생각할수록 놀랍고 고마운 일이다.

어린이용 자전거부터 최고 속도가 무려 시속 500km에 달하는 스포츠카, 그리고 대형 항공기까지, 모든 타이어는 승객의 안전을 최우선으로, 하중·마찰·온도 등 모든 극한 조건을 견뎌 내고, 그러면서도 탄성과 유연성을 겸비하도록 만들어진 경이로운 발명품이다. 문자만큼이나 오래전에 발명되어 지난 수천 년간 인류의 문명을 견인해 온 바퀴. 아무런 탄성이나 유연성도 없이 그저 딱딱하기만 했던 바퀴를 유연하면서도 질기게 감싸 바퀴의 혁명을 완성한 것은 바로 타이어였다.

바퀴의 한계를 극복하라

바퀴의 발명은 인류 문명사에서 가장 위대한 사건 가운데 하나다. 기원전 3500년경 메소포타미아에서 출현한 최초의 바퀴는 단단한 목재를 깎아 만든 원판에 가까웠다. 바퀴는 곧 수레와 전차로 발전하며 운송과 전쟁, 농업을 혁신했다. 그러나 바퀴는 오랫동안 단단한 나무나 금속을 덧댄 형태에 머물렀다. 이 때문에 노로가 울퉁불퉁하면 충격이 고스란히 전해졌고, 먼 거리를 이동하는 데 큰 불편함이 있었다. 바퀴와 지면 사이를 부드럽게 완충할 수단, 즉 '타이어'라는 개념은 18세기 말까지는 상상할 수도 없었다.

그럼에도 사람들은 바퀴의 한계를 극복하기 위해 다양한 시도를 거듭했다. 나무 바퀴 둘레에 가죽을 감거나, 금속 테두리를 덧대 마모를 줄이려 했고, 마차의 차축과 서스펜션 구조를 개선해 충격을 완화하려는 노력도 이어졌다. 로마 제국은 포장도로를 건설해 바퀴가 덜 흔들리도록 했고, 중세 이후에는 도로 정비 기술과 마차 제작 기술이 함께 발전했다. 하지만 이런 개선은 어디까지나 '단단한 바퀴'를 전제로 한 보완책에 불과했다. 바퀴가 지면의 충격을 스스로 흡수하는 발상은 아직 등장하지 않았고, 이동의 속도와 편안함에는 분명한 한계가 존재했다.

고무 덩어리에서 공기 주입식 타이어로

고무의 등장으로 상황은 완전히 바뀌었다. 남아메리카 원주민들은 오래전부터 고무나무 수액을 굳혀 신발이나 공 같은 생활용품을 만들었는데, 이 기술이 18세기 유럽에 전해지자 학자들과 발명가들은 고무를 산업적으로 활용할 방법을 모색했다.

그러나 천연고무는 여름에는 끈적거리고 겨울에는 딱딱하게 부서지는 성질이 있어 실용화에 한계가 있었다. 전환점은 1839년, 미국의 발명가 찰스 굿이어(Charles Goodyear)가 고무에 황을 첨가해 성질을 안정시키는 '가황법(加黃法, vulcanization)'을 발견하면서 마련되었다. 그는 고무에 황을 섞어 가열하면 재료의 성질이 근본적으로 달라진다는 사실을 발견했다. 이 과정에서 황은 고무 분자 사슬 사이를 연결하는 가교(架橋) 역할을 하여, 고무의 탄력성과 강도를 획기적으로 높였다. 그 결과 탄생한 가황 고무는 온도 변화에 따른 변형이 크게 줄어들고, 질기면서도 내구성이 뛰어난 재료가 되었다.

　초기의 타이어는 지금처럼 속이 빈 구조가 아니라, 단순히 고무 덩어리를 바퀴 둘레에 씌운 '솔리드 타이어'였다. 이 방식은 마차와 초기 자전거에 사용되었지만 충격 흡수 효과는 미흡했다. 타이어 역사에서 본격적인 혁신은 '공기 주입식 타이어' 발명으로 시작된다. 1845년 스코틀랜드의 발명가 로버트 톰슨(Robert Thomson)이 최초로 공기 주입식 타이어 특허를 냈으나, 당시에는 고무 가공 기술과 도로 환경이 미흡해 내부 튜브가 쉽게 손상되었고, 결국 실용화로 이어지지는 못했다. 그로부터 40여 년 뒤, 스코틀랜드의 또 다른 발명가이자 수의사였던 존 보이드 던롭(John Boyd Dunlop)이 자전거 바퀴에 고무 튜브를 씌우고 그 안에 공기를 넣어 울퉁불퉁한 노면으로부터의 충격을 크게 줄이는 데 성공했다.

　자동차의 등장은 타이어의 발전을 가속화했다. 1895년 프랑스의 미슐랭(Michelin) 형제[10]는 자동차용 공기 타이어를 개발해 장거리 경주에 출전했다. 이 타이어는 주행 중 여러 차례 펑크가 나는 등 한계를 드러냈지만, 그럼에도 불구하고 자동차에 공기 타이어를 적용할 수 있다는 가능성을 분명히 보여 주었다. 이 경험을 계기로 자동차에는 공기 주입식 타이어가 필수적이라는 인식이 확산되었고, 이후 타이어 제조업체들은 내구성과 안전성을 높이기 위한 기술 경쟁에 본격적으로 뛰어들게 되었다.

10　앙드레 미슐랭과 동생인 에두아르 미슐랭 형제. 1888년에 미쉐린 타이어 회사를 창업했다.

검은 가루의 마법, 더 오래 더 강하게

타이어는 단순한 고무 덩어리가 아니다. 고무만으로는 자동차의 무게와 도로 마찰을 견딜 수 없기 때문에 타이어에는 다양한 보강 소재가 함께 사용된다. 타이어의 중요한 전환점은 1912년, 미국의 BF 굿리치(B.F. Goodrich) 타이어 회사가 카본블랙을 고무 보강재로 본격 도입한 사건이다. 초기의 고무 타이어는 회색이나 갈색을 띠었고, 자외선에 쉽게 손상되었으므로 이를 개선하기 위해 자외선 흡수 효과가 있는 검은 색상을 얻는 것이 주된 목적이었지만, 곧 카본블랙이 고무 구조 안에서 충전제로 작용해 내마모성과 강도를 크게 높인다는 사실이 밝혀졌다. 앞서 황이 흐물흐물하고 끈적끈적한 천연고무를 강하게 만들어 타이어의 모양을 갖추게 했다면, 카본블랙은 고무의 내마모성을 향상시켜 타이어를 질기고 오래가는 제품으로 변화시켰다.

오늘날의 타이어는 카본블랙으로 보강된 고무층을 여러 겹 쌓고, 그 사이에 나일론이나 폴리에스터 같은 섬유 보강층을 배치한 정교한 복합 구조물이다. 여기에 타이어의 가장자리에는 굵은 강철 와이어가 삽입되어, 타이어가 휠에 단단히 고정되고 고속 주행이나 급가속·급제동 상황에서도 벗겨지지 않도록 한다. 또한 현대의 레이디얼(radial) 타이어에는 트레드 아래에 강철 벨트가 추가되어 타이어의 변형을 억제하고 접지 안정성과 내구성을 크게 높인다. 이러한 강철 벨트 구조는 승용차는 물론 트럭과 버스 같은 대형 차량 타이어에서도 핵심적인 역할을 한다.

1946년 미쉐린 타이어가 개발한 레이디얼 타이어는 기술 혁신의 결정판이었다. 기존의 타이어가 섬유층을 대각선으로 교차시켜 겹친 구조였다면, 레이디얼 타이어는 섬유층을 바퀴 회전 방향에 수직으로 배열하고 그 위에 강철 벨트를 둘렀다. 이 구조 덕분에 접지 면적이 넓어지고 마찰 저항이 줄었으며, 내구성과 연비, 안정성까지 획기적으로 개선되었다. 지금은 전 세계 대부분의 자동차가 레이디얼 타이어를 사용하고 있다.

우리나라 + 타이어

우리나라에 타이어가 도입된 것은 20세기 초 근대 교통수단의 확산과 함께였다. 1900년대 초반, 경성에 전차와 자전거가 보급되면서 서양의 타이어가 처음 알려지기 시작했다. 일제강점기에는 일본산 자동차와 버스가 늘어나며 일본산 타이어가 주요 공급원이 되었고, 1930년대에는 일부 수입 타이어 판매점이 경성에 문을 열었다. 해방 이후에는 미군 차량과 함께 대량의 미국산 타이어가 들어왔다.

국내에서는 1941년 조선다이야공업(후일 금호타이어의 전신)이 설립되며 생산을 시작했으나 전쟁으로 인해 큰 성과를 내지는 못했다. 국산 타이어 산업은 1960년대 경제개발 계획과 함께 본격화되었다. 금호, 한국타이어, 넥센 등이 차례로 등장하며 생산 기반을 확립했고, 1970~1980년대에는 국산 자동차 산업의 성장과 함께 세계 시장으로 활동 범위를 넓혀 갔다. 그 결과 오늘날 대한민국은 세계적인 타이어 생산·수출 국가 가운데 하나로 자리 잡았으며, 국내 기업들이 생산한 타이어는 전 세계 180여 개국에서 사용되고 있다.

1888년, 존 보이드 던롭의 발명 이야기는 타이어 역사에서 가장 널리 알려진 일화로 꼽힌다. 던롭은 울퉁불퉁한 길에서 자전거를 타며 힘들어하는 아들을 위해 고무 튜브에 공기를 주입해 바퀴에 장착하는 방법을 고안했다. 그 결과 진동과 충격이 크게 줄어들어, 마치 매끄러운 길을 달리는 듯한 주행이 가능해졌다. 이 공기 주입식 타이어는 곧 자전거 경주에서 뛰어난 성과를 거두며 세상에 알려졌고, 던롭은 마침내 '공기 주입식 타이어의 아버지'라는 명성을 얻게 되었다.

또 하나의 잘 알려진 일화가 바로 미슐랭 가이드의 탄생이다. 자동차가 막 보급되기 시작하던 20세기 초, 미슐랭 형제는 사람들이 더 멀리 여행하도록 유도해 타이어의 사용과 교체 수요를 늘리고자, 운전자들을 위한 식당·숙박·정비소 정보를 담은 안내서를 무료로 배포했다. 처음에는 철저히 타이어 판매를 위한 마케팅 수단이었지만, 이 작은 책자는 점차 신뢰를 쌓으며 레스토랑 평가에 무게를 두게 되었고, 마침내 세계적으로 권위를 인정받는 미식 안내서로 성장했다. 오늘날 미슐랭 가이드는 타이어 회사의 이름을 딴, 세계 미식 문화의 상징이 되었다.

타이어의 발명은 인류의 생활 반경을 획기적으로 넓혔다. 자전거용 타이어는 대중에게 빠르고 저렴한 이동 수단을 제공했고, 자동차 타이어는 산업과 상업, 개인 생활까지 송두리째 바꿔 놓았다. 충격 흡수와 접지력 덕분에 장거리 여행과 대량 물류 운송이 가능해졌고, 이는 도시화·산업화의 중요한 기반이 되었다. 항공기의 이착륙은 말할 것도 없다.

타이어 산업은 석유화학, 철강, 합성섬유, 도로 건설 등 수많은 분야와 맞물려 세계 경제를 성장시켰다. 오늘날 타이어 산업은 전기차 시대에 맞춰 저마찰 타이어와 친환경 소재, 폐타이어 재활용 기술을 중심으로 빠르게 진화하고 있다. 타이어는 더 이상 단순한 소모품이 아닌, 인류를 더 멀리, 더 빠르게, 더 안전하게 이동시켜 주는 문명의 핵심 동력이라 할 수 있다. 한편 매년 대량으로 발생하는 폐타이어는 오랫동안 환경 문제로 지적되어 왔지만, 최근에는 처리 기술의 발달로 시멘트 산업의 연료나 아스팔트 첨가제, 바닥재 등으로 폭넓게 활용되고 있다.

8

시간과 공간을 정복한 통신의 역사
우편

오늘날에는 전화와 이메일, 문자메시지, SNS 등 빠르고 다양한 통신 수단이 존재하지만, 과거에는 대부분 손으로 쓴 편지로 소식을 전했다. 말을 타고 달리며 편지를 전하던 시대나, 현대의 교통수단을 이용하는 경우나 본질은 같았다. 통신은 결국 사람이 매개하는 행위였고, 그 속도 역시 사람의 이동 속도에 의해 결정될 수밖에 없었다.

내가 아주 어렸을 때만 해도 전화가 아직 널리 보급되기 전이어서, 지방 도시에서 서울로 소식을 주고받는 가장 일반적인 방법은 편지였다. 손으로 쓴 편지를 우체국에 맡기면 상대방에게 도착하는 데만 약 3일이 걸렸고, 다시 답장을 받아 보는 데에도 또 3일이 필요했다. 이렇게 왕복으로 오가는 시간을 합치면, 아무리 빨라도 한 차례의 소통에 최소 일주일은 소요되곤 했다.

편지를 쓴다는 것은 이처럼 번거롭고 시일이 많이 걸리는 일이었지만, 소중한 사람에게 편지를 써 보내고 또 답장을 기다리는 일은 늘 마음을 설레게 했다. 한동안 답장이 오지 않더라도 '무소식이 희소식'이라며 기다리는 데 익숙했다. 카톡이나 이메일을 보냈는데 바로바로 답장이 오지 않으면 섭섭하고 불안한 요즘의 정서와는 사뭇 달랐다. 이렇게 기쁨과 슬픔의 소식을 전해 준 편지, 즉 우편의 역사는 문자 탄생의 역사만큼이나 길고 오래되었다.

왕과 제국의 메시지

사람이 태어나 죽을 때까지 거의 한 마을에서만 살았던 근대 이전의 사회에서는 누군가로부터 멀리서 연락이 올 일은 거의 없었다. 따라서 장거리 간 소식을 전하는 일은 주로 왕명을 전달하는 경우가 대부분이었는데, 고대 메소포타미아, 이집트, 중국에서는 왕과 관리가 먼 지역에 명령을 전달하기 위해 사람과 말을 동원했다. 기원전 2400년경 수메르에서는 점토판 문서를 운반하는 특수 전령이 존재했고, 이집트에서는 왕의 명령서를 배달하는 관료가 조직적으로 운영되었다.

중국 한나라 시대(기원전 206년~기원후 220년)에는 중앙 정부가 운영하는 역참(驛站) 제도가 정비되어, 관문서를 지닌 전령들이 역마다 말을 교체하며 장거리 통신과 행정 명령을 신속하게 전달했다. 이처럼 초기 우편은 주로 권력과 행정의 도구였으며, 민간인은 거의 이용할 수 없었다. 고대 로마 공화정 시기(기원전 5~1세기)에는 오늘날의 국가 우편 제도에 해당하는 통합적 전달망은 존재하지 않았으며, 원로원과 행정기관에서는 전령(tabellarius)이나 사적인 전달망을 통해 공식 문서를 전달했다.

이후 로마 초대 황제 아우구스투스(Augustus) 재위기에 국가가 관리하는 공적 통신 체계인 '쿠르수스 푸블리쿠스(Cursus publicus)'가 정비·운영되면서, 제국 전역을 연결하는 체계적인 행정 통신망이 확립되었다. 이것 역시 민간인은 사용할 수 없는, 관리·군사·행정용 문서 전달 시스템이었지만, 전 제국 규모의 중앙집권적 우편 제도의 효시였다. 로마군은 전령을 통해 명령과 군수품을 신속히 전달했고, 이는 후대 유럽의 중앙집권적 행정제도와 근대 우편 체계의 기초가 되었다.

봉화, 전령, 우편

우편 이전에도 말을 타고 달리는 전령보다 더 신속한 정보 전달 수단이 필요했다. 특히 전쟁이나 재난 상황에서는 중요한 소식을 지체 없이 전달하는 것이 중요했다. 이때 활용된 것이 봉화(烽火) 시스템과 연기, 깃발, 종 등 다양한 시각·청각 신호 방식이다.

중국에서는 만리장성 근처에서 봉화를 이용해 침략군의 움직임을 신속히 보고했다. 중세 유럽에서는 성곽과 산 정상에 화천(火天) 망루를 설치해 적의 접근이나 전쟁 명령을 국가 전역으로 전달했다. 이러한 봉화 시스템은 문자로 된 서신보다 훨씬 빠른 속도로 긴급 정보를 전달할 수 있었지만, 내용이 제한적이고, 날씨나 시야에 따라 실패할 가능성이 있었다. 즉, 봉화는 속도와 긴급성, 우편은 정확성과 세부 정보라는 상호 보완적 역할을 수행했다.

중세 유럽에서는 왕실과 교회의 명령을 전달하기 위해 전령(Courier) 시스템이 운영되었지만, 일반 민간인의 이용은 제한적이었다. 15세기 후반에는 독일과 이탈리아 지역의 상인과 은행가들이 금융 정보와 계약 문서를 안전하게 주고받기 위해 민간 중심의 상업 우편망을 발전시켰다. 16세기에 들어서면서 스페인, 프랑스, 영국 등 유럽 각국은 우편을 국가 통치와 행정의 핵심 인프라로 인식하고 점차 공적 관리 체계로 편입하기 시작했다. 특히 프랑스에서는 1635년 루이 13세 치하에서 국가가 관리하는 공식 우편 노선이 정비되었고, 영국에서도 같은 해 찰스 1세가 왕립 우편 서비스(Royal Mail)를 공식화함으로써, 우편이 점차 국가 주도의 제도로 근대적 전환되는 기틀이 마련되었다.

18세기 후반, 산업혁명과 도로 및 철도 교통망의 발전은 우편 서비스를 대중화했다. 당시 유럽의 우편 요금은 거리와 무게에 따라 달랐고 대체로 매우 비쌌다. 편지나 물건의 배달을 마친 뒤 수신자에게 비용을 청구하는 시스템이었으니, 요금이 비싸다고 무를 수도 없는 일이었다. 1840년, 영국의 교육자이자 개혁가였던 로랜드 힐(Roland Hill)은 우편 제도를 개혁해 요금 선불제와 세계 최초의 접착식 우표인 '페니 블랙(Penny Black)'을 도입했다. 이를 통해 누구나 균일하고 저렴한 요금으로 편지를 보낼 수 있는 제도가 확립되었으며, 이는 근대 우편 제도의 출발점으로 평가된다.

편지, 전보, 이메일

파발마(擺撥馬)가 소식을 전하던 시절에 긴급한 연락을 취하기 위해 봉화가 활용되었듯, 편지가 보편화된 이후에도 보다 신속한 정보 전달을 위해 전보(電報, telegraph)가 등장했다. 전보는 전기 신호를 이용한 장거리 통신 수단으로 19세기 초부터 개발되기 시작했으며, 1837년 미국의 화가이자 발명가였던 새뮤얼 모스(Samuel Morse)가 모스 부호와 전신기를 고안했다. 이어 1844년 워싱턴과 볼티모어를 연결하는 전신선이 개통되면서, 전보는 실용적인 장거리 통신 수단으로 본격적으로 사용되기 시작했다.

전신망이 확산되면서 1866년에는 대서양 횡단 전신선까지 설치되어 미국과 유럽 간 메시지 전송이 가능해졌다. 일반 편지로는 당시 유럽에서 미국까지 약 2~3주가 소요되었으나, 전보를 이용하면 몇 분에서 수 시간 내에 같은 내용을 전달할 수 있었다. 예를 들어, 1850년대 런던의 상인은 주문 확인을 위해 보통 편지를 쓰면 일주일 이상 기다려야 했지만, 전보를 이용하면 같은 날 응답을 받을 수 있었다.

20세기 후반, 컴퓨터와 인터넷의 발달은 우편을 디지털 영역으로 확장시켰다. 1960~1970년대 ARPANET에서 초기 전자우편(E-mail) 시스템이 개발되었고, 1971년 레이 톰린슨(Ray Tomlinson)은 '@' 기호

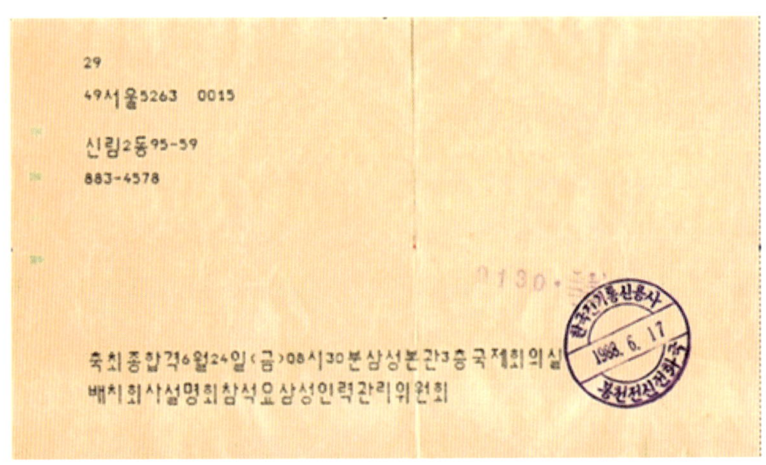

1988년, 저자가 받은 입사 합격 통지 전보.

를 사용해 사용자와 컴퓨터를 구분하는 이메일 주소 체계를 도입함으로써 네트워크 상 메시지 교환을 가능하게 했다.

1980년대에는 PC 보급과 함께 이메일이 기업과 학계를 중심으로 확산되었고, 1990년대에는 인터넷 서비스 제공업체(ISP)의 등장으로 일반인도 이메일을 일상적으로 사용하게 되었다. 이후 Gmail, Yahoo Mail과 같은 웹메일 서비스는 대용량 저장과 첨부 파일 전송을 가능하게 하며, 즉시성과 편의성 면에서 기존 우편을 크게 앞질렀다. 오늘날 이메일은 업무와 학술, 일상 소통의 핵심 수단으로 자리 잡으며 전통적 우편과 병행하는 디지털 통신망으로 기능하고 있다.

우리나라 + 우편

우리나라의 우편 역사는 조선 후기의 행정 전달 체계를 바탕으로 근대화 과정 속에서 본격화되었다. 조선 시대에는 왕명과 행정 문서를 전달하는 관청 전령 제도가 존재했으나, 민간인이 이용할 수 있는 우편 서비스는 거의 없었다. 근대적 의미의 우편 제도는 1884년 고종(高宗) 때 개화파가 주도한 갑신정변을 계기로 우정총국이 설치되면서 시작되었으나, 갑신정변이 3일 만에 실패하면서 우정총국도 개국 약 20일 만에 폐쇄되어 우편 업무는 중단되었다. 이후 1894~1896년 갑오개혁 과정에서 우편 제도가 재정비되었고, 1895년 '우체사(郵遞司)'가 설립되면서 국내 우편 업무가 다시 시작되었다.

이와 함께 통신 수단의 근대화도 병행되었다. 우리나라에서는 1885년 한성전보총국이 서울과 인천 사이에 모스 부호를 이용해 처음으로 국내 유선 전보를 보낸 것을 시작으로, 전보 서비스가 점차 전국으로 확대되었다. 19세기 말부터는 국제 전신망과의 연결이 추진되어 일본과 중국을 거쳐 해외로 전보를 송수신할 수 있는 체계가 마련되었고, 이후 일본을 경유한 국제 전신망을 통해 장거리 해외 통신도 가능해졌다. 전보 서비스는 개통 초기에는 주로 국가 행정과 군사·외교, 상업적 목적에 한해 사용되었으며, 제도 정비와 요금 체계의 확립을 거치면서 민간인의 이용도 점진적으로 확대되었다.

이후 우편과 전보는 행정과 민간 사회 전반에 정착하며 오랜 기간 핵심적인 정보 전달 수단으로 기능했다. 그러나 1990년대에 들어 전자 우편과 휴대전화가 보급되면서 전보 이용량은 빠르게 감소했고, 2010년대에는 주로 경축용이나 선물용으로만 명맥을 유지해 왔다. 국내 전보 서비스는 1885년 첫 전보 송신 이후 약 138년 동안 운영돼 오다가, 2023년 12월 15일 공식적으로 종료되었다. 한편 우편 제도는 여러 차례의 제도 개편을 거쳐 기능을 확대해 왔으며, 2000년에는 우편·예금·보험 사업을 통합한 우정사업본부가 발족하면서 오늘날의 체계를 갖추게 되었다.

1799년 나폴레옹 보나파르트의 이집트 원정 당시, 프랑스군은 전쟁 명령과 정보를 신속히 전달하기 위해 정비된 군사 우편망을 활용했으며, 전령 교대를 통해 하루에 최대 400km에 달하는 거리까지 명령서를 전달했다는 기록

이 전해진다. 한편 19세기 말 남극 탐험대나 아프리카 사막 지역에서 활동하던 과학자와 탐험가들에게는 낙타, 개썰매, 또는 얼음길을 통한 운송으로 편지가 전달되었다. 비록 도착까지 수개월이 걸리기도 했지만, 수신자가 생존해 있는 동안 결국 편지가 닿았다는 사실만으로도 큰 감동을 주었다.

영화 〈캐스트 어웨이(Cast Away)〉(2000)에서 톰 행크스는 항공 우편을 담당하는 페덱스(FedEx)의 직원으로 등장하는데, 항공기 사고로 무인도에 고립된 그는 극한의 환경 속에서 생존 기술을 익히며 약 4년간 홀로 살아남은 끝에 구조된다. 사고 당시 페덱스가 운송하던 소포들은 대부분 분실됐지만, 무인도에서 그가 끝까지 간직했던 단 하나의 소포는 심하게 훼손된 상태로 구조 이후 수신자에게 배송된다. 이 장면은 주인공의 불굴의 생존 의지와, 어떤 상황에서도 자신의 책임을 다하려는 모습을 감동적으로 보여 준다.

우편은 단순히 편지를 전달하는 기술이 아니라, 인류 사회를 연결하는 핵심 네트워크였다. 멀리 떨어진 지역 간의 정보 전달이 가능해지면서 정치·경제·문화의 통합이 이루어졌고, 행정과 상업의 효율성이 크게 향상되었다. 또한 우편은 민간인의 일상과 사생활에도 깊이 들어와, 가족과 연인, 친구 간의 소통 수단으로 활용되며 정서적 연결망을 만들어 냈다. 산업혁명 이후에는 광범위한 상거래와 금융거래를 가능하게 했고, 현대 통신 기술의 기반이 되었다. 국제 우편은 세계화의 초기 형태로, 국가 간 외교·무역·문화 교류를 촉진했다. 봉화와 전령, 이메일과 인터넷 우편까지 포함하면, 우편은 시간과 공간을 초월한 통신 혁명이라 할 수 있다. 현대 사회에서는 우편과 디지털 통신이 서로 보완하며, 정보와 물류를 원활히 연결하는 인류의 필수 인프라로 자리 잡고 있다.

9

내 손 안의 멀티 유니버스
전화기

오늘날 우리는 손바닥만 한 스마트폰으로 세계 어느 곳과도 실시간으로 연결될 수 있다. 옛날에는 지방도시의 경우 전화기가 한 동네에 한 대 꼴로 설치되어, 전화 연락을 받는 것은 마을의 통장이나 이장을 통해서나 가능했고, 그것도 아주 긴급한 경우일 때만 어렵게 양해를 얻어서 통화할 수 있었다. 또한, 전화를 걸려면 큰맘 먹고 우체국이나 전화국에 가서 전화 교환원에게 요청해야만 통화가 '성사'되었다. 집에도 없는 전화를 개인이 '휴대'한다는 것은 당시로서는 상상할 수도 없었다. 그래서 누군가와 약속을 한 이상, 시간에 임박해서는 약속을 바꿀 수 없었으므로 깨뜨릴 생각이 아니라면 반드시 약속 장소에 가야만 했고, 기다리는 사람도 1~2시간의 기다림쯤은 다반사였다. 이는 불과 40~50년 전까지만 해도 우리 주변에서 흔히 볼 수 있는 풍경이었다.

가정과 사무실마다 전화기가 보급되고, 우리나라 성인 전체의 약 98%가 스마트폰을 사용하게 된 것은 단 한 세기만에 일어난 급격한 변화이다. 그러나 이 혁명적인 변화를 가능하게 한 것은 단지 기술의 발전뿐 아니라, 원시시대에는 불과 연기로, 고대와 근대에는 파발마(擺撥馬)

로라도 상대방에게 소식을 전하고자 했던 인간의 간절한 열망 덕분이었다.

전신에서 전화로, 음성을 전기로 바꾸다

19세기 중반, 전신(電信)을 통해 먼 거리로 문자를 송수신할 수 있게 되었지만, '말소리'를 그대로 전달하는 것은 전혀 다른 차원의 문제였다. 음파를 전기 신호로 변환하고, 수신기에서 다시 소리로 되돌리는 기술이 필요했기 때문이다. 이 문제는 단순한 기술적 호기심이 아니라, 산업화와 도시화가 진행되는 사회에서의 즉각적이고 개인적인 의사소통 수단의 필요와 맞닿아 있었다.

1876년, 스코틀랜드 출신의 미국 발명가 알렉산더 그레이엄 벨(Alexander Graham Bell)은 이 난제를 해결했다. 그는 진동판이 음파에 반응하여 전류를 변화시키고, 수신기 쪽에서 같은 진동판이 다시 진동해 소리를 재현하는 장치를 고안했다.

"왓슨, 이리 오게. 얼굴 좀 보세!" 벨이 장치 앞에서 말하자, 그의 목소리는 전기 신호를 타고 다른 방에 있던 조수 왓슨에게 그대로 전해졌다. 벨이 수화기에 대고 외친 첫마디는 단순한 호기심의 외침이 아니라, 인류 통신 기술의 새로운 장을 여는 순간이었다.

벨과 거의 동시에 발명 경쟁을 벌였던 엘리샤 그레이(Elisha Gray) 역시 유사한 장치를 준비하고 있었으나, 특허 출원에 늦어 벨이 공식 발명자로 인정되었다. 이후 토머스 에디슨은 탄소 마이크를 개발해 음질을 획기적으로 개선하며, 전화기를 상용화 단계로 이끌었다. 1880~1890

년대에는 교환원이 전화선을 손으로 연결하는 수동 교환 방식이 등장했고, 20세기 초에는 자동 교환기로 발전하면서 전화 통화의 편리성과 접근성이 크게 향상되었다.

무선과 스마트폰 시대

20세기 중반, 진공관과 트랜지스터 기술의 도입으로 전화기는 더욱 작고 효율적인 기계로 변모했다. 1960년대에는 다이얼식 전화가 가정과 사무실에 보급되며 일상적인 소통 수단으로 자리 잡았고, 1980년대에는 버튼식 전화와 광케이블 통신망의 도입으로 통화 품질과 안정성이 크게 향상되었다.

20세기 말, 무선전화가 등장하면서 전화기는 전선에 얽매이지 않는 자유로운 소통 수단으로 진화했다. 이후 이동통신 기술의 발전과 함께 휴대전화가 보급되었고, 1983년 모토로라(Motorola)의 DynaTAC은 무게가 1kg이 넘는 '벽돌폰'이었지만, 사람들은 이를 단순한 기계를 넘어 개인의 자유와 연결의 상징으로 받아들였다.

2000년대 들어 스마트폰이 등장하며 전화기는 '통화만 하는 기계'를 넘어 다기능 개인 네트워크 기기로 탈바꿈했다. 2007년 애플의 아이폰(iPhone) 출시 이후, 전화기는 사진기, 지도, 일정 관리, 은행 거래를 포함한 다양한 기능을 수행하며, 개인과 사회를 연결하는 플랫폼으로 자리 잡았다. 또한 스마트폰과 모바일 인터넷은 전 세계 사람들이 실시간으로 소통하고 정보를 교환할 수 있게 하며, 전화기 발명 당시 벨이 열었던 통신 혁명의 장을 21세기 디지털 시대까지 확장시켰다.

우리나라 + 전화기

우리나라에 전화기가 처음 등장한 것은 대한제국 시기인 1885년이었다. 고종의 명으로 경복궁과 인천 감리서(監理署, 전신·통신 시설을 관장하던 정부 기관의 지역 사무소) 사이에 설치된 것이 시초이다. 초기 전화는 궁중과 관청용이었고, 일반인은 사용할 수 없었다. 1902년, 서울 종로에 첫 교환국이 세워졌고, 1904년에는 일본인 상인과 일부 부유층이 전화를 쓰기 시작했다. 해방 이후 1950년대에는 전쟁으로 통신망이 거의 파괴되었지만, 1960년대 경제 개발과 함께 다시 복구되었다.

1970년대에는 공중전화와 가정용 전화의 보급이 점차 확대되었다. 그러나 당시만 해도 전화는 여전히 귀한 설비여서 한 대를 설치하기 위해 몇 년씩 대기해야 하는 경우가 적지 않았다. 1980년대 후반, 자동 교환기와 디지털 전화가 도입되면서 통화 품질이 향상되었고, 1990년대에는 휴대폰 서비스가 시작되었다. 공중전화를 비롯해 유선전화기가 널리 보급된 후, 아직 휴대폰이 보급되기 전의 과도기(1980년대 후반~1990년대 중반)에는 '삐삐'라 불렸던 무선 호출기가 공백 기간을 메웠다. 호출기로 연락 신호가 도착하면 얼른 가까운 유선전화기나 공중전화로 가서 호출기에 찍힌 전화번호로 전화를 걸어 통화가 이루어지던 방식이었다. 무선 호출기에는 전화번호 외에도 한두 개의 숫자를 더 입력해 보낼 수 있었으므로, 지인과 미리 약속해 놓은 몇 가지의 숫자로 어느 정도 뜻을 전달할 수 있었다.

2000년대 초에는 고속 인터넷 보급률이 세계 최고 수준에 오르면서 휴대폰도 빠른 속도로 보급되었다. 초기의 휴대폰은 주로 '피처폰

(Feature Phone)'이라 불리는 문자, 통화, 간단한 게임만 가능한 전화기였다. 대표적으로 삼성 애니콜, LG 싸이언, 팬택 스카이 같은 브랜드가 시장을 이끌었다. 이후 휴대폰은 카메라, MP3 재생 기능, 모바일 인터넷(WAP, 무선 인터넷) 등이 추가되면서 멀티미디어 폰으로 진화했지만, 여전히 온전한 의미의 스마트폰은 아니었다.

2007년, 애플이 아이폰(iPhone)을 발표하면서부터 진정한 스마트폰의 역사가 시작되었다. 그러나 우리나라에서는 여러 가지 규제로 인해 2009년 말에야 아이폰이 공식 출시되었다. 2010년에는 삼성전자가 '갤럭시 S' 시리즈를 출시하면서 안드로이드 진영의 스마트폰이 빠르게 성장했고, 애플에 비해 몇 년 늦게 스마트폰을 출시했던 삼성전자는 이제 세계 스마트폰 시장에서 애플과 1, 2위를 다투고 있다. 우리나라는 세계에서 가장 빠르게 스마트폰이 보급된 나라 중 하나가 되었으며, 세계에서 가장 앞선 5G 통신망을 운영하는 나라 중 하나다. 스마트폰의 급속한 보급으로 인해 이제 전화는 더 이상 단순한 통신 도구가 아니라, 모든 일상과 업무에서 우리 삶의 기반이 되었다.

우리나라에 전화기가 들어온 초창기에는 전화를 걸면 통화하고 싶은 사람과 바로 연결되지 않고, 중간에서 통화를 연결해 주는 사람이 필요했다. 이 일을 직업적으로 하는 사람들이 바로 전화교환원이었다. 1960년대 말, 전화교환원들은 보통 하루 8시간을 근무하며 200여 건의 통화를 연결해 주었다. 재미

수동식 전화교환기 앞에서 통화를 연결하는 전화교환원들의 모습.

있는 것은, 전화교환원은 앉은 자세에서 전화교환기를 쉴 새 없이 조작해야 했으므로, 당시 채용 조건에는 전화교환기 높이에 맞춘 '141cm 이상의 신장'이 명시되었다는 사실이다. 사람에게 기계를 맞춘 것이 아니라 기계에 사람을 맞췄던 셈이다.

1971년이 되자 전화교환원 없이 전화를 건 사람이 직접 다이얼을 돌려서 상대방가 통화할 수 있는 자동식 전화가 개통되었다. 중간에 전화교환원을 거쳐야 하는 수동식 전화기는 검은색, 전화교환원 없이 직접 전화를 걸 수 있는 자동식 전화기는 흰색이어서, 수동식 전화기는 '흑통', 자동식 전화기는 '백통'이라고 불렸다. 이후 자동식 전화기의 보급으로 전화교환원의 수는 점차 감소했고, 1987년 전국 자동 교환망이 완성되면서 전화교환원 없이 전화를 할 수 있게 되었다. 그리고 전화교환원이라는 직업은 역사 속으로 사라지게 되었다. 하루에만 수백 통의 전화를 연결하던 그들이야말로 우리나라뿐 아니라 세계 통신 산업 발전의 숨은 주역이었다.

전화는 인류의 생활 방식을 근본적으로 바꾸었다. 그것은 단순한 통신 수단이 아니라, '거리'라는 개념 자체를 무너뜨린 도구였다. 사람들은 더 이상 먼 곳의 가족이나 사업 파트너를 만나기 위해 긴 여행을 하지 않아도 되었다. 경제적으로는 전화가 상업의 속도를 혁신적으로 높였다. 주문, 계약, 응급 대응 등 모든 절차가 전화 한 통으로 해결되면서 산업사회는 훨씬 빠르고 유연하게 움직이기 시작했다. 정치, 언론, 교육 등 사회 모든 분야에서도 전화는 실시간 연결을 가능하게 했다. 스마트폰 시대에 들어서 전화는 단순한 음성 통신을 넘어 인간의 기억과 감정, 관계를 저장하는 플랫폼이 되었다. SNS, 영상통화, 인공지능 비서까지. 전화기는 이제 '손 안의 우주'라 불릴 만큼 인간의 삶을 통째로 품고 있다.

10

빛의 네트워크가 만드는 새로운 세상
광케이블

21세기 인류는 '빛으로 대화하는 시대'에 살고 있다. 전 세계의 인터넷, 방송, 국제전화, 심지어 금융 거래까지도 대부분이 광케이블 위에서 이루어지기 때문이다. 1990년대까지 유행했던 하이텔, 천리안 등 초창기 컴퓨터 통신은 친구에게 '안녕' 한마디를 던진 후 답을 듣기까지 화장실이라도 한번 다녀와야 할 만큼 느렸지만, 요즘은 스마트폰으로 영화 한 편을 다운받는 데도 일 분이 채 걸리지 않는다.

통신의 속도가 빛의 속도로 빨라진 것은 5G 무선통신과 더불어 광케이블 기술이 이룩한 결과이다. 하지만 이 찬란한 '빛의 고속도로'인 광케이블 기술은 결코 하루아침에 이루어진 것이 아니다. 그 역사는 고대의 단순한 신호에서 시작해 20세기 후반의 과학혁명에 이르기까지 인간이 빛으로 소통하려는 꿈을 이어 온 여정이었다.

고대의 빛, 최초의 신호

광통신의 가장 원시적인 형태는 고대에 이미 존재했다. 그리스와 로마 시대에는 횃불 신호와 거울 반사를 이용해 정보를 주고받았고, 중국에서도 봉화(烽火)를 사용해 적의 침입을 알렸다. 이는 일종의 '시각 통신'이었다. 비록 직접적인 광섬유는 아니었지만, '빛으로 정보를 전달한다'는 개념의 시초였다. 이러한 시각 통신은 메시지의 내용이 극히 제한적이고, 지형이나 날씨 등에 따라 크게 좌우되었음에도 불구하고, 인간이 소리나 이동에 의존하지 않고 빛 자체를 정보 전달의 매개로 삼으려 했던 최초의 시도라는 점에서 중요한 의미를 지닌다.

17세기에는 프랑스의 발명가 클로드 샤프(Claude Chappe)가 망원경으로 관측 가능한 '시각 전신(視覺 傳信)' 기법을 개발했다. 샤프의 시각 전신은 지상에 세운 높은 탑(망루) 위에 사람 팔 모양의 '가동식 신호 장치(semaphore)'를 설치하고, 이 팔의 각도나 위치를 바꿔서 알파벳과 숫자, 단어를 상징하는 부호를 만들면 이를 멀리 있는 다른 망루에서 망원경으로 관측함으로써 신호를 전달하는 방식이었다. 실제 시험 적용 결과, 파리에서 230km 떨어진 도시인 릴(Lille)까지 몇 분 내에 메시지를 전달할 수 있었다(말이나 마차로 전달하면 하루 이상 걸리는 거리였다).

그러나 이러한 방식은 날씨나 시야의 제약을 크게 받았으므로 실용성은 낮았다. 인류가 진정한 의미의 광통신을 실현하기 위해서는, 빛을 좁은 통로에 가두고 자유자재로 전송할 수 있는 기술이 필요했다.

빛을 가두다

19세기 중반, 전신과 전화기의 발명은 인류의 통신 방식을 혁명적으로 변화시켰다. 그러나 이 시기 통신망은 모두 구리선을 기반으로 구축되었고, 구리는 전기 전도성은 뛰어나지만 무겁고 비용이 높으며, 전송 거

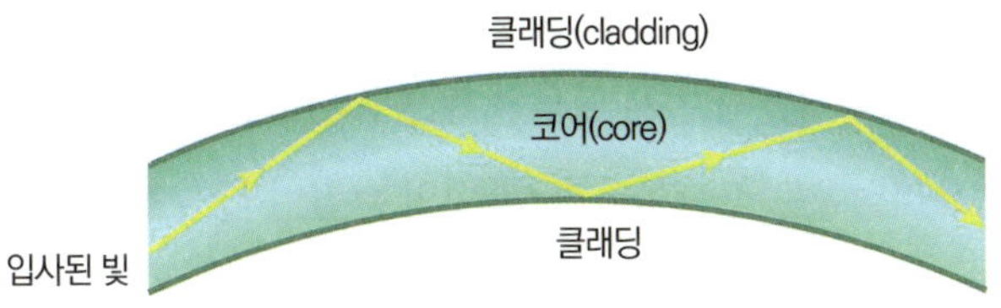

전반사를 통해 빛 신호가 코어 내부로만 전파되는 광섬유의 원리.

리가 길어질수록 신호 감쇠가 커지는 한계를 지니고 있었다. 이러한 제약 속에서 과학자들은 전기가 아닌 빛을 정보 전달의 매개로 활용할 수 있는 새로운 통신 방식에 주목하기 시작했다.

1870년경, 아일랜드 출신의 물리학자 존 틴들(John Tyndall)은 어두운 실내에서 물이 흘러나오는 물기둥에 빛을 비추는 실험을 통해, 빛이 매질 내부에서 반복적으로 전반사(全反射)[11]되며 굽은 경로를 따라 전달될 수 있음을 입증했다. 이 실험은 오늘날 광섬유 통신의 핵심 원리인 전반사의 개념을 직관적으로 보여 준 첫 번째 사례로 평가된다.

이후 20세기 초, 특히 의학 분야에서 빛을 전달하려는 실험이 본격적으로 이루어지기 시작했다. 1930년대, 유대계 독일 출신의 미국인 의

---

11   전반사는 굴절률이 높은 어떤 물질 속을 통과하던 빛이, 굴절률이 낮은 다른 물질로 나가려다 그 경계면에서 완전히 반사되는 현상을 말한다. 굴절률이 높은 물질(유리나 투명 플라스틱)로 가느다란 파이버(코어, core)를 만들고, 그 파이버 외부를 굴절률이 낮은 물질로 감싸면(클래딩, cladding), 파이버 끝에서 입사(入射)된 빛이 밖으로 나가지 못하고 코어와 클래딩의 경계면에서 계속 전반사되면서 결국 코어 내부를 따라서만 전파되는 것이 광섬유의 원리이다.

사 하인리히 람(Heinrich Lamm)은 내시경에 활용하기 위해 유리섬유를 다발로 묶은 구조를 개발해 인체 내부를 빛으로 비추는 데 성공했다. 그러나 당시의 유리섬유는 불순물이 많아 빛의 손실이 극심했고, 수 미터만 전송해도 빛이 거의 소멸되는 한계를 지니고 있었다.

전 세계를 연결하는 빛의 고속도로

1966년, 영국의 찰스 가오(Charles K. Kao)와 조지 호컴(George Hockham)은 만약 유리의 불순물을 1ppm(백만 분의 1) 이하로 줄일 수 있다면, 빛을 수 킬로미터까지 전송할 수 있다는 내용의 역사적인 논문을 발표했다. 당시 대부분의 학자는 이를 비현실적이라고 생각했지만, 가오의 주장은 옳았다. 1970년, 미국 코닝사(社)가 불순물 1ppm 이하의 초고순도 유리를 만들어 내며, 광섬유의 손실을 20dB/km 이하로 줄이는 데 성공함으로써 실제 통신용 광케이블이 현실화된 것이다.

20dB/km의 손실이란 광신호가 1km 전파될 때마다 세기가 100분의 1로 줄어들어, 약 99%가 소실되고 1%만 남는다는 뜻이다. 이에 비해 코닝사의 SMF-28® ULL과 같은 최신 단일 모드 광섬유는 손실률이 0.16~0.19dB/km 수준에 불과한데, 이는 1km 전송 시 광신호의 손실이 약 3.5~4.5%, 다시 말해 95% 이상 유지됨을 의미한다. 오늘날의 광통신을 가능하게 한 찰스 가오의 이 원천 기술은 2009년 노벨 물리학상으로 이어졌고, 찰스 가오는 '파이버 광학의 아버지'라 불리게 되었다.

1977년 미국 시카고에서 첫 상용 광케이블 전화망이 개통되었고, 1988년에는 대서양을 건너는 첫 해저 광케이블 TAT-8이 설치되었다.

이 한 다발의 광케이블이 수천 통의 국제전화를 동시에 연결할 수 있게 만들었고, 그 결과 국제 통신 비용은 급격히 하락했다. 이후 전 세계의 바다는 데이터와 음성을 실어 나르는 '빛의 고속도로'로 채워지게 되었다.

2024년 기준, 전 세계 해저 광케이블의 총 길이는 약 140만 km에 이르며, 이는 지구 둘레를 약 35회 이상 감을 수 있는 거리이다. 이러한 방대한 광섬유 인프라는 국제 통신의 약 99% 이상을 담당하며, 실시간 영상 통화, 클라우드 서비스, 스트리밍 등 지연이 거의 없는 인터넷 경험을 가능하게 한다.

우리나라 + 광케이블

우리나라에서 광통신이 본격적으로 시작된 것은 1980년대 초반이다. 1984년, 당시 체신부(현 과학기술정보통신부)는 서울-부산 간 광케이블 시험망을 설치하며 시범 운용을 시작했다. 1987년에는 서울-대전 간 2.4Gbps급 광통신 회선이 개통되었고, 1990년대 들어 전국 주요 도시로 확대되었다. 특히 1993년 대전 엑스포를 계기로 초고속 통신 기술이 주목받으면서, 광케이블은 국가 기간망으로 자리 잡았다.

2000년대 이후, 초고속 인터넷이 급속도로 보급되면서 우리나라는 세계에서 손꼽히는 광(光)인터넷 강국으로 자리 잡았다. 현재의 KT, SK브로드밴드, LG유플러스 등 주요 통신사의 근간 통신망은 대부분 광섬유 기반으로 구축되어 있으며, 이는 국내 인터넷의 높은 속도와 안정성을 뒷받침해 왔다. 이러한 광통신 인프라는 5G 이동통신은 물론, 대규모 데이터센터, 클라우드 서비스, 스마트시티와 같은 미래 디지털 인프라의 핵심 요소로 기능하고 있다. 더 나아가 조기 광대역망 구축 경험은 우리나라가 정보통신 기술 전반에서 국제적 경쟁력을 확보하는 데 중요한 토대가 되었다.

광케이블의 역사에는 오랫동안 회자되는 일화가 있다. '파이버 광학의 아버지'로 불리는 찰스 가오는 열악한 환경의 실험실에서, 충분한 연구비조차 없이 유리 샘플을 직접 연마하며 실험을 이어 갔다고 전해진다. 그가 빛의 손실 데이터를 손으로 계산해 정리한 연구 노트는 현재까지도 런던 과학박물관에 보존·전시되어 있다. 생애 말년 알츠하이머를 앓았던 그는, 한때 가설에 불과했던 '빛으로 세상을 잇는 통신'이 현실이 되는 모습을 보았다. 그의 연구 성과는 오늘날 광케이블 통신의 토대가 되었고, 그 결과 우리는 지구 반대편의 사람과도 실시간으로 대화할 수 있게 되었다.

광케이블은 물리적 한계를 넘어선 인류의 첫 네트워크다. 지리와 시차, 심지어 대륙의 경계마저 빛의 속도로 무의미하게 만들었으며, 교육, 금융, 의료, 예술 등 모든 분야가 이 '보이지 않는 유리 선(線)' 위에서 움직인다. 만약 오늘날까지도 모든 통신이 구리선에 의존하고 있다면, 인류의 통신 환경은 지금과는 전혀 다른 모습일 것이다. 동일한 양의 데이터를 구리선으로 전송하려면, 현재 통신망에 일부 남아 있는 구리선보다 약 1,000배에 이르는 구리가 필요하고, 구축 비용 역시 수백 배 이상 증가했을 것으로 추정된다. 여기에 전송 거리 증가에 따른 심각한 신호 감쇠를 보완하기 위해 중계기 역시 수백 배 더 설치해야 했을 것이다. 그 결과 막대한 비용은 고스란히 이용자에게 전가되어, 일반적인 월급 생활자가 한 달 급여로도 스마트폰 요금을 감당하기 어려운 통신 환경이 되었을지 모른다.

또한 오늘날의 전 세계 인터넷망이 여전히 구리선에 의존하고 있었다면, 통신 인프라에 필요한 구리 소비만으로도 지구의 가용 구리 매장량이 수십 년 내 급격히 고갈되었을 것이라는 분석도 제기된다. 기술적인 측면에서도 구리선은 외부 전자기 잡음에 취약하고, 전송 거리와 안정성을 고려할 경우 데이터 전송 속도를 수십 메가비트(megabit)/초 수준 이상으로 끌어올리는 데 근본적인 한계를 지닌다. 반면 광케이블은 초당 수 테라비트(terabit)[12] 전송도 가능하다. 현대 문명 사회에서 고속도로 없이는 사람의 신속한 이동과 효율적인 물류가 성립하기 어렵듯, 광케이블 없이는 초고속 5G 통신을 비롯해 인터넷 경제, 클라우드 서비스, 인공지능 산업 역시 존재할 수 없다.

1988년, 첫 대서양 해저 광케이블이 개통되던 날, 기술자들은 전송 시험을 위해 비틀즈의 노래 'Yesterday'를 신호로 송출했다. 인류 통신사의 '어제'가 빛의 고속도로를 타고 대서양을 건너며 현재가 되었고, 그 흐름은 다시 새로운 미래로 이어지고 있다.

12　테라비트는 메가비트의 약 백만 배이다.